Peik von Bestenbostel · Adrian Dunskus
Markus Gärtner · Peter Solfrank

Blickpunkt Börse

Ratgeber für die private Geldanlage

mvg verlag

CIP-Titelaufnahme der Deutschen Bibliothek

Blickpunkt Börse : Ratgeber für die private Geldanlage /
Peik von Bestenbostel ... – 2. Aufl. – München : mvg-Verl., 1990
ISBN 3-478-07540-8
NE: Bestenbostel, Peik von [Mitverf.]

2. Auflage

Umschlaggestaltung: Gruber & König, Augsburg
Satz: SatzStudio Pfeifer, Gräfelfing
Druck und Bindearbeiten: Ebner Ulm
Printed in Germany 070540/590402
ISBN 3-478-07540-8

Inhalt

1. Kapitel
Börse für Einsteiger

1. Zweimal blutiger Oktober

Freitag, der 13.: Über dem alten Kontinent steigt gemächlich der pralle Vollmond auf. New York: Gerade ist die Mittagspause zu Ende gegangen – Hamburger wurden gekaut, da und dort ist Ketchup auf einen weißen Hemdkragen getropft. Auf Porzellantellern liegen noch zerschnittene Spaghetti, in Cola-Gläsern dümpeln ein paar schwindsüchtig gewordene Eiswürfel. Wall Street: Die Stimmung im „Palast" ist den ganzen Tag schon nervös, der Tanz geht hektisch hin und her, „drei Hexen" bestimmen das Tempo auf dem Parkett. „Triple witchday" an der Börse von New York. Wer Aktien auf Zeit gekauft hat, muß heute beziehen, Terminkontrakte laufen aus, Banken halten sich bedeckt, weil daheim die Buchhalter noch an den Zahlen für das letzte Quartal rechnen. Gut 50 Punkte ist es schon gefallen, das Thermometer, das die Fließgeschwindigkeit der internationalen Geldströme anzeigt. Der Dow Jones ist in den Köpfen der Makler, ist das Stirnrunzeln der Händler und zwinkert nervös in den Augen der Spekulanten. Drei Uhr nachmittags: In grünlichen Buchstaben flimmert es über den Bildschirm der Broker: UAL-Übernahme gescheitert, japanische Banken lassen 7-Milliarden-Dollar-Geschäft platzen. Es ist, als hätte plötzlich jemand eine Fackel in den Börsensaal geworfen: Im Saal beginnt's zu laufen und zu rennen, man wirft sich die Papiere zu, als würden sie gleich brennen. UAL sacken ab, 5 Prozent, 7 Prozent, 9 und 12 Prozent. Andere Übernahmekandidaten geraten ins Feuer: Paramount Communications, Woolworth, Delta Airlines, 3 Prozent weniger, 6, 9-10 Prozent, nun spüren auch Computer die Hitze, drehen mit dem Wind und lassen plötzlich flattern, was sie tags zuvor noch kühl gefordert haben: IBM 2, 4, 7 Prozent weniger, General Motors im gleichen Takt und der Dow Jones am Gängelband widerwillig hinterher. Jetzt ist auch bei den Baisse-Rittern die Leidenschaft geweckt. Auf Millionen von Mini-Volt pendeln sie hin und her zwischen der New Yorker Aktienbörse und dem Terminmarkt in Chikago. Hier werden die Indexkontrakte gehandelt, anstatt IBM oder Kodak kauft oder verkauft man den Standard-and-Poors, wettet also darauf, ob die Börse innerhalb einer gewissen Zeit rauf- oder runtergeht. Aktien sind bereits kräftig herunter an diesem Freitag, den 13., die Indexkontrakte hinken noch etwas nach: Hier sind auf der Abwärtsspirale noch Cents zu verdienen; die multiplizieren sich mit Tausenden von Kontrakten zu sagenhaften Dollarbeträgen – da springen die Arbitragejäger also in Sekundenschnelle vom Index zu den Aktien und von den Aktien zum Index zurück, treiben gnadenlos die Preise nach unten, bis endlich die Börsenaufsicht ihnen einen Riegel vorschiebt – man hat ja gelernt aus den Krisentagen im Oktober 1987, wo die ungezügelte Spielwut, die automatisierte Geldgier aus einer dringend fälligen Kurskorrektur den tiefsten Börsensturz seit den Oktobertagen des Jahres 1929 entstehen ließ. Doch nach einer halben Stunde schon ist der „Wellenbrecher" wieder ausgeschaltet, das wollen die Spielregeln. Sofort rutscht er um weitere wichtige Punkte, der Standard-and-Poors, erneut wird der Wellenbrecher aufgestellt, diesmal sogar für eine ganze Stunde. Nun darf der Index nicht weiter rutschen, das ist amtlich, bis endlich die Schlußglocke schrillt und sie alle aus dem Börsensaal vertreibt: Geister, Hexen, Glücksritter und Händler. Über dem alten Kontinent steht prall der Vollmond.

2. Erinnerungen

Minicrash an der Wall Street, so bringen es manche Zeitungen schon am nächsten Tag auf Seite eins. Dow Jones um 191 Punkte gefallen, heißt es da weiter, der stärkste Kurseinbruch seit dem Schwarzen Montag. Oktober 1987, das sind Krisentage, die ihren Schrecken noch nicht verloren haben. Schnell werden die Erinnerungen wach – vielleicht auch bei August Preuße. Unter diesem Pseudonym schilderte ein Schauspieler aus Stuttgart der ZEIT seine ganz persönlichen Einbrüche, die dunklen Stunden nach dem Crash. Ein privates Unglück, alles ganz „normal": Einige Wochen vorher, im September 1987, habe er noch „nein" zu seiner Tochter gesagt, als sie das Geld für einen Wintermantel haben wollte – 400 Mark.

„Ich glaubte, ich könne mir das augenblicklich nicht leisten", so die Begründung für die Abfuhr. Ein paar Wochen später fragte ihn keiner mehr. Da ging es nicht mehr um 400, sondern um 40 000 Mark, die der Schauspieler plötzlich verlor. An jenem 19. Oktober rief er, wie meistens, den Vermögensberater seiner Bank an. Der erklärt, sichtlich verstört: „Die Kurse befinden sich im freien Fall", es habe leider überhaupt keinen Sinn irgend etwas zu unternehmen. „Da habe ich einen Schweißausbruch bekommen und mich erst einmal ins Bett gelegt", berichtet Preuße der ZEIT. „Am Abend bei der Tagesschau habe ich dann den Ton abgestellt, damit ich das deprimierende Zeugs aus New York, Frankfurt und Tokio nicht hören mußte." Es folgten Tage der Depression und – Momente kopfloser Entscheidungen. Einmal verkauft der Schauspieler Preuße seine Dresdner-Bank-Optionsscheine – gerade 49 Mark konnte er dafür im November 1987 noch erlösen. Gekauft hatte er sie im Spätsommer des selben Jahres für 111 Mark das Stück. Nur kurze Zeit später kletterten sie wieder im Kurs, doch da war es für den Schauspieler aus Stuttgart schon zu spät. Im selben Monat kaufte er auf Kredit 300 Commerzbank-Optionsscheine, Kurswert 95 Mark. Die fielen nur wenig später auf einen Preis von 80 Mark. Doch dieses Mal reagierte August Preuße als einer, der gut verlieren kann: Er lud seine Tochter zum Einkaufsbummel ein und ließ sie einen Wintermantel anprobieren. Für den zahlte er dann – 800 Mark.

Am „Schwarzen Montag" hatte der Dow Jones mehr als 500 Punkte verloren, das waren gut 20 Prozent seines alten Wertes. Dieser Crash steckte überdies voller Heimtücke: Zwei Tage nach dem ersten Kurseinbruch wurde die Börse schon wieder mit Kauforders überschwemmt – ob Dow Jones –, Financial-Times- oder FAZ-Index, sie alle stiegen wieder kräftig an. Doch die Freude kam zu früh: Schon wenige Tage später setzte die Börse ihre Talfahrt fort, der letzte schwere Schock kam dann erst im November. Drei Wochen nach dem Crash stürzte der Dow Jones nochmals um über 150 Punkte ab, in Deutschland fast dasselbe Bild. Rund 35 Prozent hatte der Dow Jones seit seinem Höchststand im August nun eingebüßt, deutsche Standardwerte traf es noch viel härter: Allianz, Daimler, Deutsche Bank, Siemens, sie alle hatten rund die Hälfte des vorherigen Höchststandes eingebüßt. Circa 500 Milliarden Dollar hatten sich nach dem Crash auf diese Weise einfach in Luft aufgelöst. Vermutlich wäre der Spuk gar nicht so schnell zu Ende gegangen, hätten die internationalen Notenbanken nicht schon bald ganz beherzt das Ruder in der Geldpolitik herumgerissen. Anstatt Kredite weiter zu verteuern, setzte etwa die Frankfurter Bundesbank Schritt für Schritt den Diskontsatz herab, bis der Leitzins im Dezember nur noch 2,5 Prozent ausmachte. Das bedeutete: Festverzinsliche Anleihen oder Festgelder auf dem Konto warfen immer weniger Rendite ab, so daß der Kauf von Aktien wieder lohnte. Und was damals wohl keiner so recht wußte: Die Konjunktur in der Bundesrepublik stand, obwohl schon fünf Aufstiegsjahre hinter ihr lagen, erst am Anfang ihres eigentlichen Booms. Die Gewinne der Unternehmen, wichtiger Maßstab für die Bewertung einer Aktie, sie sollten in den kommenden Jahren erst noch explodieren. Nur wagte damals eben niemand, von einem solchen Freudenfeuer für die Börse zu träumen. Um so interessanter denn auch die Frage, wie es überhaupt zu dem spektakulären Absturz im Herbst 1987 hatte kommen können.

3. Wie eine Seifenblase

Fünf Jahre lang hatte der Markt nur den Weg nach oben gekannt – die scheinbar so erfolgreiche Wirtschaftspolitik des neuen US-Präsidenten Ronald Reagan trieb den Dow Jones in immer neue Rekordhöhen – insgesamt vervierfachte sich vom Sommer 1982 bis August 1987 der Wert der im Dow enthaltenen 30 Aktientitel – aus 10 000 Dollar Startkapital waren nunmehr 40 000 Dollar geworden.

Wie schon einmal, Ende der zwanziger Jahre nämlich, ging von der Wall Street eine Verheißung aus. „Hier kann jeder sein Glück machen", so die Botschaft, von der sich Mitte der achtziger Jahre mehr und mehr Amerikaner anstecken ließen. Sie, die ohnehin viel spekulationsfreudiger reagieren als etwa deutsche Börsenanleger, nutzten zuhauf ihre „margin accounts", das sind Kredite, die Broker und Investmenthäuser ihren Kunden einräumen – jedes Aktiendepot läßt sich da mit bis zu 50 Prozent des Kurswerts beleihen. Mit 10 000 Dollar in bar lassen sich also für 15 000 Dollar Aktien kaufen. Noch größer freilich der Hebel bei den Termingeschäften: Für die Mehrzahl der amerikanischen Aktienkunden sind die Dividendenpapiere selbst längst ein alter Hut. Gekauft werden vielmehr Optionen, also das Recht, eine bestimmte Aktie in 3, 6 oder mehr Monaten zu einem bestimmten Preis erwerben oder verkaufen zu dürfen. Entsprechend liegt der Umsatz der New York Stock Exchange, also der Börse von Wall Street, an normalen Tagen bei rund sechs Milliarden Dollar. An der Merchantile Stock Exchange, das ist die Terminbörse von Chikago, werden allein durch Optionen auf den Standard- and-Poors-500-Index Aktien im Wert von neun Milliarden Dollar auf Zeit gekauft oder verkauft, also rund anderthalb mal soviel. Der Grund: Auf dem Terminmarkt lassen sich mit einem Einsatz von 5 000 bis 10 000 Dollar Aktien im Wert von 125 000 Dollar bewegen. Ursprünglich als Versicherung für Anleger, Unternehmer, Rohstoffproduzenten oder Bauern gedacht, entwickelten sich die amerikanischen Terminbörsen während der fünfjährigen Börsenhausse immer mehr zu gigantischen Wettbüros. Die Spekulation wuchs und gedieh – insofern nicht unähnlich jenen schicksalhaften Tagen im Herbst 1929. Die Seifenblase zum Platzen brachte schließlich der damalige Finanzminister James Baker: In einer Rede vom Samstag, dem 17. Oktober, kritisierte er scharf die Zinspolitik der Deutschen Bundesbank und drohte an, als Vergeltungsmaßnahme den Dollarkurs fallen zu lassen. Es war, als hätte jemand „Feuer" in einem vollbesetzten Stadion geschrien. Panik brach aus auf den Rängen der internationalen Aktienmärkte. Tatsächlich ließen sich für den 87er-Crash – im nachhinein wenigstens – die „Brandstifter" noch ermitteln: Die Brady-Kommission, ein von Präsident Reagan eingesetztes Gremium, fand nämlich heraus, daß es im wesentlichen die Computerprogramme von drei großen Versicherungen und Aktienfonds waren, die die Kurse am Schwarzen Montag so zum Einstürzen gebracht hatten. Allein diese drei nämlich überschwemmten den Markt am 19. Oktober mit Aktien im Wert von rund zwei Milliarden Dollar.

„Stoppt doch endlich das verdammte Ding", ein verzweifelter Ausruf, wie man ihn an diesem Tag im Börsensaal öfter hören konnte. Es waren Broker, die fassungslos vor ihren Bildschirmen standen, Elektronengehirnen, die ihnen befahlen: Verkaufen, verkaufen, verkaufen... Schwitzend und mit aufgekrempelten Ärmeln sausten sie durch den Börsensaal, riefen sich, allmählich schon heiser werdend, Namen von Unternehmen zu und die entsprechenden Kurse – Preise freilich, zu denen kaum einer die Papiere mehr haben wollte. Wie ein Fluch wirkte nun auch eine Erfindung, ein neues Finanzspielzeug, das seine Geburt an den amerikanischen Börsen erst 1983 erlebt hatte. Findige Wertpapiermakler boten zu dieser Zeit ihren Kunden erstmals nicht nur Aktien oder Optionen auf Dividendenpapiere an, sie kreierten auch einen – sagen wir mal – Wettvertrag auf den Aktienindex insgesamt. Beispiel der Standard-and-Poors-500, der, wie der Name schon sagt, 500 verschiedene Aktien als Basis enthält. Mit einem entsprechenden Kontrakt wettet man entweder darauf, daß der Standard-and-Poors kräftig steigt oder umgekehrt hohe Verluste schreibt. Nehmen wir an, der Kontrakt kostet 110 Dollar – 100 Dollar, weil der Index augenblicklich bei 100 Punkten steht und zehn Dollar als Prämie für die Wertpapierbank. Folglich kommt der Kunde erst in die Gewinnzone, wenn der Index die 110-Punkte-Grenze überschreitet. Für die Händler in New York und Chikago ist es jedenfalls zum einträglichen Sport geworden, mittels Computer sekundenschnell zwischen Aktienmarkt und Indexspekulation hin- und herzuspringen. So rechnet das Elektronengehirn laufend aus, wieviel die im Index enthaltenen Aktien augenblicklich wert sind. Ergibt sich eine Differenz zu dem Preis, zu dem der Index selbst gehandelt wird – und das ist meistens der Fall – so springen die Händler. Entweder sie kaufen oder verkaufen die entsprechenden Aktien, weil die gerade billiger sind, und verkaufen den Index oder umgekehrt. Am 19. Oktober 1987 hat sich aus diesem sogenannten Arbitragespiel eine fatale Abwärtsspirale entwikkelt – fiel zuerst in Chikago der Preis für den Indexkontrakt, verkauften prompt die Arbitrageritter die relativ teureren Aktien und deckten sich profitabel mit Kontrakten ein. Weil aber die Aktien nun wieder billiger wurden, verkaufte man in Sekundenschnelle wieder den Index und erstand dafür wieder echte Papiere – nun fiel wiederum der Index, die Aktien waren relativ teurer, also verkaufte man die Aktien und erstand wieder den Index und so fort. Keine Börsenaufsicht oder sonst ein Organ, das den Baissespielern einen Knüppel zwischen die Beine geworfen hätte. Erst mußte ja das Kind in den Brunnen gefallen sein, bis auch der Gesetzgeber die Gefahr eines solchen Computerspiels für die Börsen erkannte. Ohne Zweifel war das Kursniveau im Herbst 1987 deutlich zu hoch – daß es aber zu einem solch dramatischen Einbruch kommen mußte, das ist in erster Linie der Computerherrschaft an den amerikanischen Börsen zuzuschreiben. Schließlich besorgten die Elektronenrechner nicht nur das Bäumchen-wechsle-dich-Spiel zwischen Indexkontrakten und „echten" Aktien – sie gaben auch, so hatte man sie ja programmiert, automatisch Befehl zum Verkauf, wenn die Aktienkurse ein bestimmtes Niveau unterschritten hatten.

Damals haben sich Banken und so manche andere Finanzexperten um ihren guten Ruf gebracht, weil sie ihren Kunden angesichts des Kurssturzes erst einmal zum Abwarten rieten. Tatsächlich mußten die „Abwarter" bald eine sündhaft teure Zeche bezahlen – besaßen ihre Aktien doch bis zum 10. November nur noch rund ein Drittel des Wertes der Vor-Crash-Tage. Im nachhinein, wo man bekanntlich immer klüger ist, ertüftelte man eine ganz andere Strategie als die optimale: Am Tag des Börsensturzes hätte man verkaufen sollen, oder wenigstens tags danach – schließlich waren in Deutschland die Börsenkurse am „Schwarzen Montag" im Schnitt „nur" um sieben Prozent gefallen – um dann am Tiefstpunkt der Kurse, Mitte November, wieder einzusteigen. Zwei Jahre später, am 16. Oktober 1989, haben sich dann die meisten Privatanleger so verhalten, wie es am „Schwarzen Montag" richtig gewesen wäre: Auf die Nachricht vom Kurssturz an der Wall Street räumten sie ihre Depots und verkauften sämtliche Aktien. Ein alter Börsenspruch lautet: Wer zweimal dieselbe Strategie wählt, der liegt einmal garantiert falsch. Diesmal nun trauten sich auch die Banken keine Ratschläge mehr zu erteilen. Resultat: Ausgelöst durch eine Verkaufswelle inländischer privater Anleger sowie gewerbsmäßiger Investoren aus dem Ausland erlebte die Frankfurter Börse den stärksten Kurseinbruch der Nachkriegsgeschichte – der fiel mit rund 14 Prozent immerhin fast doppelt so stark aus wie der vorangegangene Kursrutsch an der Wall Street.

Am Montag nachmittag, dem 16. Oktober also, mußte ich zur bayerischen Börse, um Interviews für das aktuelle Programm am Abend zu führen. Es war, als hätte dort gerade eine Schlacht stattgefunden. Man konnte förmlich noch den Pulverdampf sehen, der sich eben in die Ecken verzog. Gut eine Stunde nach Börsenschluß standen die Kursmakler immer noch hinter ihren Tresen, rechneten Kursabschläge aus – ganz so, als ob sie Verwundete zählen würden. Vor dem Mikrophon schließlich entluden sich Zorn und Anspannung dieses langen Tages: Kleinmütig seien sie, die deutschen Anleger, schimpfte ein Kursmakler, davongerannt seien sie wie die Hasenfüße. Da habe es ja zu einem solchen Schlachtfest kommen müssen. Wie es weitergehe, wollte ich wissen. Alles, so der Makler, alles hänge davon ab, wie sich die New Yorker Börse in der Nacht entwickle...

Wie unsicher der Boden für Aktionäre und professionelle Anleger war, das zeigte noch einmal der Abend: Ein Münchner Aktionärsverein, Effektenklub mit Namen, hatte seine Mitglieder eingeladen: „Zwei Jahre nach dem Crash, besteht die Gefahr eines neuen Rückschlags?", so war der Vortrag in der Woche zuvor angekündigt worden. Plötzlich war der Crash gekommen, nun hingen alle dem eingeladenen Wertpapierfachmann an den Lippen: Wie geht es weiter? Der, immerhin Vertreter einer Münchner

Großbank, war alles andere als zuversichtlich – schließlich sei auch 1987 der erste Einbruch nur ein Vorbote des kommenden Kursdebakels gewesen. Verkaufen, falls die Börse sich zwischenzeitlich ein wenig stabilisieren sollte, so lautete seine Devise – und kaum einer, der ihm widersprechen wollte. Doch dann verzog sich in den kommenden Tagen der Schwefelgeruch ebenso schnell wieder, wie er gekommen war. Noch am Montagabend machte der Dow Jones mit gut 80 Punkten fast die Hälfte seiner Freitagsverluste wieder gut. In Frankfurt, München oder Düsseldorf standen am Dienstag schon wieder die Kleinanleger bei den Banken Schlange: Wo tags zuvor noch die Minus- und Doppelminusankündigungen regierten – sie kündigen jeweils Kursverluste um fünf oder zehn Prozent an –, glänzten nun die Pluszeichen vor den Notierungen. Prompt fielen bei nicht wenigen Banken die Computer aus – sie waren der nun einsetzenden Flut von Kaufaufträgen einfach nicht mehr gewachsen. In München wurden schließlich Taxis eingesetzt, die die Formulare in Waschkörben zur Börse transportierten – dort waren Händler und Kursmakler dann bis in den späten Nachmittag hinein beschäftigt, alle Orders abzuwickeln. Inzwischen sah man auch schon klarer, konnte erkennen, warum New York gehustet und Frankfurt sich mit einer Grippe ins Bett gelegt hatte.

4. Seiltänze

LBO hieß das Zauberwort des Jahres 1989 an der Wall Street. Leveragend-buy-outs, zu deutsch: Übernahmen auf Pump. Um was es dabei geht? Ein paar tollkühne, oder sagen wir lieber überaus kaltblütige Spekulanten tun sich zusammen in der Absicht, bei einem bestimmten Unternehmen die Aktienmehrheit zu erwerben. Häufig kommt es nämlich vor, daß alle Aktien zusammen weniger kosten als die Substanz des betreffenden Unternehmens wert ist – wem es also gelingt, durch gezielte Aufkäufe zum Mehrheitsaktionär zu werden, der kann den Konzern hinterher zerlegen und die Einzelteile meistbietend verschachern. Und macht dabei satte Gewinne – sofern er vorher nicht baden geht.

Finanziert wurden diese Mega-deals meist mittels sogenannter junk-bonds – zu deutsch: Ramschanleihen. Das bedeutet: Die Finanzakrobaten in New York und Montreal gaben Anleihen aus, die vergleichsweise hohe Zinsen abwarfen, dafür aber mit einem hohen Risiko behaftet waren. Häufig genug konnten die Übernahmespekulanten nämlich das Geld nicht mehr zurückzahlen, einfach weil sie vorher pleite gingen. Aber das kratzte Broker und Banker an der Wall Street lange Zeit nur wenig. Anfang der achtziger Jahre hatte ein Wertpapierhändler aus New York eine finanziell sehr einleuchtende Rechnung aufgestellt: Michael Milken, so hieß der Broker aus Wall Street, nahm an, daß höchstens zwei Prozent der Ramschanleihen tatsächlich den Bach hinuntergehen würden. Wegen der deutlich höheren Verzinsung, so Milken, würde ein Fonds mit diesen Anleihen trotzdem noch mehr Gewinn abwerfen als etwa ein Portfolio aus lauter soliden Staatsanleihen. Die Rechnung überzeugte – und Ramschanleihen wurden bei Banken und Privatanlegern mit einem Mal salonfähig. Danach wurden allein von 1985 – 1989 junk-bonds im Wert von circa 120 Milliarden Dollar plaziert. Der Wall Street brachten die Ramschdollars einen gewaltigen Aufwind – geriet ein Unternehmen in den Ruf, Übernahmekandidat zu sein, kletterten sofort dessen Aktien. Kleine und große Anleger waren es, die auf ein sattes Übernahmeangebot spekulierten und nun noch kauften, was sie kriegen konnten. Solche Kursbewegungen schoben natürlich auch den Index insgesamt an und weckten damit bei den Computern an der New Yorker Börse den Appetit auf weitere Aktien –

eine elektronisch verstärkte Spekulationswelle also, die so durch die junk-bonds ausgelöst wurde. Im Brokerhaus McDonald, übrigens nicht zu verwechseln mit der gleichnamigen Hamburgerbraterei, hat man einmal versucht, die Auswirkungen solcher Übernahmespekulationen in Zahlen zu fassen. Chefanalyst Philip H. Farrington rechnete aus, daß 18 Prozent der Kurssteigerungen des Dow-Jones-Index allein auf diese Weise zustande gekommen sind.

Zum ersten Mal heftig gekracht hat es auf dem Markt für Ramschanleihen im September 1989: Robert Campeau, ein kanadischer Finanzmagnat, der für zehn Milliarden Dollar Schulden gemacht hatte, um sich zwei US-amerikanische Kaufhausketten einzuverleiben, geriet plötzlich in Zahlungsschwierigkeiten. Wie brisant diese Nachricht auch für die Aktienbörse sein würde, das zeigte sich erst knapp einen Monat später: Mitarbeiter der zweitgrößten amerikanischen Fluglinie, der United Airlines, versuchten gemeinsam mit der britischen Fluggesellschaft British Airways, ihr Unternehmen zu kaufen. Längst war der geplante Deal an der Wall Street publik und die UAL-Aktien auf neuen Höchstständen. Aufgetrieben werden sollte das nötige Kleingeld – es handelte sich immerhin um die stattliche Summe von sieben Milliarden Dollar – durch die Ausgabe von Ramschanleihen. In der Woche nach dem Crash war in der Zeitung von einem Gerücht zu lesen, das japanische Finanzministerium hätte seinen Banken einen Wink gegeben, sie möchten sich doch künftig aus den Übernahmegeschäften heraushalten. Jedenfalls zogen sich die japanischen Finanziers am Freitag, den 13. plötzlich aus dem Deal zurück – angeblich deshalb, weil Mechaniker und Bodenpersonal der UAL sich nicht bereit zeigten, die Übernahme der völlig überschuldeten Gesellschaft durch Zugeständnisse auf der Lohnseite zu unterstützen.

Freitag, der 13.: Über dem alten Kontinent steigt gemächlich der Vollmond auf. In New York ist es drei Uhr nachmittags. An der Wall Street flimmert es gerade in grünlichen Buchstaben über die Bildschirme: UAL-Übernahme gescheitert, japanische Banken lassen 7-Milliarden-Dollarübernahme platzen. Panik bricht aus auf dem Parkett...

5. Schwarzer Montag – Freitag, der 13., Hexen auf dem Parkett – ist die Börse das Reich des Bösen?

Am 30.12.1987 konnte man an der Münchner Börse Mannesmannaktien zum Preis von 104,50 DM erstehen. Ein Jahr später notierte dasselbe Papier bei 213,30 Mark, Kursgewinn 105 Prozent. Ohne Berücksichtigung von Spesen wären aus jeder angelegten Mark also 2,05 Mark geworden. Sicherlich eine Ausnahme, aber das Jahr 1988 brachte auch auf's Ganze gesehen deftige Gewinnchancen – knapp 30 Prozent etwa legte der FAZ-Index von Silvester 1987 bis zum 30.12.1988 zu. Die Rolle des Spitzenreiters übernahmen dabei die Bankaktien, die durchschnittlich um 55 Prozent im Kurs zulegten, bei den Stahlaktien waren im Schnitt aus jeder Mark immerhin noch 1,42 Mark geworden. Mit einem GIF-Optionsschein, Kaufrecht für Aktien der Société Générale de Belgique, Ausgabe 1987, und einer kreditwilligen Bank hätte man es 1988 sogar zum Millionär bringen können: Um 836 Prozent legte der Optionsschein innerhalb der Jahresfrist zu. Aus einem Betrag von 100 000 Mark wären da also bis zu 836 000 Mark geworden. Munter weiter ging es auch im Jahr 1989 – bis zum September hatte die Börse durchschnittlich um 21 Prozent zugelegt. Mit an der Spitze lagen wieder die Bauwerte: Als Aktionär bei Holzmann etwa hätte man aus 10 000 Mark Startkapital bis zur Jahresmitte 16 500 Mark machen können, bei DYWIDAG immerhin noch 4 400 Mark gewonnen und bei Hochtief 3 400 Mark eingestrichen.

Oder man hätte es so machen können wie der Autor dieser Zeilen: Gut eine Woche vor dem Crash noch in Karstadt-Aktien zu investieren, Stückpreis 660 Mark, um dann am Schwarzen Montag 1989 dasselbe Papier bei 500 Mark stehen zu sehen. Nettoverlust: runde 30 Prozent.

Man hat das ja schon alles einmal gehört, die Ratschläge und Binsenweisheiten der Börsenprofis – nur ist eben aller Rat und alle Vorsicht schnell dahin, wenn am Aktienmarkt wieder einmal das schnelle Geld lockt. Dann heißt es: Lehrgeld bezahlen und auf recht schmerzhafte Weise erinnert werden an alte Faustregeln. Man darf auch als Kleinanleger ruhig spekulieren, aber dann muß man sich auch bewußt sein, daß man am Roulettetisch steht und nicht in den sicheren Hallen einer Bank. Dem Croupier gibt man vernünftigerweise nur das Geld, das man wirklich entbehren kann und nicht die paar Kröten, für die man am nächsten Tag noch Milch und Brötchen kaufen möchte. Nur dann kann man relativ gelassen dabeisitzen, wenn die Kurse wieder einmal abstürzen und mit einer guten Portion Kaltblütigkeit zugreifen, wenn augenscheinlich der Tiefststand erreicht ist. Aber man sollte sich auch im klaren sein: Als Kleinanleger *kurzfristig* zu spekulieren, das ist, wie wenn man auf Krücken ins Schlachtfeld zieht. Wer weniger als 50 Stück von einer Aktie kauft (50 mal Karstadt zu einem Kurs von 600, das sind immerhin 30 000 Mark, ohne Spesen), der muß spätestens bis 11 Uhr 30 seine Order abgegeben haben.

Um diese Zeit fischt man als Privatanleger meist noch im trüben, weiß nicht genau, welche Stimmung sich am vorbörslichen Handel – also dem Telefongeschäft zwischen Banken und Maklern – abzeichnet. (Aus diesem Grund hat der Bayerische Rundfunk übrigens in seine 10-Uhr-Nachrichten eine kurze Meldung über den Trend an der Vorbörse eingefügt.) Ob die Order also gerade in ein Stimmungstief fällt oder ein Großabnehmer an diesem Tag zufällig die Preise in die Höhe treibt, das ist für Sie als Kleinstkunde nur sehr schwer kalkulierbar. Etwas besser ist der dran, der sich immerhin ein halbes Hundert Aktien leisten kann: Da wird die Order oft noch bis halb ein Uhr von der Bank angenommen – inzwischen haben sich auf dem Börsenparkett die Makler schon zwei Stunden lang Kurse zugerufen, hat sich also bereits eine erste Tendenz herausgeschält. Aber was ist das schon, verglichen mit den Möglichkeiten, die Banken und professionelle Händler haben: Da wird gehandelt von neun Uhr morgens bis sechs Uhr abends. Auf jedes Ereignis, sei es nun eine Zinserhöhung durch die Bundesbank oder eine neuerlich geplatzte Übernahme, können die Profis sofort reagieren. Der Kleinanleger dagegen bleibt außen vor, er muß warten, bis die Torte fast verteilt oder seine Butterbrötchen längst gegessen sind. Freilich, wenn der Sieg ohnedies sicher ist, dann kann man auch auf Krücken ins Feld ziehen und sich seinen Anteil an der Beute sichern. Doch wer weiß das schon im vorhinein? Wie viele Privatanleger hierzulande kannten sich vor dem 16. Oktober 1989 schon mit junk-bonds aus? Für ein rein spekulatives Engagement am Aktienmarkt genügt es eben nicht zu wissen, ob etwa die Hertel AG in diesem Jahr besonders gute Gewinne macht oder wie viele Pkws bei Volkswagen noch auf Halde stehen, mindestens ebenso wichtig sind die neuesten Trends und Tricks im Finanzdschungel von New York – oder die letzten Ereignisse vom Kabuto-Cho, der Börse von Tokio.

Wenn also zum spekulativen Engagement nur wenigen zu raten ist, so sind Aktien als längerfristige Anlage allemal interessant. Nehmen wir einmal an, Sie hätten am 31. Dezember 1970 bei Ihrer Bank ein Depot eröffnet. Als „konservativer“ Anleger, wie man so schön sagt, haben Sie sich vor allem mit deutschen Standardwerten eingedeckt: ein bißchen Draht, ein bißchen Blech, ein bißchen Stahl und vielleicht auch ein wenig Plastik – kurz, Sie haben Siemens-Aktien gekauft, Daimler-Benz, die Hoesch AG und BASF. Die siebziger Jahre waren ziemlich mau für die Börse – die hohen Zinsen waren es vor allem, die die Anleger vergrault haben. Jedenfalls sah für Sie als Aktienbesitzer die Bilanz zum 31.12.1980 so aus: BASF, zu 135,30 Mark am 31.12.1970 erstanden, waren zehn Jahre später nur noch 123,50 Mark wert – ein Minus von 11 Mark 80. Daimler rutschten von 310 auf 265 Mark – Differenz 45 Mark, Siemens dagegen kletterten von 184 auf 260 Mark 50, ein Plus von 76,50 DM oder rund 42 Prozent, Hoesch-Aktien dagegen rauschten grandios in den Keller: von 63,90 auf 22,20 Mark, also rund 65 Prozent Verlust. Bis auf den Gewinn bei Siemens also eine recht traurige Bilanz.

Etwas aufgefrischt wird das Ganze freilich, wenn man die alljährliche Dividende dazuzählt. BASF etwa schütteten in den siebziger Jahren durchschnittlich 7,80 Mark Gewinnbeteiligung aus. Seit dem Jahr 1977 addierte sich dazu (auf Grund einer Gesetzesänderung) noch die sogenannte Steuergutschrift, ein Betrag in Höhe von jeweils 9/16 oder 56 Prozent der Dividende. Insgesamt also eine durchaus einträgliche Verzinsung, die allerdings – auch das sei hier gesagt – meist den Renditen hinterherhinkte, die man beim Kauf von festverzinslichen Papieren erzielen konnte. Doch dafür war das Frühlingserwachen für Aktionäre in den achtziger Jahren um so heftiger: Zum 31.12.1985 nämlich standen BASF bei 269 Mark, Daimler bei 1260, Siemens bei 754,50 Mark und Hoesch bei 166,50. Kursgewinn innerhalb von fünf Jahren: Rund 120 Prozent bei BASF, fast 400 Prozent für Daimler-Aktionäre, rund 200 Prozent für Siemensianer und sage und schreibe 650 Prozent für Hoesch-Aktionäre. Wer also erstmals im Jahr 1970 in Aktien angelegt hatte, der brauchte wohl einen langen Atem, hatte dafür aber 15 Jahre später einen Kursgewinn von rund 250 Prozent (steuerfrei!) im Depot plus der jährlich verdienten Dividende.

6. Der Alltag der Geldgräber

Langfristig gesehen ist die Börse sehr wohl ein Tummelplatz für Kleinanleger. Wer aber auf kurzfristige Gewinne spekuliert, der sollte sich vor Augen halten, wie bescheiden die eigenen Mittel sind, verglichen mit den Hilfstruppen, die den echten Börsenprofis zur Verfügung stehen. Zu diesen Profis zählt etwa Klaus Kaposi, der als As unter den gewerbsmäßigen Geldanlegern gilt. Sein SMH-Spezialfonds führte 1989 lange Zeit die Hitlisten an unter den deutschen Investmentfonds.

Meistens ist es halb neun, wenn er morgens sein Büro bei der Schröder, Münchmeyer, Hengst Investment GmbH betritt. Kaum hat er die Aktentasche abgelegt, geht's ans Terminal: Da flimmert herüber, was die Nachrichtenagentur Reuter von den ausländischen Märkten zu berichten hat. Wie war Wall Street, was hat den Dow Jones gedrückt oder beflügelt, wie hat's auf dem Markt für festverzinsliche Papiere ausgesehen, haben sich die Zinsen etwa stark bewegt? Und dann Tokio: Welche Aktien haben diesmal den Nikkei-Anstieg gemacht? Dreimal in der Woche trifft man sich, schließt sich zusammen zu einem brain-trust: Die führenden Köpfe aus der Devisenabteilung, die vor Ort in Frankfurt den Börsenhandel besorgen und die ausländische Profis bei der Anlage in Deutschland beraten. Kurzer Informationsaustausch, Trends, Tendenzen, Entwicklungen, dann trennt man sich wieder.

„Mein eigener Kopf ist zu klein für die Fülle von Informationen, die praktisch im Sekundentakt auf einen einströmen", sagt Fondsmanager Klaus Kaposi. Deswegen sind Computer für ihn ein unerläßliches Werkzeug. Die „glätten" die Tagesbewegungen hin auf einen Wochentrend – dabei wird für Klaus Kaposi schnell sichtbar, welche Ereignisse er vernachlässigen kann und welche er dringend im Auge behalten will. Bevor sich der gebürtige Österreicher schließlich für das eine oder andere Papier entscheidet, geht er meistens auf einen Sprung hinaus, klopft an im Nachbarzimmer, wo die Analysten seiner Bank untergebracht sind. Die sind häufig auf Achse, besuchen Firmen, reden mit den Managern, wälzen Zahlen und Bilanzen, werten Trends und Entwicklungen auf den Märkten aus – das alles mit einem Ziel: Herauszufinden, wie sich der Gewinn des Unternehmens im nächsten Jahr oder vielleicht schon absehbar im Jahr darauf entwickeln wird. „Die Gewinne im laufenden Jahr sind längst diskontiert", sagt Klaus Kaposi, „sie stecken schon voll im Kurs drin. Mehrwert können wir nur aus Informationen schöpfen, die die weitere Zukunft betreffen", und dafür helfe eben die hauseigene Analyseabteilung. Dabei sei ein Punkt ganz wichtig, meint der Fondsmanager, als institutioneller, sprich gewerbsmäßiger Anleger schaue man immer besonders genau darauf, wie sich der Auftragsbestand in einem bestimmten Unternehmen entwickle. „Schließlich sind die Aufträge von heute ja die Gewinne von morgen."

Das ist wohlgemerkt nur ein Punkt, wenn auch ein sehr wichtiger. Das Geld anderer Leute anzulegen ist auch die Hauptaufgabe von Max-Joseph Frotz, Vermögensplaner beim Gerling-Konzern. Die drittgrößte Versicherungsgruppe der Bundesrepublik muß in erster Linie das Geld ihrer Lebensversicherungskunden gewinnträchtig parken. Noch gelten hier strenge Vorschriften, wie viele Anleihen, Schuldverschreibungen oder Immobilien eine Versicherungsgruppe in ihr Portefeuille aufnehmen darf. Zum Schutz der Versicherten, manchmal aber auch zu ihrem Nachteil. In der Branche, so sagt Max-Joseph Frotz, habe sich ein Schnitt herausgebildet, wonach normalerweise höchstens vier bis fünf Prozent der eingezahlten Gelder in Aktien angelegt werden. Das ist bei Versicherungsgesellschaften etwa in Großbritannien ganz anders. Hier darf von Gesetz wegen viel höher spekuliert werden. Die Policen sind auf der Insel daher meist günstiger, dafür auch weniger sicher. Für Max-Joseph Frotz beginnt der Bürotag um viertel nach acht – mit Zeitungslektüre. Das Wall Street Journal, die Financial Times, Handelsblatt und FAZ sollten bis halb elf zumindest quergelesen sein, meint der Anlageprofi aus Köln. Aber: Ob er dann fünftausend Daimler oder 10 000 VW-Aktien ordert, das hat freilich nur wenig mit der morgendlichen Leib- und Magenlektüre zu tun. „Wichtiger sind für mich Gespräche mit Bankenvertretern oder den Mitarbeitern aus dem eigenen Haus, die das betreffende Unternehmen gut kennen", so Max-Joseph Frotz. „Ich brauche einfach Distanz zum täglichen Börsengetümmel, man sieht ja sonst den Wald vor lauter Bäumen nicht mehr." Ganz wichtig für seine Kaufentscheidung: Die allgemeine wirtschaftliche Entwicklung, sowie der Fortgang in den einzelnen Branchen und Unternehmen. Besondere Strategie des Geldanlageprofis: „Wegen der großen Menge, die eine solche Lebensversicherungsgesellschaft gleich ordert, kauft man am besten eine Aktie dann, wenn die ganze Welt davon nichts wissen will", sagt Frotz selbstsicher.

7. Wer gibt den Ton an auf dem Börsenparkett?

„Wenn aus London eine Order für 10 000 BASF-Aktien kommt, dann wissen wir natürlich nicht, wer hinter diesem Großauftrag letztlich steckt", sagt im Gespräch der Analysechef der Bayerischen Vereinsbank. „Es gibt keine Statistik darüber, wie sich die Börsenkäufer nun genau aufteilen", meint auch ein Analysefachmann aus der Zentrale der Münchner Hypobank. „Das Ganze schwankt auch sehr stark." Im Moment, und das war im Spätsommer 1989, schätze er jedoch den Anteil von Banken und Wertpapierhändlern auf 50 Prozent am gesamten Aktiengeschäft. Ungefähr 45 Prozent der Orders kämen von institutionellen Anlegern, also Versicherungen, Pensionskassen und Fonds. Mit nur rund fünf Prozent seien dagegen die Privatanleger direkt am Börsenumsatz beteiligt – wenig Karpfen im Teich, dafür viele Hechte, könnte man also sagen.

Das Salz in der Suppe am deutschen Aktienmarkt sind freilich die Anleger aus dem Ausland: Wann immer der DAX, der FAZ-Index oder das Commerzbankbarometer heftige Ausschläge nach oben oder unten zeigen, sind mit Sicherheit Orders aus New York, London oder Tokio mitbeteiligt. Bei der Bayerischen Hypobank machte man dazu für das Jahr 1989 die folgende Rechnung auf: Notiert wurden im Januar an der Börse die Papiere von 503 Aktiengesellschaften – bei insgesamt 2 373 im Handelsregister eingetragenen Gesellschaften. Anteilsscheine im Nennwert von 57,8 Milliarden Mark schwammen an den acht deutschen Börsen. Davon sei etwa die Hälfte in festen Händen, meinen die Hypo-Analysten. Das seien Beteiligungen wie etwa die Daimler-Mehrheit an AEG oder das zehnprozentige Aktienpaket der Allianz, das der Deutschen Bank gehört. Diese Papiere würden nur in absoluten Ausnahmefällen aus dem Tresor geholt und spielten daher für das tagtägliche Aktiengeschäft keine Rolle. Von den restlichen 50 Prozent aber seien knapp die Hälfte in der Hand von ausländischen Anlegern – die damit ganz eindeutig das Sagen hätten auf dem deutschen Aktienparkett.

Deutlich niedriger freilich setzt die Dresdner Bank diesen Ausländeranteil an, und zwar bei nur 13 Prozent zum Ende 1988. Geht man von der Annahme aus, daß 50 Prozent des Aktienkapitals so gut wie unbeweglich sind, bedeutet das jedoch immer noch, daß ein Viertel des Geschäfts von Anlegern jenseits der deutschen Grenzen gemacht wird. Ganz gleich, ob nun ein Viertel oder die Hälfte – die Börsenerfahrung lehrt, daß die Investmenthäuser an der Wall Street und die Pensionskassen in London sehr oft an einem

Strang ziehen. Wenn sich der Dow Jones wieder einmal von seiner freundlichen Seite her gezeigt hat und zudem noch die Zeichen auf Aufwertung, sprich mehr Dollar für die D-Mark stehen, dann kommt Leben in die bundesdeutschen Börsen. Umgekehrt gehören diejenigen Tage zu den langweiligsten auf dem Börsenparkett, wo weit und breit keine ausländischen Käufer zu sehen sind – oft habe ich am Münchner Lenbachplatz erlebt, daß die Händler in der ersten Börsenstunde unschlüssig herumstanden, nur da oder dort eine Notierung gemacht wurde, die meist auch nur „zufällig“ zustande kam, aber dann, zwischen halb eins und eins, klingelten in den Kabinen der Händler plötzlich die Telefone, kamen die Börsenprofis rausgerannt, in Hemdsärmeln und mit fliegender Krawatte. „Anilin“, rief's dann aus der einen Ecke, „Daimler“ aus der anderen und irgendwo dazwischen „Motoren“. (Gemeint ist damit übrigens der Preis für BASF – die Badische Anilin- und Sodafabrik, für Daimler-Benz-Aktien sowie BMW-Papiere). Der betreffende Kursmakler antwortet ebenfalls nur mit einem Kürzel: sechseinhalb Brief oder achteinhalb Brief. Gemeint sind damit die Einerstellen, also 286 Mark 50 oder 738 Mark 50, und Brief bedeutet: Ich biete an. Die Händler antworten: 500 von dir oder 1 000 von dir. – Kurz darauf ist das Geschäft – wieder durch Zuruf – bereits beschlossen: 500 an dich, 1 000 an dich, so geht das eine ganze Weile. Plötzlich, fast so schnell wie er gekommen ist, ist der Spuk auch wieder beendet. Die ausländischen Anleger, oder ihre Computer, sie sind satt. In Frankfurt, München oder Düsseldorf nehmen höchstens noch ein paar Händler die Nachspeise: Sei es, weil das Kursniveau inzwischen so weit oben ist, daß es sich lohnt, die in der Frühe erworbenen Bestände schon wieder loszuschlagen, oder daß man die Kaufwelle von eben nur als Auftakt sieht und sich nun erst recht einzudecken beginnt.

Freilich, so schnell wie die Ausländer das Kursniveau hochgetrieben haben, so schnell können sie es auch wieder zum Einsturz bringen: Den „Tradern" genügt es schon, wenn die D-Mark dem Dollar gegenüber um ein paar Pfennige gestiegen ist. Kursgewinne und Währungsschnitt haben die Broker schnell um einige 100 000 Dollar reicher gemacht. Eigentlich eine ganz legitime Art, seine Kröten zu vermehren, auch wenn solche schnellen Verkäufe den Börsianern hierzulande reichlich mißgelaunte Tage bescheren. Höchst bedenklich dagegen ist ein anderes Phänomen: Wer bundesdeutsche Aktien kauft, muß seine Rechnung spätestens in zwei Tagen bezahlt haben – umgekehrt hat, wer seine Daimler oder Karstadt verkauft, den Erlös ebenfalls am zweiten Tag schon eingestrichen.

Anders dagegen in New York oder London. Dort vergehen bis zu zwei Wochen, ehe die Käufer das Geld für ihre Dividendenpapiere endlich überweisen. Wozu das führt, konnte man gut am 16. Oktober 1989 beobachten: Nach dem Kurssturz vom 13. in New York brauchten viele Anleger schnell flüssige Mittel – am leichtesten ließ sich dieses Problem in der Bundesrepublik angehen, man verkaufte einfach sein Paket von Siemens-, VW- oder Daimler-Benz-Aktien und konnte damit schnell das Portemonnaie wieder auffüllen. Daß dies – gepaart mit der Panik unter den Kleinanlegern – in Frankfurt zum schlimmsten Börsensturz der Nachkriegsgeschichte führte, ist für die internationalen Investoren höchstens ein bedauerlicher Betriebsunfall.

Daß seit dem Fall der Mauer verstärkt japanische Anleger aufs deutsche Börsenparkett drängen, ist mittlerweile auch keine Beruhigung mehr. Zwar legen sie ihr Geld hauptsächlich langfristig an, oft geht es dabei einfach um eine zusätzliche Altersversorgung, hektische Kursausschläge paßten da gar nicht ins Konzept. So blieb die Tokioter Börse in der Vergangenheit oft beneidenswert stabil, wenn an den Aktienmärkten der Welt die Kurse dramatisch verfielen. In Tokio blieben die Zeichen auf Gewinn, den Kursen schien keine Grenze nach oben gezogen. Selbst den „Schwarzen Montag" 1989 überstand die Tokioter Börse unbeschadet. Da ist es auch kein Wunder, daß sich inzwischen das japanische Wertpapierhaus Nomura zur weltgrößten Investmentbank gemausert hat. Mittlerweile gilt aber nicht einmal mehr die Tokioter Börse als Rettungsanker der Aktienmärkte. Einst auf Kurssteigerungen geradezu abonniert, erlebt sie seit Beginn dieses Jahres einen stetigen und dazu noch sehr steilen Kursverfall. Dazu haben verschiedene Faktoren beigetragen. Erstens hatte der Kursanstieg, der den Nikkei-Index – das Tokioter Börsenbarometer – von 18 000 Punkten Anfang 1987 in zwei Jahren auf 39 000 steigen ließ, einfach zu lange angedauert. Eine Korrektur war überfällig und mußte um so schmerzhafter ausfallen, je später sie sich einstellte. Zweitens machte der weltweite Anstieg der Zinsen, dem sich auch die japanische Geldpolitik nicht entziehen konnte, das Aktienkaufen auf Kredit immer unattraktiver. Drittens bereitet der japanischen Öffentlichkeit die Schwäche ihrer politischen Führung einige Sorgen, dies zu einer Zeit, da die Krise in den Beziehungen zu den USA klare Entscheidungen erfordern würde. Aus all diesen Gründen vermindern japanische Großanleger da und dort ihr Engagement in heimischen Papieren und wenden sich statt dessen zum Beispiel deutschen Aktien zu. Das sorgt auf dem deutschen Markt zwar zunächst für Stabilität, macht ihn aber abhängig von der Laune japanischer Geldanleger. Daß etwa im März 1990 der Goldpreis dramatisch absackte – dem Vernehmen nach, weil japanische Investoren Gold verkauften, um Verluste am Tokioter Aktienmarkt zu decken –, mag ein warnendes Beispiel sein. Einstweilen bleibt als Fazit, daß nichts an der Börse auf die Dauer Sicherheit verspricht, außer ständiger Beobachtung und Analyse. Euphorie währt nicht ewig, auch nicht in Tokio.

8. Die Yuppies kommen

Ein Drittel Porsche, ein Drittel Börse und ein Drittel subventionierte Aussiedlerheime, aus deren Mieten die Spekulationsverluste gedeckt werden – so beschrieb die „Wirtschaftswoche" einmal die Anlagestrategie der, wie sie es nannte, „Erbengeneration". Längst hat auf dem Aktienparkett nämlich der Generationswechsel stattgefunden – lange Jahre war es der brave Hausvater, der als biederer Aktiensparer den Idealtyp des deutschen Privatanlegers verkörperte. Seine oberste Tugend war die Sparsamkeit, getreu dem Motto: „Abends nicht zu früh das Licht einschalten, in den Heften nicht zu weit auseinanderschreiben, um Platz zu sparen, und vor allem: Kleider schonen, damit auch die jüngeren Geschwister noch dieselben Röcke und Pullover tragen können." „Sparsamkeit, der Weg zur persönlichen Freiheit" lautete Anfang der sechziger Jahre noch der Titel eines vielgelesenen Buches. Derselbe Autor erklärte anderenorts: „Der Sparsinn ist im Grunde genommen dem Menschen wesenseigen und muß immer wieder geweckt werden, weil er seine stetige Gesinnung und eine feste Charakterform gewährleistet."

Freilich, die Knausrigkeit der Väter und Großväter kam nicht von ungefähr: Noch Mitte der fünfziger Jahre mußte ein durchschnittlicher Vier-Personen-Haushalt mit 600 Mark Monatseinkommen wirtschaften – dabei waren die Lebensmittel im Vergleich zum Einkommen relativ teuer und für größere Anschaffungen mußte man erst recht lange sparen – kostete damals doch allein ein Kühlschrank um die 650 Mark. Wer dennoch ein paar Kröten auf die Seite legen konnte, der tat dies vorzugsweise mittels Sparbuch, einem Bausparvertrag oder – er kaufte sich Aktien. Staatsanleihen und andere festverzinsliche Wertpapiere waren damals nur ganz wenige auf dem Markt – der neue deutsche Staat hatte sich nach dem Krieg nämlich bald eines

Großteils seiner Schulden entledigt, indem er Staatsanleihen und andere Schuldscheine einfach im Verhältnis zehn zu eins zusammenstrich. Wer also für Führer, Volk und Vaterland noch kräftig Anleihen gezeichnet hatte, der mußte nun feststellen, daß er 90 Prozent seines Kapitals einfach in den Wind gesetzt hatte.

Ganz anders dagegen bei Aktien: Hier war ja die Substanz, sprich das Unternehmen, die dazugehörigen Häuser und Grundstücke weitgehend erhalten geblieben, und mangels Masse bei den Festverzinslichen wurden die Dividendenpapiere bald zu einer der wichtigsten Anlageformen: Im Jahr 1960 etwa hatten die Bundesbürger noch 22 Prozent, also gut ein Fünftel ihres Geldvermögens in Aktien angelegt, Festverzinsliche kamen gerade mal auf 3,4 Prozent. Fast dreißig Jahre später ein ganz anderes Bild: Von den 2,5 Billionen (2 500 000 000 000) Mark, die die Privaten im Jahr 1988 zur Verfügung hatten, waren gerade mal sechs Prozent in Aktien angelegt, dagegen rund 15 Prozent in Festverzinslichen.

Vor diesem Hintergrund jedenfalls wird deutlich, woher der einstige Sauertopfgeruch so mancher Siemens- oder Mannesmannaktien tatsächlich kommt. Die Wiederaufbaugeneration ist inzwischen freilich in die Jahre gekommen, und der Schaffe-schaffe-Häusle-baue-Eifer ist im allgemeinen Wohlstand etwas erlahmt. Die einfachste Art und Weise, zu Geld zu kommen, ist heute via Erbschaft. 1988 regneten immerhin rund 200 000 Bundesbürgern im wahrsten Sinne des Wortes die Sterntaler ins Haus: Mindestens 100 000 Mark pro Kopf und Nase oder zusammengerechnet rund 80 Milliarden Mark erbte diese Schar von Auserwählten von Vätern, Großmüttern oder Erbtanten.

Ein paar Generationen vorher noch erwarb der Staat sich das traurige Verdienst, seine Bürger mit steter Regelmäßigkeit um Geld und Kapital zu bringen: Sei es, daß man den Erbfeind auf den Schlachtfeldern von Verdun heimsuchte, wobei des Marschalls und des Kaisers neue

Kleider nur auf Pump finanziert waren, so daß zu guter Letzt die Notenpresse herhalten mußte, um die Rechnung zu begleichen. In der Folge kam es zu dem, was die Fachleute Hyperinflation nennen, und die brachte schließlich im Jahr 1923 Millionen von Deutschen um Geld und Ersparnisse. 25 Jahre später wiederholte sich der Vorgang in fast derselben Form: Mit Einführung der D-Mark waren Sparguthaben nur noch ein Zehntel wert, und die alten Reichsmark-Scheine bloß noch Souvenir. Wieder guckte eine ganze Generation von Erben in die Röhre.

Inzwischen freilich mehrt sich seit 45 Jahren schon der Wohlstand, wachsen Wirtschaft und damit auch Geldvermögen ungebrochen: Wenn dann eins stirbt, steht immer öfter nur ein Einzelkind am Grab, das den Verlust des Elternteils beweint. Jedenfalls wird, und das läßt sich heute schon aus den Statistiken ablesen, ein Erbe, so hoch wie der Haupttreffer im Lotto, bald zum Alltag der Bundesdeutschen gehören. Ein schwedisches Sprichwort sagt: „Wenn Gott mit dem Tod kommt, so kommt der Teufel mit den Erben." Banken und Finanzfachleute jedenfalls haben schon einen neuen Aktionärstyp ausgemacht: Es ist der Yuppie, und der ist, so das einschmeichelnde Porträt einer Anlageberatungsfirma, unbefangen, unternehmungslustig, risikofreudig und phantasievoll – anders ausgedrückt: Den Jüngeren sitzt das oftmals nur ererbte Geld recht locker in der Tasche. Außer schönen Reisen lockt da natürlich auch das Roulette – an der Börse daheim oder mit oft dubiosen Spekulationen in ausländischen Aktien und Währungen.

Die deutsche Kapitalanlagegesellschaft, eine Tochter der deutschen Sparkassen, erstellt regelmäßig Statistiken über Aktien und Aktionäre. Da heißt es etwa: „Im Jahr 1988 wuchs die Zahl der Aktienanleger in der Bundesrepublik auf 5,7 Millionen – 2 Millionen oder 50 Prozent mehr als im Jahr 1986." Der größte Zuwachs finde sich dabei in der Altersgruppe zwischen 26 und 35 Jahren. Dort standen

1988 2,27 Millionen Personen, sage und schreibe fünfmal soviel wie noch 1984. Auch den Banken ist die neue Kundschaft zwischenzeitlich schon lieb und teuer geworden – wer nämlich an der Börse ungeduldig hin und her jongliert, der zahlt vor allem satte Spesen, und den Händlern gelingt erst recht so mancher Fischzug, weil viele Börsenyoungsters aus Unerfahrenheit dort kaufen, wo eine Aktie längst zu teuer ist und dort verkaufen, wo der sichere Profit erst noch kommen wird. Gar nicht wenige sind es auch, die mit den ererbten Kröten auf dubiose Finanzmakler hereinfallen – der Traum vom Supergewinn mit Optionen auf Bahamasdollar endet dann nicht selten mit Totalverlust.

Darin sind sich viele Experten einig: Es ist unruhiger geworden an den internationalen Börsen. Finanzjongleure, Raider („Angreifer“), wie sie auch genannt werden, ehrgeizige Banker und auf eine glänzende Performance bedachte Fondsmanager haben die Aktienmärkte in ein anderes Fahrwasser gebracht – am besten zu vergleichen mit einem Schiff, dessen Ladung nicht im Frachtraum, sondern nur auf Deck gestapelt ist. Was zunächst einmal viel Zeit und Geld erspart, erweist sich bei unruhiger See und schwerem Wetter als ständige Bedrohung. Unten fehlt das Schwergewicht, das sind die auf lange Frist gekauften Aktien, und so springt das Schiff bei jeder Welle hin und her. Von den Fässern, die oben gestapelt sind, stößt eins das andere an, die ganze Ladung ist auf einmal in Bewegung. Vom Sauertopfgeruch endlich befreit, liegt auch die Spekulationsfreude der Erbaktionäre genau auf diesem Trend. Was aus der Sicht des einzelnen durchaus verständlich erscheint, facht insgesamt natürlich die Unruhe an den Börsen weiter an. Da kann es nicht ausbleiben, daß sich auch kleinere Turbulenzen leicht zu größeren Krisen auswachsen, wie das etwa am 16. Oktober 1989 geschehen ist.

9. Aktien zum Fressen gern

An der Börse gibt es freilich nicht nur Banker, Raider und Yuppies. Eine ganz andere Spezies ist da schon der Vesperlesaktionär (Väschpaläschaktionär), der, wie unschwer am Namen zu erkennen, hauptsächlich im Schwäbischen beheimatet ist. Den Vesperlesaktionär lassen Schlachtfeste an der Börse kalt, Stichwort „Blutiger Oktober" – ihn interessiert schon eher die Schlachtschüssel auf der Hauptversammlung seiner AG, kredenzt mit einer Flasche „Goldener Oktober". Immerhin berechtigt bereits der Besitz einer einzigen Aktie zur Teilnahme an dem einmal jährlich tagenden Aktionärsparlament – und ist damit Sesam-öffne-dich für die Fleischtöpfe, die am Rande solcher Hauptversammlungen aufgestellt sind. Die Insidertips, die solche Aktionäre besonders interessieren, beziehen sich auf Art und Umfang des Buffets – wo sind die Vorspeisen besonders lecker, wo wird neben Bier und Saft auch Sekt gereicht, und wo wird – alle Jahre wieder – zur Verlesung des Geschäftsberichts ein Menü mit drei Gängen aufgefahren. Diese Tips gibt's inzwischen schriftlich abgefaßt an den Schaltern einer schwäbischen Bank. Da wird sich nicht an so nüchternen Werten orientiert wie Umsatz und Ertrag, was zählt ist die Kalorienrendite. Zwar eilt den Schwaben der Ruf besonderer Sparsamkeit voraus, bei der Hauptversammlung jedoch ist (fast) jeder Geiz vergessen. Kein Wunder, daß für den Kleinaktionär die Dividende fetter ist, die er in Naturalien und nicht in bar bekommt. Dem Eifer der schwäbischen Banker sei Dank – mit ihrer Hilfe kann der Vesperlesaktionär sich rund um's Jahr verköstigen. Nehmen wir als Eintrittsschein zum Eßbuffet eine Aktie der Brauerei Cluss – sagen wir zum Kurs von rund 400 Mark – auf's Konto fließt da im Jahr gerade mal ein Anteil am Ertrag von DM 5. Zur Kalorienrendite ist das kein Vergleich: Einen üppigen Heilbronner Brauerschmaus gab's da bei Tisch, zum Schmeckenlassen gereicht mit hauseigenem Gerstensaft. Abzuraten ist unter kulinarischen Gesichtspunkten jedoch von Daimler-Benz-Aktien. Im Stuttgarter Nobelhaus reicht's gerade für Bouletten und Würstchen aus dem Topf. Da hält man's anstatt mit Blech lieber gleich mit Bodenstoff. Die deutschen Linoleumwerke (DLW) reichen vor dem Eis mit Sahne noch Cordon bleu. Den dritten Stern hat sich freilich erst der Stromerzeuger KAWAG verdient: Der Bericht über Kilowatt und Produktion wurde untermalt durch ein dreigängiges Menü: Lachsstreifen gab's da in der Suppe, Kalbsrükkensteak und zum Abschluß auch noch Wiener Apfelstrudel.

10. Finstere Methoden des Aktionärs XY

Mit einer Aktie im Depot läßt sich's gelegentlich nicht nur ausgezeichnet speisen, manch gerissener Kleinaktionär hat damit auch schon Millionenbeträge von einer Gesellschaft ertrotzt. Wie das geht, besser gesagt, wie das ging – inzwischen gibt es nämlich einen einschlägigen Gerichtsbeschluß –, das sei hier kurz erläutert: Als Aktionär darf man auf einer Hauptversammlung nicht nur mitessen, man darf gleichwohl mitstimmen – etwa, wenn es darum geht, wieviel Dividende für das abgelaufene Jahr gezahlt werden soll, oder darum, ob der alte Vorstand entlastet wird. (Deshalb wird auch unterschieden zwischen „stimmrechtslosen" Vorzugsaktien – der „Vorzug" liegt darin, daß der Aktionär sich das Mitspracherecht durch eine höhere Dividende abkaufen läßt – und sogenannten Stammaktien. Nur wer im Besitz einer solchen Stammaktie mit niedrigerer Dividende ist, der darf auf einer Hauptversammlung überhaupt mitreden.)

Besonders kitzelig wird es für den Vorstand immer dann, wenn eine Satzungsänderung beschlossen werden soll. Das passiert etwa dann, wenn zwei Firmen eine Ehe schließen wollen – oder anders ausgedrückt: Bei einer Fusion oder Übernahme.

Damit die Herren Unternehmer mit ihren Kleinaktionären nicht einfach Schlitten fahren, gewährt das deutsche Aktienrecht die Möglichkeit der Anfechtungsklage. Gegen alles, was eine Hauptversammlung beschließt, kann man vor den Kadi ziehen – das gilt erst recht natürlich für Satzungsänderungen. So konnte es geschehen, daß – wir schmücken die Geschichte bewußt ein wenig aus – eines Tages im Vorstandsbüro der Aachener und Münchner Beteiligungsgesellschaft (AMB) ein Herr F. sich telefonisch meldete. Er müsse, so der Anrufer, dringend mit dem Vorsitzenden der Gesellschaft sprechen, er habe ihm nämlich ein Angebot zu machen. Um was es denn gehe, wollte die Sekretärin wissen. Das, so Herr F., könne er nur mit dem Vorstandsvorsitzenden persönlich besprechen. Nach einigem hin und her hat sich der hartnäckige Anrufer ein Gespräch mit dem Chef ertrotzt. „Also, was wollen Sie", fragt der ungeduldig. „Na, Sie wissen schon, die Hauptversammlung ... da war doch die Rede von einer Beteiligung. An der BfG – ich hätte da einige Einwände anzumelden." „So, und die wären?" „Lassen Sie uns darüber unter vier Augen reden", drängt Herr F., „ich habe da nämlich so meine Vorstellungen, finanzieller Art, verstehen Sie?" Der AMB-Chef überlegt blitzschnell. Der Kauf der Bank für Gemeinwirtschaft ist der spektakulärste Deal in seiner ganzen Karriere und ein Riesenerfolg für die Firma. Jetzt ein Gerichtsverfahren, auch wenn die AMB es mit Sicherheit gewinnen würde, das würde den ganzen Fahrplan durcheinanderwerfen, Verhandlungen müßten nochmal geführt werden, Banken, Kredite, Fristen, alles wäre hinfällig. Der AMB-Chef holt tief Luft. „Gut, ich treffe mich mit Ihnen, obwohl Leute wie Sie..." Er unterbricht sich, weiß, daß der andere im Moment am längeren Hebel sitzt, daß ihm nichts anderes übrig bleibt, als sich zusammenzureißen...

So oder ähnlich mag es also zugegangen sein, als besagter Herr F. die Aachener und Münchner Beteiligungsgesellschaft um 1,5 Millionen Mark zur Kasse bat. Die AMB bezahlte vorerst, um die Fusion mit der BfG nicht zu gefährden. Anschließend jedoch zog sie vor Gericht, beantragte einen dinglichen Arrest und bekam Recht: Das Oberlandesgericht Köln verdonnerte Herrn F. und seine Freundin, Karin mit Namen – beide sollen angeblich im Besitz von nur drei AMB-Aktien gewesen sein –, zur Rückzahlung der 1,5 Millionen. Ob freilich der Gerichtsvollzieher jemals auch nur einen Teil dieses Betrages wird eintreiben können, das steht in den Sternen.

11. Der Geldwurm

Egal, ob Aktien oder Sparkonto, um's Geldanlegen kommt man heute eigentlich nicht herum – ob bewußt oder unbewußt, die meisten fürchten nämlich den Geldwurm, der besonders an Sparstrümpfen, Schatzkästchen, aber auch Girokonten frißt. Nicht selten nährt sich diese Spezies übrigens auch von allzu dürftig verzinsten Sparguthaben. Sie lachen? Es gibt ihn wirklich, nur heißt er sonst eben anders: Inflation.

Keine Angst, es ist nicht jener Lindwurm, der noch in Omas frühen Tagen Sparguthaben und Geldwerte gierig verschlang, bis, es war im November 1923, ein einziger US-Dollar mit 4,2 Billionen (4 200 000 000 000) Mark bezahlt werden mußte. Damals verarmte plötzlich der Mittelstand. Handwerker, kleine Geschäftsleute, aber auch Rentner, die ihr Geld auf einem Bankkonto oder in festverzinslichen Papieren angelegt hatten, standen plötzlich mittellos da. Betroffen waren aber auch Arbeiter, die ohnehin kaum eine Mark zurücklegen konnten. Bekamen sie am Ende der Woche ihren Lohn ausbezahlt, war das Geld schon so wenig wert, daß sie kaum genügend Lebensmittel kaufen konnten, um ihre Familien über die Runden zu bringen. Was heute davon übrig ist, das sind Geldscheine, Raritäten, Kuriositäten, mit Millionen, Milliarden oder gar Billionen aufgedruckter Mark.

Nur rund 25 Jahre nach diesem Totalverlust lauerte schon die nächste Inflation. Grund dafür war die Partei- und Kriegswirtschaft der Nationalsozialisten – raffiniert eingefädelte Finanztransaktionen, Stichwort Mefowechsel, hatten da nur den einen Zweck verfolgt; nämlich der Bevölkerung zu verschleiern, daß Autobahnen und Aufrüstung und die (fast) allmächtige Parteiherrschaft hauptsächlich durch die Ausgabe von Banknoten finanziert war. Standen schon in Friedenszeiten der ausufernden Geldmenge immer weniger Waren gegenüber, so verschärfte sich diese Lage erst recht durch Kriegszerstörungen und Produktionsausfälle. Das Geld war praktisch nichts mehr wert, doch das zeigte sich erst deutlich, als der Krieg vorbei und die Rüstungswirtschaft passé waren. Wer jenseits von Lebensmittelkarten und staatlichen Zuteilungen etwas kaufen wollte, der mußte schon in Gold, Schmuck oder mit Pall Mall und Lucky Strike bezahlen – bloß Reichsmark wollte keiner mehr.

Das änderte sich erst wieder, als 1948 mit der D-Mark neue Geldscheine in Umlauf kamen und damit das Startsignal zum Wirtschaftswunder gegeben wurde. Doch auch in die neue Währung hatte sich der Geldwurm alsbald wieder eingenistet und frißt seither beständig an ihrem Wert. Besonders gut nährt sich das Tier von Regierungen, die mit viel Kredit Wohltaten unter's Volk verteilen, oder die einfach versuchen, eine lahmgewordene Wirtschaft mit Staatsausgaben wieder anzukurbeln.

Zu Zeiten der Hochkonjunktur sind es dagegen die Bürger selbst, sei es nun als Konsumenten oder als Unternehmer, die dem Geldwurm Nahrung geben und ihn mästen. In den sogenannten Boomphasen sind nämlich die Unternehmen schon so weit ausgelastet, daß sie Überstunden und Sonderschichten fahren müssen, um alle Kundenwünsche zu befriedigen. Das kostet unverhältnismäßig viel Geld – folglich werden auch die Waren teurer und das Geld weniger wert.

Manchmal aber sind es auch die Ölscheichs vom persischen Golf, die kräftig an unserer Preisschraube drehen. Immer dann, wenn es ihnen gelingt, sich zu einem schlagkräftigen Kartell zu verbinden, wird der Schmierstoff teurer, der unsere Industriegesellschaft am Laufen hält. Alles, ob Lebensmittel, Benzin oder Computerchips, ist davon betroffen – den Geldwurm freut's, er wird davon viel fetter.

Das schlimme ist, daß sich das Tier auch noch von selbst vermehrt – ist es uns allen doch schon längst in Fleisch und Blut gegangen, daß alles teurer wird. Die Unternehmen etwa rechnen schon im vornherein, daß sie für Rohstoffe, Löhne und Halbfertigwaren bald wieder mehr bezahlen müssen. Also kalkulieren sie – soweit es der Markt erlaubt – künftig steigende Kosten schon jetzt in ihre Preise ein. Umgekehrt versuchen – im Regelfall – die Gewerkschaften bei Tarifverhandlungen soviel mehr Lohn herauszuschlagen, daß auch die in absehbarer Zukunft steigenden Preise gut zu verkraften sind. Ein Teufelskreis, der sich je nach Zusammentreffen der Faktoren mal schneller und mal langsamer dreht.

Soviel dürfte nach unserem kleinen Ausflug in die Zoologie klar geworden sein: Schatzkammern, Sparstrümpfe, aber auch Girokonten zehren auf Dauer gewaltig an ihrem Geld – weniger am Betrag als vielmehr am Wert.

Wer mehr Geld hat, als er von heute auf morgen verbraucht, der muß also mitmachen bei der Hatz auf Zins und Zinseszins. Es sei denn, man nimmt bewußt in Kauf, daß der Geldwurm ein jedes Markstück anfrißt, das nicht zinsbringend angelegt ist. Deshalb sei hier noch eine – nur scheinbar paradox – klingende Feststellung angefügt: Nur wo das Geld sich mehren kann, da bleibt sein Wert auch wirklich gleich.

12. Parkanleitung für Kröten

Fast alles Geld, das man heute verdient, erbt oder gar im Lotto gewinnt, landet zunächst einmal auf einem Girokonto. 153 Milliarden Mark hatten die privaten Haushalte Ende März 1989 auf solchen Konten liegen. Das waren immerhin rund sechs Prozent des gesamten Geldvermögens der Bundesbürger, das zu dieser Zeit bei rund 2 600 Milliarden (2 600 000 000 000) Mark lag. Nun gibt es Girokonten, die nur kosten, und solche, die tatsächlich auch ein paar Mark Zinsen abwerfen. Was die Kosten anbelangt, so kam die Stiftung Warentest Anfang des Jahres 1989 hier einem mittleren Skandal auf die Schliche: Abbuchen, gutschreiben oder bar auszahlen kostete bei der einen Bank rund 700 Mark jährlich, während man bei einer anderen für genau dieselben Leistungen nur neun, in Worten *neun* Mark dafür bezahlte.

Bevor man also zum großen Einmaleins des Geldanlegens schreitet, sollte man erst einmal die Grundlagen sortieren. Wieviel bezahle ich für meine alltäglichen Geldgeschäfte? Lohnt es sich vielleicht gar, einen Umzug zum Postgiroamt oder zu einer der Spardabanken vorzunehmen? Die genannten Institute wurden nämlich von der Stiftung Warentest im Jahr 1989 als besonders günstige Kontenverwalter vorgestellt. Interessant auch die Konditionen der „Noris-Bank“: Girokunden erhielten dort 0,5 Prozent Zinsen, bei Abnahme einer bestimmten Kreditkarte sogar zwei Prozent. Allerdings war dieser „Zinsbrecher“ unter den Kreditinstituten mit nur rund 50 Zweigstellen in der Bundesrepublik für nur wenige Kunden erreichbar.

Selbst wenn es also Zinsen gibt für die Gelder auf dem Girokonto, warnt trotzdem ein Schild mit violettem Grund und roter Umrandung: Eingeschränktes Halteverbot bedeutet das. Auf dem Girokonto kann man das Geld wohl für kurze Zeit stehen lassen, aber eben nur so lange, bis man im Dickicht des Finanzdschungels die optimale Parkmöglichkeit für die Kröten entdeckt hat.

Setzen Sie sich also auf Ihr Meditationsbänkchen – konzentrieren Sie sich nun auf Ihren Bauchnabel und lassen in aller Ruhe folgende Fragen vor Ihrem Verstand kreisen: Wieviel von den geerbten, verdienten oder gewonnenen 100 000 Mark, die jetzt im Halteverbot stehen, sollen tatsächlich auf einen Dauerparkplatz? Sind etwa jetzt schon Ausgaben absehbar, die in den nächsten zwölf Monaten auf Sie zukommen? (Am besten erheben Sie sich jetzt von Ihrem Bänkchen, holen Zettel und Bleistift aus der Schublade und notieren eins ums andere die anstehenden Ausgaben.) Wenn Sie sich nach einiger Zeit ganz entspannt im Hier und Jetzt wiederfinden und ein Hauch von Klarheit um Ihre Augen weht, dann haben Sie möglicherweise schon drei Zahlen auf Ihrem Zettel stehen:

5 000 Mark wollen Sie einfach verjubeln – einmal in Champagner baden, allein oder zu zweit, oder die neue HiFi-Doppelpower-Supersoundmaschine kaufen, oder ganz einfach für ein paar Tage im Waldorf Astoria in New York logieren. 10 000 Mark planen Sie ein für eine superschnieke Weltreise im kommenden Frühjahr, die restlichen 85 000 Mark aber sollen auf jeden Fall die nächsten zwölf Monate heil überstehen – vielleicht wird ja später mal was Größeres draus, etwa eine Eigentumswohnung oder gar ein Haus.

Wir klappen also jetzt erst einmal unsere Vertreterliste auf: Als erstens wäre da ein ganz gewöhnliches Sparbuch anzubieten. Immerhin ist es umgeben von einem Hauch von Bodenständigkeit, gewürzt mit einem Schuß gepflegten Konservativismus, und auf diese Weise schon gar nicht tot zu kriegen. So hatten etwa die Bundesbürger Mitte 1989 noch jede vierte Mark, die sie besaßen, auf einem Sparkonto geparkt – Einlagen, die bestimmt nicht die Sparer, aber dafür die Banken um so reicher machen: Schließlich verlangen die für ausgeliehenes Geld rund das Vierfache dessen, was sie den Kunden als Sparzinsen anbieten. Und noch eines kommt dazu: Wer als steuerehrlicher Bürger die Sparzinsen beim Finanzamt angibt, der bleibt mit seiner Mickerrendite nach Abzug der Steuern oft unter der laufenden Geldentwertung. Sprich: Die Kröten vermehren sich nicht, sondern werden in Wahrheit weniger. Und schließlich gibt es auch noch die sogenannte gesetzliche Kündigungsfrist: Nur 2 000 Mark darf man da pro Monat abheben – es sei denn, man hat seiner Bank schon drei Monate vorher kundgetan, daß man das gesamte Konto plündern will. Wer sich an die Dreimonatsfrist nicht hält, der muß „Strafzinsen“ berappen – das heißt, der Bank denjenigen Betrag bezahlen, den er normalerweise von ihr als Zins erhalten hätte.

Besonders beweglich ist man mit einem Sparbuch also auch nicht. Manche Finanzprofis empfehlen deshalb, gleich mehrere Sparkonten zu eröffnen und das Geld hübsch verteilt zu parken. Das ist sicher etwas mühevoll, schützt aber im Zweifelsfall wenigstens vor Strafzinsen.

Bei Licht betrachtet geht es dem Inhaber eines Sparkontos also nicht viel anders als dem, der sein Auto unter einer vielbefahrenen Brücke parkt: Schon nach kurzer Zeit ist der Wagen verstaubt, die Windschutzscheibe verdreckt und, wenn's schlimmer kommen soll, dann fehlt auch noch die Radkappe oder gar ein ganzer Reifen – in Wirklichkeit sind es natürlich nicht Langfinger, die auf Ihrem Konto räubern, sondern die Inflation und der Fiskus (wenn Sie steuerehrlich sind), die von ihren Spargroschen einen dikken Happen schlucken.

Immer mehr Bundesbürger freilich lassen sich mit den Mickerzinsen auf ihrem Sparbuch nicht mehr abspeisen: Deswegen nimmt besonders die Nachfrage nach sogenannten Termineinlagen immer mehr zu. Dafür, daß der Kunde sich verpflichtet, seine Spargroschen ein, zwei oder drei Monate lang nicht anzutasten, bezahlen die Banken gut zwei bis drei Prozentpunkte mehr als für gewöhnliche Sparkonten. Voraussetzung dafür ist allerdings, daß der Sparer der Bank einen Betrag zur Verfügung stellt, der je nach Institut zwischen 5 000 und 10 000 Mark schwankt. Bleiben wir bei unserem Beispiel: Für die „schnieke Weltreise" waren 10 000 Mark eingeplant. Stattfinden sollte sie aber erst in einigen Monaten – was liegt da näher, als die Kröten per Termineinlage zu parken und für die eingehandelten Zinsen vor der Abreise noch einen handlichen Fotoapparat zu erstehen.

Ähnlich der Vorzug bei sogenannten bonifizierten Spareinlagen. Das bedeutet: Wer um die 10 000 Mark auf dem Konto liegen hat, kann es sich durchaus leisten, beim Filialleiter seiner Bank anzuklopfen und einen Aufschlag auf den üblichen Sparzins zu verlangen – der wird, je nach Verhandlungsgeschick des Kunden, denn auch gewährt. Nach einigen Monaten läuft dieser Bonus aber wieder aus – man muß also neu verhandeln. Ein Verfahren, das wohl etwas mühevoll ist, den Versuch aber auf jeden Fall lohnt.

13. Eine Session vom Meister

Nun gilt es freilich noch, die restlichen 85 000 Mark anzulegen. Warum also nicht die Hilfe eines Meisters suchen, ihn bitten, er möge Ihnen mit kreisenden Augen tief ins

Gesicht sehen, tief, ganz tiiieeef, bis Sie sanft hinüberdämmern ins Reich des Unterbewußten, das Zentrum des inneren Erlebens. Dort angelangt, möge der Meister dann folgende Fragen stellen. „Bin ich, der ich in der unendlichen Kette der Wiedergeburten nun das Karma eines gutbezahlten Großstadtbewohners als Sein und zugleich Nicht-Sein, als Bewährung und Prüfung, als Durchgang zum unendlichen Nirwana erhalten habe, bin ich eher ein risikoscheuer Geldanleger, ein mittelmäßig mutiges oder vielleicht sogar ein besonders risikofreudiges Exemplar dieser Spezies? Will ich also nachts nach der Arbeit im Büro, der Praxis oder in der Kanzlei ruhig schlafen, am Wochenende konzentriert meditieren oder den Index der 30 führenden Industrietitel, Dow oder Dax genannt, mit ins Bett und in meine Träume nehmen?"

Auch wenn Sie mit Karma und Esoterik nicht soviel am Hut haben, die Grundfrage bleibt dieselbe: Wieviel Risiko bin ich bereit zu tragen? Und schließlich: Wie schnell soll das angelegte Geld wieder flüssigzumachen sein? Und dann; für viele Anleger neuerdings besonders wichtig: Wem kommt das angelegte Geld zugute – das Problem der Ethik also.

Es ist wie verhext! Wer Geld anlegt, kann von dem einen nur mehr kriegen, wenn er auf das andere ein Stück weit verzichtet. Mehr Gewinn bedeutet in der Regel mehr Risiko, mehr Sicherheit dagegen weniger Gewinn. Um es anschaulich zu machen, könnte man das Ganze auch als Viereck, als magisches Viereck darstellen:

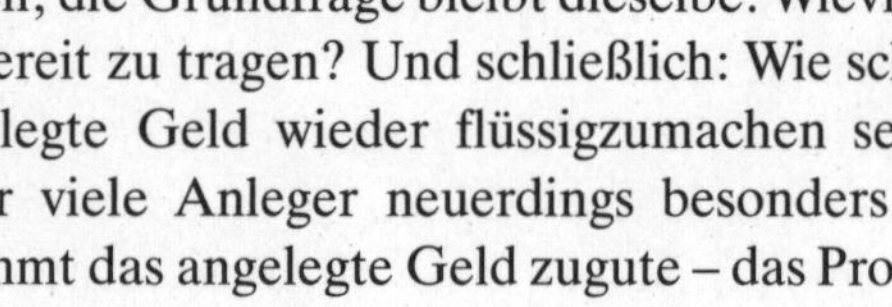

Nehmen wir einmal an, Sie legen es vor allem darauf an, daß sich die Kröten möglichst schnell vermehren – Sie stellen sich also ganz auf den Punkt Gewinn:

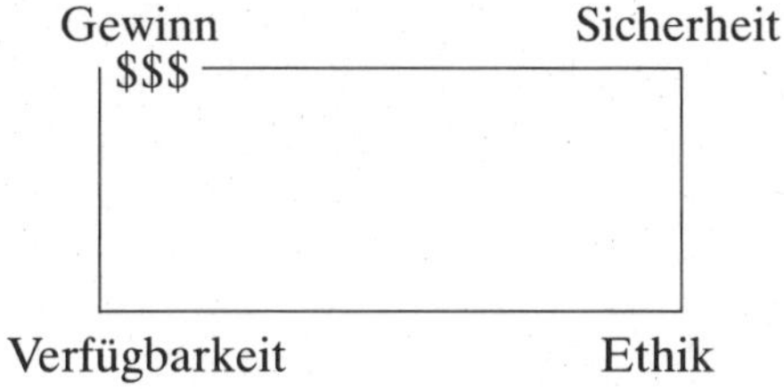

Dazu kaufen Sie beispielsweise eine Campeau-Anleihe: Die wird inzwischen – sagen wir einmal – pro 10 000-Dollar-Stück nur noch zu 5 000 Dollar gehandelt, weil die meisten Anleger fürchten, daß der kanadische Finanzmagnat in der nächsten Zeit pleite gehen wird, und damit wären natürlich auch sämtliche von ihm herausgegebenen Anleihen nur noch Makulatur. Aber vorerst kann Robert Campeau noch bezahlen, und so wirft die 10 000-Dollar-Anleihe weiterhin ihre 14 Prozent Zinsen ab, und Sie, weil Sie das Papier an der Börse ja für nur 5 000 Dollar erworben haben, bekommen Ihr Kapital mit dem Doppelten, also 28 Prozent, verzinst. Wirklich ein sehr einträgliches Geschäft – weil aber gleichzeitig der Totalverlust winkt, nur etwas für Leute mit einem besonders stabilen Nervenkostüm. Mathematisch ausgedrückt, heißt das: Sie befinden sich in maximaler Entfernung zum Punkt S. Genau dorthin wollen wir jetzt wandern, zum Punkt Sicherheit.

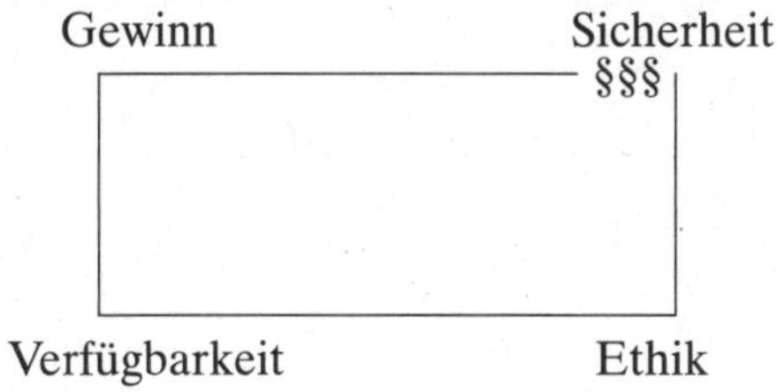

Das Geld ist in sicheren Sparbriefen angelegt, eigentlich könnte man ja nun ruhig schlafen. Aber dann, auf einer Party oder in einem Gespräch im Büro hören Sie, daß andere mit ihrem Geld anstatt nur magere vier Prozent gut und gern das Dreifache und zwar mit Peseta-Anleihen verdienen. Jetzt haben Sie nicht nur die Sicherheit, sondern auch den Ärger zum Bettgenossen, an gut schlafen ist für's erste also nicht mehr zu denken.

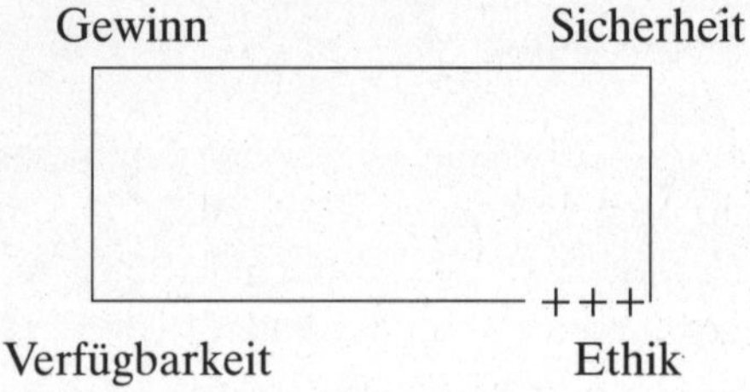

Nun sind wir am Punkt E angelangt, bei der Ethik also. Ihnen ist es nicht egal, für welche Zwecke die Bank Ihr Geld weiterleitet, oder welche Aktien Ihr Investmentfonds im Topf hat. Vielleicht, weil Sie in der Anti-Atomkraft-Bewegung groß geworden sind, das Waldsterben satt haben oder einfach Tierversuche verabscheuen. Jedenfalls sind Sie der Überzeugung: Entscheidungen trifft man nicht nur per Stimmzettel, sondern auch in seinem Verhalten als Konsument. Folglich soll Ihr Geld am liebsten in Öko-Betriebe, Frauenprojekte oder „sanfte" Technologien fließen. Dieses Engagement freilich ist nicht umsonst zu haben: Wollen Sie am Punkt E bleiben, so müssen Sie in der Regel auf hohe Zinsen oder einträgliche Kursbewegungen verzichten. Mit Ausnahme vielleicht von amerikanischen Ethik-Fonds, die zwischenzeitlich zu den erfolgreichsten am US-Aktienmarkt zählen – doch davon später mehr. Wir wandern erst mal weiter zum Punkt V:

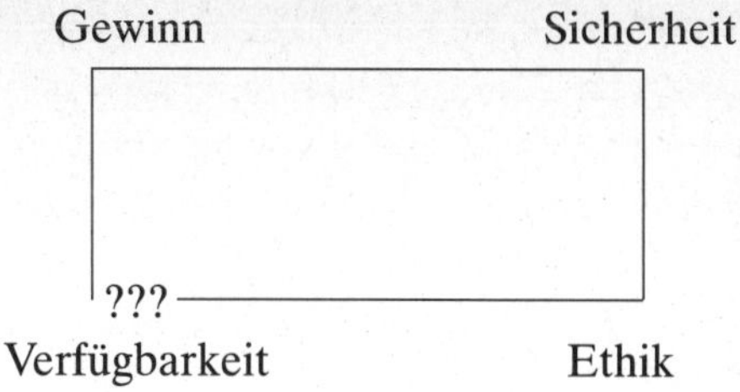

Unter Verfügbarkeit steht für Sie ein großes Fragezeichen: Sie haben Pläne, die noch nicht ganz ausgegoren sind, neigen vielleicht auch zu spontanen Entschlüssen und fürchten sich sowieso ein wenig vor diesem ganzen Finanzdschungel – wer weiß schon, was da noch alles passiert? Jedenfalls ist es für Sie wichtig, daß Sie Ihr Kapital möglichst von heute auf morgen wieder flüssigmachen können. Aber, wie unser Viereck zeigt, bringt diese Einstellung Sie weit weg vom Punkt Sicherheit und auch weit weg vom Gewinn.

Dazu ein Beispiel. Wer sein Geld in Bundesanleihen anlegt, der kann seine Wertpapiere heute an der Börse verkaufen und morgen, spätestens aber in zwei Tagen, den Erlös einstreichen. So ist das Geld zwar schnell flüssiggemacht, aber mit einem enormen Risiko! Hat nämlich die Zentralbank tags zuvor eine Erhöhung der Leitzinsen angekündigt, so sinkt nun der Kurs der alten Anleihen – verständlich, denn neue Anleihen werfen beim selben Nennwert eine höhere Rendite ab. Nun tragen Sie sowohl den Kursverlust als auch die Spesen für die Bank – Verfügbarkeit ist nicht nur riskant, sie kommt auch teuer!

Für uns ist es nun wichtig, den einzelnen Punkten in unserem magischen Viereck die möglichen Anlageformen zuzuordnen. Bleiben wir also gleich beim Punkt Verfügbarkeit:

Am schnellsten „verfügbar" ist natürlich Bargeld. Gleich danach kommen diejenigen Beträge, die auf dem Girokonto liegen. Als vernünftig denkender Mensch wird man freilich keine 85 000 Mark unter's Kopfkissen legen oder für längere Zeit auf dem Girokonto stehenlassen. So schneiden unter dem Gesichtspunkt der Verfügbarkeit natürlich diejenigen Anleihen günstig ab, die an der Börse gehandelt werden. Dazu zählen Bundesanleihen genauso wie die Schuldentitel von Bahn und Post oder Anleihen, die von Industrieunternehmen aufgelegt wurden. Die Anleihen, mit denen die Bundesregierung die Haushaltslöcher stopft, machen rund 15 Prozent der am sogenannten Rentenmarkt gehandelten Anleihen aus. Sie haben eine Laufzeit von bis zu 30 Jahren. Die Verzinsung richtet sich nach dem Niveau, das zum Zeitpunkt der Ausgabe auf dem Kapitalmarkt der Bundesrepublik gerade üblich ist, ist also marktgerecht, wie die Fachleute sagen.

Wer Bundesanleihen kaufen will, kann dies bei seiner Hausbank tun, oder aber man errichtet direkt bei der Bundesschuldenverwaltung ein Depot. (Das spart Gebühren!) Während der Laufzeit lassen sich diese Anleihen jederzeit an der Börse verkaufen: Nur kann es dann eben sein, daß Ihre 100-Mark-Anleihe dann gerade unter ihrem Nennwert gehandelt wird. Anleger nämlich, die die Wahl haben zwischen einer frisch herausgegebenen Anleihe zu sieben Prozent und Ihrer alten, die mit 6,5 Prozent verzinst ist, kommen eben nur dann mit Ihnen ins Geschäft, wenn Sie im Preis nachlassen. Und zwar soviel, daß der betreffende Käufer für sein Kapital ebenfalls eine siebenprozentige Verzinsung erhält. In diesem Fall sind das gut sieben Mark, die dazu im Preis runtergehen müssen. Selbstverständlich erhält, wer seine Anleihen bis zum Ende der Laufzeit behält, am Schluß den vollen Nennbetrag ausbezahlt. Wenig Unterschiede gibt es übrigens zwischen Bundesanleihen und Bundesobligationen. Charakteristisch für die Obligationen ist lediglich ihre Laufzeit von fünf Jahren, ansonsten ist für den Anleger alles wie gehabt.

Fast ebenso sicher und genauso schnell liquidierbar wie Bundesanleihen und -obligationen sind Pfandbriefe und

Kommunalobligationen. Sie werden in der Regel von Hypothekenbanken herausgegeben und ebenfalls an der Börse gehandelt. Pfandbriefe dienen – von der Seite der Bank aus betrachtet – zur Finanzierung von Baudarlehen für Private. Bei Kommunalobligationen wiederum wird das Geld an Bund, Länder und Gemeinden weiterverliehen, die damit ebenfalls Bauvorhaben realisieren.

Die geringste Stückelung dieser Papiere liegt bei 100 Mark, die Laufzeit beträgt in der Regel vier bis zehn Jahre, und die Verzinsung richtet sich nach dem aktuellen Zinsniveau. Gebühren fallen für den Ersterwerber keine an – wer allerdings bereits in Umlauf befindliche Pfandbriefe oder Kommunalobligationen kauft, der wird mit Provision und Courtage kräftig zur Kasse gebeten. Was die Sicherheit anbelangt, so stehen den Pfandbriefen jeweils Grundstücks- und Häuserwerte gegenüber, bei Kommunalobligationen garantiert immerhin der Staat für die Rückzahlung der Mittel. Unter den Punkt Verfügbarkeit reihen sich natürlich auch alle anderen börsennotierten Papiere, Aktien, genauso wie Optionen oder an der Börse gehandelte Genußscheine. Doch davon soll später, nämlich unter dem Punkt Risiko, die Rede sein. Wir sehen uns zuerst einmal um, welche Möglichkeiten Anleger haben, bei denen die Ethik an erster Stelle steht.

Aus New York hört man, daß angeblich jeder zehnte Dollar, der an der Wall Street investiert wird, ethischen Erwägungen unterliegt, sprich: Keine Unterstützung für Rüstungsfirmen, ebensowenig für Unternehmen, die an Geschäften mit Südafrika beteiligt sind, oder aber Tabak, Alkohol oder Glücksspielautomaten herstellen. Entsprechend hat das Interesse an sogenannten ethischen Fonds rapide zugenommen, und was dabei überraschend ist: Anleger, die in Zertifikate solcher Ethik-Fonds investiert haben, machen oft deutlich bessere Gewinne als diejenigen, die ihr Geld herkömmlichen Investmentfonds zur Verfügung stellen. (Einen Investmentfonds muß man sich übrigens vorstellen wie ein Nobelrestaurant: Sie bringen als Anleger Ihr Bestes, nämlich Ihr Geld, damit die Köche daraus eine leckere, sprich gewinnbringende Mahlzeit rühren können. So kaufen die Fondsmanager von Ihrem Geld Aktien, natürlich möglichst viele verschiedene Werte, verfolgen tagtäglich die Ereignisse an der Börse und würzen dann immer wieder nach, wenn eine Aktie neuen Erfolg verspricht. Im Normalfall klettert Ihr Investmentzertifikat dann im Wert oder Sie bekommen, wie bei manchen Fonds üblich, den Gewinn einfach ausgeschüttet. So, wie Sie also im Restaurant eine Bouillabaisse bestellen können, ohne daß Sie selbst das Rezept kennen, so können Sie über Investmentfonds an Börsenerfolgen (manchmal leider auch an Talfahrten) teilhaben, auch wenn Sie von Aktien überhaupt nichts verstehen. Dazu später mehr, nämlich wenn wir uns vom Punkt Sicherheit zur Risikokoordinate bewegen.)

Ein Beispiel ist etwa der in den USA beheimatete Fonds Pioneer 3, der im Jahr 1989 rund 700 Millionen Dollar zu verwalten hatte. Seine Erfolgsrechnung: Von März 1988 bis März 1989 stiegen die von Pioneer gehaltenen Aktien durchschnittlich um 19 Prozent im Wert – der Dow Jones legte im gleichen Zeitraum lediglich 15,4 Prozent zu und der Durchschnitt aller amerikanischen Investmentfonds sogar nur um 9,9 Prozent.

Überdurchschnittlich auch die Rendite des britischen Stewardship Unit Trust. Mit einem Fondsvolumen von rund 100 Millionen Pfund in 1989 der größte Ethik-Fonds im Vereinigten Königreich, erzielte er in den fünf Jahren seines Bestehens eine Rendite von 178 Prozent – gegenüber einem Durchschnittsgewinn britischer Fonds von nur 162 Prozent.

Die Liste ließe sich fortsetzen, etwa mit dem kanadischen Ethical Growth Fund oder dem Environmental Investment All-Canadian Fund, die bis Mitte 1989 ebenfalls weit über dem Durchschnitt der dortigen Investmentgesellschaften lagen.

In Deutschland freilich konnte sich diese Idee bis jetzt nur auf Anlegerseite durchsetzen – einen Ethik-Fonds made-in-Germany hat dagegen noch keine der deutschen Investmentgesellschaften aufgelegt (Stand: Oktober 1989).

Wer sich hierzulande an „ethisch sauberen" Aktienfonds beteiligen will, der muß deshalb bislang noch erheblich Umwege nehmen. Etwa über die Artus Ethische Vermögensverwaltung in Bonn. Dort nimmt es Fondsmanager Albert Eskenazy freilich von den Seinen: Sieben Prozent Zeichnungsgebühr und dazu 1,6 Prozent Verwaltungsgebühr pro Jahr machen die von ihm angebotenen britischen und amerikanischen Zertifikate nicht gerade besonders lukrativ. Eine wichtige Adresse in Sachen Ethik ist auch die Bornheimer Landstraße in Frankfurt. Dort residiert seit Mai 1988 die „Ökobank" – das Geldinstitut ist als Genossenschaft organisiert und hat sich selbst unter das folgende Motto gestellt: „Ziel des Zusammenschlusses ist die gemeinschaftliche Selbsthilfe und nicht die Gewinnerzielung. Gewinne sind unter Berücksichtigung der zu bildenden Rücklagen ausschließlich zur Erreichung des Gesellschaftszweckes zu verwenden." Auf gut deutsch: Die Ökobank will das Geld ihrer Kunden nicht möglichst gewinnträchtig anlegen, sondern damit ganz bestimmte Projekte fördern. So bieten die grünen Bänker etwa sogenannte Fondssparbriefe an – darin wird das Geld (mindestens 500 Mark) für zwei, drei, vier oder fünf Jahre festgelegt. Der Anleger erhält einen Zins, der am unteren Rand des üblichen Spektrums liegt, es sei denn, man erklärt sich gleich bereit, auf einen Teil seiner Rendite zu verzichten – zugunsten der unterstützten Projekte. Dazu zählen etwa Betriebe, in denen ausschließlich Frauen beschäftigt sind, oder Unternehmen, die sich auf die Herstellung von umweltfreundlichen Produkten spezialisiert haben, oder aber alternative Erziehungsprojekte wie Krabbelstuben oder Kinderläden.

Arme und benachteiligte Menschen unterstützt die ökumenische Entwicklungsgenossenschaft (ECDS), eine ins Umfeld der evangelischen Kirche gehörige Alternativbank. Das seit 1975 existierende Institut hat seinen Sitz in Rotterdam und gewährt vor allem Kredite für Projekte in der Dritten Welt – zu den Hauptgeldgebern zählen dabei Anleger aus der Bundesrepublik.

In Bochum hat die GLS-Gemeinschaftsbank ihren Sitz (eine weitere Filiale besteht in Stuttgart). Sie steht der anthroposophischen Bewegung nahe und hat es sich zur Aufgabe gemacht, „moralische Techniken für einen neuen Umgang mit Geld“ zu entwickeln. In der Praxis bedeutet das: Sie will Geldgeber und Geldnehmer (Sparer und Kreditkunden) direkt zusammenbringen und dadurch sich selbst als Bank letztlich überflüssig machen. Daneben gibt es auch gewöhnliche Sparbücher, verbunden allerdings mit der Möglichkeit, auf einen Teil seiner Zinsen zu verzichten.

Wenig Gewinn, aber viel Gewissen, so könnte man die hierzulande angebotenen „ethischen Anlagen“ also überschreiben. Wir wandern nun weiter und sehen nach, welche Anlagen unter dem Punkt Sicherheit warten:

Da sind zunächst einmal die sogenannten Sparbriefe – das sind Wertpapiere, die nicht an der Börse gehandelt werden. Sie werden von den einzelnen Banken für ihre Kunden aufgelegt und haben eine mittlere Laufzeit, das heißt, man bekommt sein Geld in der Regel erst nach vier bis acht Jahren wieder zurück. (Gelegentlich kann man aber auch Briefe mit einjähriger Laufzeit finden.) Wer kurzfristig an das festgelegte Geld heran will, tut sich ziemlich schwer, weil die Papiere nicht an der Börse gehandelt werden. Ein Vorteil dagegen ist: Beim Kauf von Sparbriefen fallen keine Gebühren an, und weil die bundesdeutschen Banken unter strenger Aufsicht stehen, ist auch die Qualität des „Schuldners“ als erstklassig zu betrachten. Nachteil: Die Zinsen für Sparbriefe liegen unter den Renditen, die börsengängige Wertpapiere abwerfen. Und:

Sparbrief ist nicht gleich Sparbrief. Sie werden überrascht sein, wie groß die Zinsunterschiede sind unter den Sparbriefen verschiedener Herkunft.

In der Regel sind da die sogenannten Finanzierungsschätze des Bundes die bessere Empfehlung – zwar muß man zum Erwerb dieser Papiere mindestens 1 000 Mark auf den Tisch blättern können, dafür aber locken eine durchaus marktgerechte Verzinsung und kurze Laufzeiten. Die Finanzierungsschätze werden nämlich nach einem, spätestens aber nach zwei Jahren vom Schuldner, also der Bundesrepublik Deutschland, wieder zurückgezahlt – damit ist auch gesagt, daß diese Anlageform unter den gegenwärtigen Umständen als völlig risikolos zu betrachten ist.

Allerdings: Kurzfristig liquide zu machen sind auch diese Papiere nicht – es sei denn, Sie finden einen Käufer, der Ihnen die Finanzierungsschätze mitten unter der Laufzeit abnimmt. Kauf und Einlösung dieser Papiere sind gebührenfrei – allerdings muß man bei den Geschäftsbanken für die Verwahrung eine Depotgebühr bezahlen. Dieses Geld kann sich sparen, wer in der Nähe seiner Landeszentralbank wohnt – dort gibt es auch Schalter für „normale" Kunden, wo man die Finanzierungsschätze kostenlos kaufen, einlösen und verwahren lassen kann.

Dasselbe gilt übrigens auch für Bundesschatzbriefe. (Eine kleine Abwandlung dabei ist: Man muß auf einem Formular ankreuzen, daß man die Schatzbriefe bei der Bundesschuldenverwaltung verwahrt haben möchte, damit tatsächlich alles gebührenfrei läuft, aber das ist nur eine Formalie.) Natürlich kann man die Bundesschatzbriefe auch bei jeder Bank erwerben, dann fallen allerdings wieder (geringe) Depotgebühren an. Schatzbriefe haben eine Laufzeit von sechs oder sieben Jahren, je nach Typ, und werden mit einem jährlich ansteigenden Satz verzinst. So bekommt man beispielsweise im ersten Jahr 5,5 Prozent Zinsen, im zweiten 7,5 Prozent, im dritten 8,5 Prozent usf. – all das, um die Anleger zu ermuntern, die Papiere möglichst lang zu halten. Das Besondere an den Bundesschatzbriefen ist nämlich: Man kann sie nach einem Jahr bereits wieder verkaufen. Dafür werfen sie freilich auch eine geringere Rendite ab als andere Papiere mit vergleichbarer Laufzeit. Bundesschatzbriefe sind also ideal für Leute, die ihr Geld mindestens für ein Jahr festlegen, sich für danach aber alle Möglichkeiten offenhalten wollen.

Sicherheit ist auch das Motto derjenigen Geldanlage, die für die Bundesbürger gleich hinter dem heißgeliebten Sparbuch rangiert: die Lebensversicherung. Aufwind bekommen hatte diese Form der Kapitalanlage vor allem durch die Diskussion um das zu erwartende Loch in der Rentenversicherung. Allerdings: Unter Renditegesichtspunkten gesehen sind Lebensversicherungen nicht gerade attraktiv. Die Versicherer selbst kalkulieren mit einem Marktzins um die drei Prozent, zu dem sie die eingezahlten Beiträge anlegen können. Wer sich selbst langfristige Anleihen kauft, erzielt also eine wesentlich höhere Rendite. Lukrativ wird die Lebensversicherung letztlich nur durch die Steuervorteile, die der Staat den Anlegern gewährt: Zum einen müssen die Zinsen, (die die Lebensversicherungsgesellschaft für Sie erwirtschaftet) nicht versteuert werden, sofern die Laufzeit mehr als zwölf Jahre ausmacht. Zum anderen kann man die entsprechenden Beiträge im Rahmen der Sonderabgaben von der Steuer absetzen. Hier empfiehlt sich unter Umständen ein Gespräch mit dem Steuerberater, ebenso bei der folgenden Anlageform, den Berlin-Darlehen, die hier noch kurz erwähnt sein sollen. Zu vergleichen sind die Berlin-Darlehen am ehesten mit Pfandbriefen – das angelegte Kapital wird für den Wohnungsbau, aber auch für andere Investitionen in der (noch) geteilten Stadt genutzt. Entscheidend bei dieser Anlageform ist nicht die nominelle Verzinsung, sondern die Tatsache, daß der Staat dem Anleger einen Teil seiner Steuern erläßt. Bei den Darlehen nach § 17, so der offizielle Titel, sind es 20 Prozent des Darlehensbetrags, mit denen der Staat die Anleger belohnt. Allerdings liegt die Laufzeit dieser Papiere auch bei 25 Jahren – ob sich dieses Geschäft auch für Sie lohnt oder nicht, das ist wohl am besten im Gespräch mit einem Fachmann zu klären.

Bewegt man sich ein paar Schritte weg vom Punkt Sicherheit hin zum Punkt Risiko, so stößt man als erstes auf sogenannte D-Mark-Auslandsanleihen. Oft werden solche Anleihen aufgelegt, wenn eine ausländische Firma in der Bundesrepublik einen größeren Einkauf tätigen will: Anstatt sich die nötigen Devisen von der Heimatbank zu besorgen, wendet sich die betreffende Firma gleich an ein deutsches Kreditinstitut. Die Bank legt dann eine Anleihe auf, die auf D-Mark lautet und die ausländische Firma zum Schuldner hat. In der Regel sind solche D-Mark-Auslandsanleihen etwas besser verzinst als Wertpapiere einheimischer Provenienz, dafür ist allerdings auch das Risiko größer. Möglicherweise geht die betreffende Firma ja pleite oder gerät auf sonst eine Weise in Zahlungsverzug. In einem Gespräch im Sommer 1989 erklärte allerdings der Wertpapierchef der Bayerischen Vereinsbank, man habe bislang nur eine einzige D-Mark-Auslandsanleihe gehabt, deren Schuldner ernsthaft in Zahlungsschwierigkeiten geraten sei.

Auf halbem Weg zum Risiko stößt man schließlich auf die schon genannten Investmentfonds: 88 Fonds waren es im September 1989 in der Bundesrepublik, die ihren Kunden Beteiligungen an Aktienvermögen anboten. 27 davon hatten nur deutsche Papiere im Portefeuille, 61 davon hatten auch in internationale Werte investiert. Am 1. Oktober trat eine „Investmentrichtlinie“ der Europäischen Gemeinschaft in Kraft. Sie regelt die Zulassung neuer Fonds europaweit einheitlich. Das bedeutet: Die entsprechenden Vorschriften in der Bundesrepublik werden geändert, möglicherweise bieten dann schon im Frühjahr 1990 verstärkt auch ausländische Fonds hierzulande ihre Zertifikate an. Die Auswahlmöglichkeit für den Anleger wird damit sicher größer, größer wird damit aber auch das Risiko. Was die deutschen Fonds anbelangt, so veröffentlicht die einschlägige Wirtschaftspresse (Handelsblatt, Wirtschaftswoche usf.) regelmäßig eine Übersicht über Wertzuwachs und Gewinne der Geldanlagegesellschaften. Informieren kann man sich aber auch direkt beim Bundesverband Deutscher Investment-Gesellschaften e. V., Eschenheimer Straße 28, 6000 Frankfurt 1.

Informieren tut wirklich not, denn im Regelfall versuchen die Banken ihren Kunden die Zertifikate der hauseigenen Fonds zu verkaufen, und das sind nicht immer die besten. Deshalb der Tip: Bleiben Sie hartnäckig, kaufen Sie nur die Zertifikate desjenigen Fonds, den Sie als den vielversprechendsten auserkoren haben, Ihre Hausbank wird Ihnen die Zertifikate schließlich auch liefern!

Die Investmentprofis, die Ihr Geld in Aktien anlegen, wollen natürlich bezahlt sein. Das geschieht in der Regel über den sogenannten Ausgabeaufschlag: Nehmen wir also einmal an, Sie wollen einen Anteilsschein am XY-Fonds erwerben im Nennwert von 100 Mark. Am Bankschalter müssen Sie dafür genau 105 Mark hinblättern, also fünf Prozent mehr als der aufgedruckte Betrag. Für den Anleger ergibt sich daraus eine wichtige Folgerung: Investmentzertifikate, obwohl jederzeit wieder verkäuflich, sollte man in der Regel mindestens zwei Jahre behalten – die fünf Prozent Gebühr müssen ja erst einmal durch Kurssteigerungen hereingeholt werden. Was die Sicherheit anbelangt, so ist man beim Kauf von Fondsanteilen auf jeden Fall besser abgefedert, als wenn man selbst Aktien erwirbt – immerhin mischen sich in den Fonds wie in einem großen Topf die unterschiedlichsten Papiere, Kursverluste bei einzelnen Aktien schlagen also nicht so schnell durch. Dazu kommt, daß Sie Ihr Geld erfahrenen Spezialisten anvertrauen, die tagein tagaus nichts anderes tun, als das Geschehen an den Börsen und die Entwicklung der einzelnen

Aktiengesellschaften zu verfolgen. (Siehe dazu auch weiter oben: Der Alltag der Geldgräber.) Aber wenn natürlich die Stimmung an der Börse über Monate oder vielleicht sogar Jahre schlecht ist, dann ist natürlich auch für die Profis schwer Lorbeeren ernten. In solchen Zeiten empfiehlt sich schon eher die Anlage in festverzinslichen Papieren oder aber in sogenannten Rentenfonds, die auch zu den Investmentfonds zählen: 108 solcher Fonds wurden im September 1989 in der Bundesrepublik gezählt, 72 davon investierten das Geld ihrer Anleger nur in festverzinsliche Anleihen deutscher Provenienz, 36 wagten sich auch auf ausländische Kapitalmärkte. Vorteil für den Anleger: Er braucht sich nicht mit dem Gedanken quälen, ob es sinnvoll ist, jetzt schon Bundesanleihen zu kaufen oder ob er lieber noch wartet, bis möglicherweise die Zinsen noch weiter steigen. All das besorgt in diesem Fall das Fondsmanagement, das seine Anlagen natürlich auch breit streuen kann – Papiere unterschiedlicher Laufzeiten und verschiedener Emittenten sichern da eine ausgewogene Durchschnittsverzinsung. Fraglich allerdings, ob in einer Phase hoher Zinsen nicht doch die Direktanlage die sinnvollere Strategie darstellt. Das Risiko, einen weiteren Zinsaufschwung zu verpassen ist dann minimal – und man spart sich erhebliche Gebühren.

Investmentfonds mit Papieren deutscher Schuldner sind als praktisch risikolose Anlage zu betrachten. Das ist anders bei Fonds, die auch im Ausland anlegen – hier gilt es Währungsschwankungen mit zu berücksichtigen, die sich einmal zugunsten und einmal zuungunsten des Fondsanlegers auswirken können. Noch viel spekulativer freilich ist der Direktkauf ausländischer Anleihen: Da mag zwar ein kanadisches Staatspapier mithin 15 Prozent Zinsen pro Jahr abwerfen, aber wer weiß schon, wie der Kanadadollar in drei, fünf oder zehn Jahren steht. Möglicherweise ist er gegenüber der D-Mark so stark gefallen, daß von den Zinsgewinnen am Schluß nicht mehr allzuviel übrig bleibt.

Wie sehr so etwas für den Anleger ein Lotteriespiel ist, das zeigt auch gut die Kursentwicklung des amerikanischen Dollar: Der nämlich hatte Mitte der achtziger Jahre einen Höchststand von 3,47 Mark erreicht, nur um dann gut zwei Jahre später auf ein historisches Tief von 1,58 Mark abzurutschen. Sicherer ist da schon der Kauf europäischer Anleihen, sofern das betreffende Land Mitglied im europäischen Währungssystem ist. Hier sind die Wechselkurse politisch festgezurrt und werden wegen der der politischen Verwaltung eigenen Trägheit nicht allzuoft verändert. Wegen des Zusammenhangs von Inflation und Zinsniveau ist die Bundesrepublik als Land mit relativ hoher Preisstabilität nicht der Ort für allzu hohe Zinsgewinne. Das ist in den Nachbarländern Spanien, Italien, Dänemark oder Frankreich schon ganz anders – Anleihen aus diesen Ländern rentieren sich meist viel höher und sind trotzdem mit einem halbwegs kalkulierbaren Risiko verbunden.

Inzwischen haben wir uns also immer weiter dem Punkt Risiko genähert und sind damit auch wieder beim Thema Aktien. Soviel vorweg: Der Totalverlust ist bei deutschen Aktien eine höchst seltene Ausnahme, aber es gibt ihn. Unternehmen, die nach Börseneinführung in Konkurs gegangen sind oder zumindest erhebliche Schieflagen erlitten haben, sind beispielsweise die Kerkerbachbahn, die SM Software, Trewidata, Treuwo oder als besonders spektakuläres Beispiel der letzten Zeit: die Coop AG. Damals wurden der einführenden Bank, dem Schweizer Bankverein, schwere Vorwürfe gemacht. Die Eidgenossen hätten, so der Tenor vieler Kommentare, den Coop-Konzern nicht genau genug unter die Lupe genommen, sie seien nämlich vor allem daran interessiert gewesen, in der Bundesrepublik einen Fuß in das für die Banken so lukrative Emissionsgeschäft zu bekommen. Wie dem auch sei, eins konnte man aus der Affäre Coop lernen: Hinter einem frischgedruckten, hochglanzpolierten Börsenprospekt, gezeichnet von einer namhaften Bank, muß sich nicht immer auch ein gesundes Unternehmen verbergen. Aber, wie gesagt, das Risiko eines Totalverlusts ist für den Aktienanleger ziemlich gering. Vollkommen unberechenbar dagegen ist, wie der Aktienkurs eines Unternehmens an einem Tag X steht. Das bedeutet für den Anleger: Die von ihm investierten 10 000 Mark können in einem halben Jahr 14 000 Mark wert sein oder nur noch 7 000. Das gilt für Aktien und erst recht für Optionsscheine, die bekanntlich noch spekulativer sind. Daraus also noch einmal abgeleitet die Grundregel für das (sonst so reizvolle) Börsenspiel: Spekulieren Sie nicht mit dem Geld, das Sie in absehbarer Zeit schon wieder brauchen. So etwas kann bei einer aufwärtsgerichteten Börsentendenz sehr wohl gut gehen, die Wahrscheinlichkeit aber, daß Sie am Schluß als Verlierer dastehen, ist gerade nach den beiden vorangegangenen Börsenstürzen sehr hoch. Und noch etwas: Wer nicht gerade in Dekaden denkt, der muß es beim Börsenspiel schon bis zu einem gewissen Maß den Profis gleichtun, und das heißt: Immer am Ball bleiben. Dazu gehört etwa als tägliche Pflichtlektüre der Wirtschaftsteil einer Tageszeitung (am besten dafür geeignet: Die FAZ.), günstig wäre auch, eine Wochen- oder Monatszeitschrift (Beispiel: die Wirtschaftswoche), und es gehört dazu das tägliche Gedankenspiel: Wie könnte sich dieses oder jenes Ereignis, ob politischer oder wirtschaftlicher Natur auf die Börse auswirken. (Bestes Beispiel: Die „Deutschlandhausse“ vom 10. und 13. November 1989. Trotz extrem ungünstiger Rahmendaten, Stichwort hohe Zinsen, kam es an diesen beiden Tagen zu riesigen Kurssprüngen, nachdem bekannt wurde, daß die DDR ihre Grenzen öffnen würde. Kaufhauswerte etwa gewannen mehr als zehn Prozent an einem Tag, ebenso machten die Bauwerte einen großen Satz nach vorn. Der Anstieg kam so überraschend, daß selbst viele Händler im Börsensaal nur ungläubig den Kopf schüttelten.)

Wenn Ihre Kauforder ausgerechnet auf einen solchen Tag fällt, haben Sie natürlich Pech gehabt und müssen für

Ihre Aktien viel mehr bezahlen als geplant. Umgekehrt kann Ihr Verkaufsauftrag natürlich auch gerade in ein Kursloch fallen – der Erlös also wäre erheblich niedriger als erwartet.

Freilich, vieles läßt sich auch einfach nicht vorhersehen, oder man hat als Anfänger einfach noch nicht die richtigen Antennen, um zu merken, wann etwa eine Hausse sich dem Ende neigt oder aber – ganz lautlos – das Startsignal zu einer neuen Kursralley fällt. Deswegen sollten Sie sich auch im klaren sein, daß Sie – ganz unvermeidlich – an der Börse Lehrgeld bezahlen müssen. Die Hoffnung auf das schnelle Geld sollten Sie dagegen erst einmal begraben. Viel wichtiger ist, daß Sie Spaß am Umgang mit Aktien haben, Spaß an der Zeitungslektüre, den Gedankenspielen, und auch das Auf und Ab der Stimmungen sollte Sie nicht zu sehr irritieren. An der Börse zu spekulieren ist ein schönes und interessantes Hobby – je mehr Zeit man darauf verwendet, desto größer auch die Wahrscheinlichkeit, eines Tages zu den Gewinnern zu zählen.

2. Kapitel
Die Börse: Eine Brücke für das Kapital

1. Mit wem habe ich es zu tun?

Aktionäre vs. Sparer

Wenn Sie sich an der Börse eine Aktie kaufen, dann gehen Sie ein Risiko ein. Sie gehen natürlich auch ein Risiko ein, wenn Sie Ihr Geld einer Bank zur Aufbewahrung auf einem Sparbuch geben, aber da ist doch wohl noch ein Unterschied. Wenn in unserem System eine Bank nämlich so unrettbar untergehen sollte, daß Sie Ihr Spargeld los sind, dann sind wahrscheinlich Umstände eingetreten, unter denen Sie Ihr Geld vermutlich auch in anderen Anlageformen los gewesen wären. Es ist also vom Risiko eindeutig etwas anderes, ob Sie Ihren Spargroschen aufs Sparbuch tun, oder ob Sie Aktien kaufen. Auch rechtlich ist es etwas anderes. Wenn Sie Geld aufs Sparbuch einzahlen, dann leihen Sie, rechtlich gesehen, der Bank Geld, was bedeutet, daß sie es Ihnen auch wieder zurückzahlen muß. Eine Aktiengesellschaft dagegen muß Ihnen gar nichts zurückzahlen. Sie lebt von Ihrem Vertrauen darauf, daß sie es nicht wird zurückzuzahlen brauchen, sei es, weil Sie so zufrieden mit Ihrer Aktie sind, daß Sie sie gar nicht mehr hergeben möchten, sei es, weil Sie ansonsten schon jemanden finden werden, der Ihnen das gute Stück Papier zu einem annehmbaren Preis abnimmt.

Aktien als Investition

Sie binden also Ihr Geld, wenn Sie eine Aktie kaufen. Sie kaufen ein Stück Unternehmen. „Ein Stück“ ist dabei nicht wörtlich zu nehmen: Sie können nicht mit Ihrer Aktie in der Hand stolz durchs Firmentor wandern, geradewegs auf die Tür zur Buchhaltungsabteilung und dem nachgeeilten Pförtner erklären: „Sehen Sie, diese Tür gehört mir. Meine Aktie beweist's.“ Ihre Aktie beteiligt Sie *prozentual* am Unternehmen. Wenn das Unternehmen – sagen wir – eine Million Aktien ausgegeben hat, dann weist Sie eine Aktie als Besitzer eines millionsten Teils des Unternehmens aus. Aber was bedeutet das denn, wenn Sie doch nicht ein Namensschild auf einen entsprechenden Teil des Firmenvermögens anbringen können? Nun, wesentlich wichtiger als Ihr unmittelbarer Zugriff auf ein „Stück Betrieb“ ist, daß Sie durch Ihre Aktie Anspruch auf einen Teil des betrieblichen Gewinns haben. Ganz grob gesprochen dürften Sie in unserem Beispiel ein Millionstel des Gewinns verlangen, soweit er ausgeschüttet wird.

Gewinn in schwankender Form

Aber was, fragen Sie, wenn das Unternehmen gar keinen Gewinn macht? Da müssen wir unterscheiden. Natürlich, wenn das Unternehmen lange genug Verlust macht, dann sinkt Ihre Aktie im Wert, bis sie, falls das Unternehmen vor lauter Verlusten untergeht, gar nichts mehr wert ist. Eine gewisse Zeit lang kann aber jedes Unternehmen mit Verlusten leben. Wie lange das ist, hängt von der so oft zitierten *Substanz* des Unternehmens ab, davon also, wieviel Geld es auf der Bank liegen hat, ob es in eigenen Wänden untergebracht ist (dann kann es ja, wenn's eng wird, sein Firmengebäude verkaufen und sich Büros mieten, wodurch ein wenig Geld hereinkäme) und so weiter. Damit solche

Substanz entsteht, muß natürlich erst einmal Geld hereinkommen und drinbleiben. Das ist so, wie Sie nach der Lehrzeit oder nach dem Studium zu Beginn Ihres Berufslebens erst einmal einen Teil Ihres Einkommens gespart haben, um etwas auf der hohen Kante zu haben. Genauso muß jedes Unternehmen Teile seines Gewinns einbehalten, auch wenn das die Aktienbesitzer ärgert. Je mehr Gewinn das Unternehmen einbehält (für Gewinne einbehalten sagt man auch: *Gewinne thesaurieren* oder auch einfach: thesaurieren), um so mehr Substanz hat es, um so länger kann es Verlusten trotzen, um so mehr ist es wert. Je mehr Gewinn das Unternehmen an die Aktienbesitzer (Aktionäre) auszahlt (ausschüttet), um so mehr freuen sich die, um so gefragter sind die Aktien (zumindest auf kurze Sicht), um so schwerer wird es aber das Unternehmen haben, wenn einmal härtere Zeiten kommen. Es hat dann nichts zuzusetzen, weil es nichts „auf dem Sparkonto hat". Deshalb muß die Leitung eines Unternehmens (und nicht bloß die einer Aktiengesellschaft!) jedes Jahr aufs Neue entscheiden, wieviel vom Gewinn sie auszahlt, und wieviel sie „im Unternehmen beläßt". Deshalb kann es geschehen, daß ein Unternehmen Gewinne einfährt, aber keine Ausschüttung (Dividende) zahlt. Umgekehrt kann es durchaus sein, daß ein Unternehmen auch dann Dividende zahlt, wenn ein Jahr mit Verlust ausgegangen ist. Dann wird eben die Dividende „aus der Substanz geleistet". Die Geschäftsleitung tut das, um die Aktionäre „bei Laune zu halten", und um zu dokumentieren, daß sie die Verlustphase für vorübergehend ansieht. Lange kann derlei natürlich nicht gutgehen, irgendwann ist die Substanz erschöpft. Über ein bis zwei Jahre allerdings kann es durchaus Bestandteil einer vernünftigen Finanzpolitik sein, Dividende „aus der Substanz" zu zahlen.

Die Aktie als Brücke

Aktien sind also Anteile an Unternehmen. Im weiteren, gesamtwirtschaftlichen Sinne sind Aktien Anteile am produktiven Vermögen einer Volkswirtschaft. Über die Aktie bekommen die Unternehmen das Geld, das sie brauchen, um Produkte zu entwickeln, ja, um einfach zu überleben und dabei (hoffentlich!) Gewinne zu erwirtschaften. Aber woher kommt das Geld? Es sind Sparer wie Sie, die das Geld liefern. Sparer wie Sie, aber auch Unternehmen wie Banken oder „ganz normale“ Industriefirmen. Es ist nichts Ungewöhnliches, daß ein Unternehmen Teile seines Geldes (seiner Substanz) in Aktien anlegt, manchmal sogar in Aktien der Konkurrenz. Die Aktie ist also gewissermaßen die Brücke, über die das Geld von den Sparern (den Kapitalanbietern) zu den Unternehmen (den Kapitalnachfragern) fließt. Daß es dorthin gelangt, dafür sorgt die Börse.

Die Börse als (fast) vollkommener Markt

Die Börse ist laut, aufregend und ungesund, viele Teilnehmer am Aktienhandel werden nicht sehr alt. Trotzdem: Missen möchte sie keiner, und auf einen Ersatz ist auch noch niemand gekommen. So gut wie die Börse verteilt nichts anderes das Kapital in der Wirtschaft. „Gut“ heißt in diesem Fall, daß das Kapital dorthin geht, wo es gebraucht wird. Die Börse lenkt das meiste Geld dorthin, wo am meisten zu verdienen ist, und das ist auch der Ort, wo es volkswirtschaftlich gesehen am besten aufgehoben ist. Dort, wo der meiste Gewinn winkt, soll auch das meiste Geld hin. Dafür sorgt die Börse. Sie erlaubt es den Kapitalanbietern und -nachfragern zusammenzukommen und einen Preis auszumachen. An der Börse bündeln sich die Einschätzungen der Anbieter und Nachfrager, es bildet sich ein Durchschnitt. Den wenigen extrem risikofreudigen Teilnehmern stehen die ebenfalls wenigen extrem ängstlichen Gemüter gegenüber, genauso wie der breiten Masse der bedingt Risikofreudigen die ebenso breite Masse der bedingt Ängstlichen gegenübersteht. So bildet sich an der Börse der *Durchschnitt der Erwartungen*. Man kann sagen, daß der Börsenkurs einer Aktie in etwa der durchschnittlichen Einschätzung aller Börsianer darüber entspricht, wieviel die Aktie wert sein sollte. Auf anderen Märkten ist es durchaus nicht die Regel, daß der Preis einer Ware tatsächlich dem Durchschnitt der Einschätzungen entspricht: Man denke nur an den Gebrauchtwagenmarkt, auf dem sich diese Einschätzung nicht von selbst bildet, sondern mit Hilfe von Publikationen (z.B. der sogenannten „Schwacke-Liste") erst mühsam zusammengetragen werden muß. An der Börse gilt dagegen: Jede Aktie hat (jeden Tag) einen und nur einen Preis. Der ändert sich, über den Börsentag betrachtet, aber es ist eben nicht so, daß in der einen Ecke des Börsensaals der Kurs der Siemens-Aktie um dreißig Mark höher ist als in der anderen. Der Markt gleicht solche Unterschiede schnell aus, ja, meistens entstehen sie gar nicht erst.

Die Börse ist transparent

Jeder Teilnehmer weiß zu jedem Zeitpunkt ziemlich genau, „wie die Aktien stehen". Er kann deshalb bei einem Angebot ziemlich schnell entscheiden, ob es realistisch ist oder nicht. Auf dem Gebrauchtwagenmarkt dagegen haben zumeist weder Käufer noch Verkäufer einen vollständigen Überblick über den Markt. Das Modell, das in Süddeutschland mit 11 000 Mark gehandelt wird, könnte in Bremen 12 000, aber auch 10 000 Mark wert sein. Im einen Fall erleidet der Verkäufer einen Verlust, im anderen der Käufer. Solche Verluste gibt es an der Börse praktisch nicht. Sie arbeitet effizient.

Aber es gibt auch keine „Freundschaftspreise"

Wenn an der Börse jemand Aktien verkauft, kann es sein, daß es seine eigenen sind, genauso kann es sein, daß sie jemand anders gehören und er sie nur im Auftrag verkauft. Die anderen Teilnehmer wissen das aber nicht. Sie betrachten nur das Angebot, das der Verkäufer abgibt, und entscheiden, ob sie es für attraktiv halten oder nicht. Wer hinter dem Angebot steht, interessiert nicht. Die Börse ist *anonym*. Das klingt zunächst kalt und unmenschlich, aber den Vorteil hat am Ende der Anleger. Er kann sicher sein, daß persönliche Vorlieben nicht darüber entscheiden, welchen Kurs er für seine Aktien bekommt oder zahlen muß. Im Zweifelsfalle wird ihm diese Neutralität und Objektivität lieber sein.

Die schnellsten Preise, die es gibt

Wenn eine Aktie plötzlich stärker gefragt ist, oder wenn ein anderes Papier ohne Vorwarnung in Ungnade fällt, dann reagiert der Kurs sofort. „Veraltete Preise", die nicht mehr den Marktbedingungen entsprechen, gibt es an der Börse nicht.

Einer der besten Märkte überhaupt

Wenn alle Märkte so gut funktionierten wie die Börse, dann gäbe es sicher weniger Vorbehalte gegen den Markt als Institution. Sicherlich, auch an der Börse werden Fehler gemacht, manchmal ist sie sogar völlig kopflos. Und natürlich verlieren Anleger oft unnötig Geld, wenn der Markt verrückt spielt. Das bringt dann Kritiker auf den Gedanken, man sollte die Börse durch etwas anderes, etwas Besseres ersetzen. Aber was sollte das sein? Staatliche

Vergabe von Investitionsmitteln? Verlosung von Kapital an Antragsteller? Wie man es auch immer dreht und wendet: Eine Einrichtung, die so schnell reagiert und so überwiegend verlustarm arbeitet wie die Börse, hat noch niemand erfunden. Es steht zu befürchten, daß eine Ersatzeinrichtung für die Börse viele Gewinn- und Investitionschancen, die die Börse erkennt, übersehen würde. Aber auch verpaßte Chancen sind Verluste; die Kritiker der Börse müßten erst einmal beweisen, daß die Verluste aus Börsenkrächen größer sind als die aus den Chancen, die die Wirtschaft ohne die Börse verpassen würde. Der Beweis dürfte schwerfallen, und so bleibt uns die Börse einstweilen erhalten.

Aktien und Renten

Die meisten Börsensäle dieser Republik sind in zwei Bereiche aufgeteilt, der eine laut, der andere leise. Der Laute, das ist der Aktienmarkt, der Leise ist der Rentenmarkt, den man auch Obligationenmarkt oder Markt für Festverzinsliche nennt. Wenn Unternehmen, Staaten, Städte oder internationale Einrichtungen ganz große Kredite aufnehmen, dann ist eine Bank alleine meistens überfordert, wenn sie das Geld aufbringen soll. Die Bank tut sich daher oft mit anderen ihresgleichen zusammen und gibt festverzinsliche Wertpapiere aus, die sozusagen Anteile an diesem Großkredit darstellen. Der Unterschied zur Aktie ist, daß Festverzinsliche auf einem Kredit basieren und nicht auf einer Beteiligung. Festverzinsliche haben eine begrenzte Laufzeit (meistens zehn Jahre), nach deren Ablauf der Anleger sein eingezahltes Geld (hundert Mark oder ein Vielfaches davon) zurückerhält. Während dieser zehn Jahre muß der Kreditnehmer (also die Hoechst AG, die Republik Argentinien, die Stadt New York oder die Weltbank) regelmäßig (meistens jedes halbe Jahr) Zinsen zahlen. Es ist also dem Käufer von Festverzinslichen von vornherein in der Regel klar, wieviel sein Papier ihm jedes Jahr bringen wird und wieviel es in zehn Jahren wert sein wird. Da ist also wenig Unsicherheit, wenig Risiko und somit wenig Aufregung. Deshalb geht es am Rentenmarkt im Vergleich zur Aktienbörse verhältnismäßig gesittet zu. Geld verdienen mit Rentenpapieren kann man natürlich trotzdem.

2. Aktiv sein an der Börse: Was muß ich mitbringen?

Vier Dinge, ohne die es nicht geht: Geld, Zeit, Kenntnis, Mut. André Kostolany, der bekannte Spekulant, meint, ein Anleger brauche die „vier Gs: Geld, Gedanken, Geduld und Glück“. Unbestreitbar ist, daß, wer alle vier Gs auf sich vereinigt, an der Börse vermutlich Erfolg haben wird. Aber was muß man mindestens mitbringen? Es sind wohl wieder vier Dinge, die man braucht: Geld, Zeit, Kenntnis und Mut.

Geld

Je mehr Menschen sich für die Börse interessieren (merkwürdigerweise steigt das Interesse mit jedem Crash!), desto mehr wollen ihr Geld dorthin tragen, desto häufiger müssen (zum Beispiel) Börsenjournalisten die Frage beantworten: „Ich habe da dreitausend Mark, die ich für ein halbes Jahr nicht brauche, welche Aktien soll ich mir dafür kaufen?“ Die Frage ist ganz schnell und ganz sicher beantwortet: Gar keine! Das Geld, das man in Aktien anlegt, muß man *übrighaben*, das heißt, es muß sonst schon genügend Geld auf der hohen Kante liegen. Als Rezept bietet sich an: erst einmal drei Monatsgehälter aufs Sparkonto. Dann drei weitere Monatsgehälter in Sparbriefen, Bundesschatzbriefen, Pfandbriefen oder ähnlich bombensicheren Anlagen. Und wenn darüber hinaus noch vielleicht fünftausend Mark übrig sind, dann kann man die an die Börse tragen, und wenn's statt fünftausend zehntausend sind, ist's noch besser.

Zeit

Wenn Sie Aktien kaufen wollen, dann müssen Sie das Geld dafür *langfristig entbehren* können. Langfristig heißt, auf mindestens fünf, besser auf zehn Jahre. Wenn Sie realistischerweise annehmen, daß Sie vielleicht an das Geld früher heranmüßten, *dann kaufen Sie sich keine Aktien!* Sie würden es bereuen. Etwas anderes ist es, wenn Sie wirklich täglich mehr als eine Stunde Zeit haben, sich mit der Börse zu beschäftigen. Aber seien Sie ehrlich mit sich selbst: Die Regel wird das nicht sein. Bedenken Sie: Nichts ist ärgerlicher, als Aktien verkaufen *zu müssen*. Meistens haben sie gerade dann den falschen, sprich einen zu niedrigen Kurs. Tun Sie sich einen Gefallen: Wenn Sie zu wenig Zeit oder zu wenig Geld oder zu wenig von beidem haben, dann lassen Sie die Finger von der Börse.

Zeit brauchen Sie aber auch, bis Ihre Aktienträume reifen, wenn Sie sich Ihre Wunschpapiere gekauft haben. Lassen Sie Ihr Vermögen in Ruhe wachsen. Hektisches Hin- und Herwechseln zwischen Aktien kostet Nerven und vor allem Geld: Ihre Bank berechnet Ihnen für jeden Kauf und jeden Verkauf Gebühren, und zwar nicht zu knapp. Lassen Sie sich von Ihrer Bank also nicht zu einer zu unruhigen Strategie überreden, oder, wenn Sie's doch tun, dann bedenken Sie: Die Bank verdient immer, ob Sie kaufen oder verkaufen. Sie dagegen verdienen nur dann, wenn Ihre Aktien steigen und Sie sie zum richtigen Zeitpunkt verkaufen.

Kenntnis

Was Kostolany „Gedanken“ nennt, das sei hier als Kenntnis bezeichnet. Sie müssen wissen, was für eine Aktie Sie sich kaufen, und warum Sie sich für die eine und nicht für die andere entscheiden. Sie können sich da auf das Urteil Ihrer Bank verlassen, Sie können Freunde oder Verwandte um Rat fragen, vielleicht lernen Sie aber auch zufällig ein interessantes Unternehmen kennen und beschließen, sich an ihm zu beteiligen.

Um auf dem laufenden zu bleiben, sollten Sie als Aktionär immer mal wieder (am besten natürlich täglich) den Wirtschaftsteil einer überregionalen Tageszeitung lesen. Gute Wirtschaftsteile haben in der Bundesrepublik die Süddeutsche und die Frankfurter Allgemeine Zeitung. Für Aktionäre interessant ist auch der Wirtschaftsteil der „Welt am Sonntag“ mit seiner Wochenübersicht der internationalen Börsen. Dem Wirtschaftsteil können Sie natürlich nicht die ganz heißen Insidertips entnehmen, aber Sie können darin (meistens) etwas über die Entwicklung des oder der Unternehmen erfahren, dessen oder deren Aktien Sie halten. Eine weitere Informationsquelle sind die Geschäftsberichte, die jede Aktiengesellschaft einmal im Jahr veröffentlichen muß. Sie gelten zu Unrecht als trockene Lektüre. Vor allem die Geschäftsberichte großer Aktiengesellschaften sind redaktionell sehr sorgfältig und gut lesbar gestaltet. Und was der jeweilige Vorstand über die gesamtwirtschaftliche Lage denkt, steht auch im Geschäftsbericht, und auch das ist interessante Lektüre.

Mut

Wenn Sie sich Aktien kaufen, dann gehen Sie ein Risiko ein. Ihr Geld verdoppelt sich vielleicht, vielleicht aber auch gar nicht. Sie brauchen also Mut, um Aktien zu kaufen. Sie müssen auf ein Unternehmen vertrauen. Je weniger Mut das von Ihnen erfordert, um so weniger interessant ist vermutlich das Unternehmen. Umgekehrt sind es oft die Exoten, die hohe Gewinne versprechen (und sie manchmal auch tatsächlich erbringen), die aber besonderen Mut erfordern. Freilich: Vorsicht ist keine Feigheit, Leichtsinn ist kein Mut. Es ist noch kein Anleger daran pleite gegangen, daß er eine bestimmte Aktie *nicht* gekauft hat!

3. Kapitel
Wie werde ich Aktionär?

1. Vor dem Kauf

Früher war das ganz einfach. Da nahm man seine Spargroschen und trug sie auf die Sparkasse. Der Bankangestellte schrieb das Ganze fein säuberlich im Sparbuch gut und damit hatte sich der Fall. Das war allemal besser, als das mühsam Ersparte im Sparstrumpf oder zwischen der Bettwäsche im heimischen Kleiderschrank aufzubewahren. Zumindest brachte das übers Jahr gesehen ein paar Zinsen und sicherer war es außerdem. So altmodisch sich das anhören mag – auch heute noch gibt es Zeitgenossen, die ihren Reichtum lieber in der Nachttischschublade Schein auf Schein stapeln und sich allabendlich über den sichtbar wachsenden Wohlstand freuen. Doch diese Einstellung zum „Sauerverdienten“ sollte wirklich der Vergangenheit angehören. Wer sich tagein, tagaus abplagt, immer einen kleinen Teil aus seiner Lohntüte auf die Seite legt und nicht alles in Autos, elektrische Hausgeräte oder Ferienreisen steckt, der sollte darauf achten, daß er das Beste aus seinem Vermögen macht. Egal, ob er über ein kleines oder großes verfügt.

2. Anlageplanung

Und damit wären wir auch schon bei einer Voraussetzung für die persönliche Anlageplanung angekommen. In jedem Fall muß man sich über die eigenen Vermögensverhältnisse erst einmal im klaren sein. Tatsache ist, daß die bundesdeutsche Bevölkerung statistisch gesehen immer reicher wird. Die Gründergeneration vererbt ihr Kapital mehr und mehr ihren Nachkommen. Eine Flut von Lebensversicherungen wird laufend fällig. Alles in allem schätzen Experten, daß Privatpersonen hierzulande in den kommenden Jahren für mehrere hundert Milliarden D-Mark neue Anlagen suchen werden. Die Banken und Versicherungen haben den Braten natürlich längst gerochen und richten sich auf eine wachsende Kundschaft ein. Ihr Kampf um Marktanteile ist voll im Gange und Stichworte wie „Allfinanz" belegen, wie ernst es ihnen damit ist. Da wollen Banken ins Geschäft mit Lebensversicherungen einsteigen und die Assekuranzen überlegen sich, wie sie ihrerseits einen Fuß ins Kreditgewerbe kriegen. Jeder will sich ein schönes Stück vom saftigen Festschmaus abschneiden. Doch es ist Ihr Geld, um das es da geht. Und da sollten Sie nicht zu viele dran mitverdienen lassen. Fein aus dem Schneider ist, wer selbst weiß, wo er die beste Anlage für seine übrigen Märker findet, doch von allein geht das leider nicht. Der Schlüssel zum Erfolg ist die richtige Information, die Sie suchen müssen.

So eindrucksvoll der allgemein wachsende Wohlstand auch erscheinen mag – im Einzelfall sieht es mit den Vermögensverhältnissen vollkommen unterschiedlich aus. Der eine hat das Glück und erbt einen schönen Batzen, und der andere muß nach seiner Ausbildung mit der ersten Anstellung ganz von unten anfangen und sich einen eigenen Grundstock erst einmal aufbauen. Doch beide sind vor die gleiche Frage gestellt: Was mach ich mit den Geldern, die mir – wenn auch in unterschiedlicher Höhe – übrigbleiben?

Nun, wer nicht gleich jede übrige Mark auf den Kopf hauen will, der sollte sich nach einer passenden Anlage umschauen. Und welcher Anzug hier am besten sitzt, hängt von den persönlichen Verhältnissen ab. Deshalb ist es ratsam, für sich zu klären, wie der persönliche Geldbedarf in der nächsten Zeit aussehen wird. Sind größere Anschaffungen geplant, für die man flüssige Mittel braucht, hat es keinen Sinn, die Ersparnisse in einer langfristigen Anlageform über mehrere Jahre hinweg zu binden. Weiter spielt heute die Altersversorgung eine entscheidende Rolle. Niemand wird sich ausschließlich auf die gesetzliche Rentenversicherung verlassen, sondern die meisten werden mit eigenen Kräften für ein Finanzpolster im Alter sorgen. Sie sollten also genau kalkulieren, in welcher Höhe und in welcher Form Sie für diesen Verwendungszweck etwas auf die hohe Kante legen wollen. Für einen Familienvater stellt etwa die Ausbildung seiner Kinder eine beachtliche Kostenstelle im häuslichen Vermögensfahrplan dar. Wie alt ist der Nachwuchs, und wann belastet infolgedessen etwa eine Hochschulausbildung die Haushaltskasse? Wer nicht verheiratet ist, wird sich fragen müssen, ob und wann er sich einmal binden wird. Für diesen Fall kann man gar nicht früh genug – etwa im Hinblick auf ein eigenes Heim – anfangen, finanzielle Vorsorge zu treffen. Es gibt also eine ganze Reihe von Zwängen, an denen der Anleger nicht so ohne weiteres vorbei kommt. Sicher ließe sich diese Liste von unterschiedlichen Ausgangspositionen und Vermögensverhältnissen noch ergänzen.

Unter dem Strich kommt es allein auf den Betrag an, der für eine Geldanlage übrigbleibt. Das gilt ganz besonders für die Geldanlage an der Börse. Auf Geld, das man an die Börse trägt, darf man nicht angewiesen sein. Denn eine fatale Zwangslage tritt ein, wenn man plötzlich die Aktien aus irgendeinem Grund wieder versilbern muß – weil man schlicht und ergreifend das Geld braucht – und in dem Moment die Kurse gerade im Keller liegen. Wer in einer solchen Situation verkaufen muß, der zahlt ganz erheblich drauf.

Für den Privatmann ist das Engagement in Aktien immer langfristig zu sehen. Die Erfahrung zeigt ja, daß schlechten Zeiten an der Börse immer gute und erfolgreiche folgen. Man muß es sich nur erlauben können, den richtigen Moment abzuwarten. Für den Fall der Fälle ist es nicht schlecht, sich am Anfang zu überlegen, in welcher Höhe man Verluste zur Not verkraften kann, ohne seinen Lebenswandel und den der Familie einschränken zu müssen.

Keinen Sinn hat es, Kredite aufzunehmen, um mit diesen Mitteln auf den Aktienmärkten zu spekulieren. Das hat mit einer soliden Geldanlage nichts zu tun. Finger weg von ungedeckten Schecks! Das ist nur etwas für extrem risikofreudige Zeitgenossen, die die Börse eher als ein Monopoly-Spiel sehen. Es gibt haufenweise Beispiele, die belegen, daß so mancher Spekulant Schiffbruch erlitten hat. Dabei trifft auch die Banken selbst ein Teil der Schuld. Sie sind es schließlich, die ihrer Kundschaft die Kredite verschaffen. Teilweise heizen manche Geldinstitute die Spekulationslust ihrer Kunden auch noch an und sagen eine erhöhte Kreditlinie zu. Sicher ist das nicht die Regel. Doch den schwarzen Schafen der Zunft genügt offenbar das Wertpapiergeschäft noch nicht. Sie wollen auch noch auf der Kreditseite verdienen.

Doch auch der Aktienkauf mit Kreditgeldern kann gut gehen, solange auf dem Aktienmarkt die Kurse steigen und der Börsenhimmel strahlt. Die erzielten Kursgewinne decken in einem solchen Fall noch die Zinsverpflichtungen für den Kredit. Doch was ist, wenn auf einmal eine rasende Talfahrt beginnt? Dann hat man neben den Kursverlusten auch noch Schulden bei der Bank. Die Baisse nährt ihre persönliche Baisse, wird der Börsianer jetzt sarkastisch sagen. Sie können sicher sein, aus Menschenfreundlichkeit erläßt Ihnen jetzt niemand Ihre Schuld. Eines sollten Sie wissen: Passen Sie von vornherein auf und lassen Sie lieber eine vermeintliche Chance aus, wenn sie nur über Umwege zu finanzieren ist! Gut beraten ist derjenige, der seine finanziellen Möglichkeiten kennt und in diesem Rahmen seine Anlage solide plant.

Wer sich bei der Ermittlung, was er sich nun leisten kann und wo die Grenzen liegen, nicht so ganz sicher ist, der sollte sich im Zweifelsfall mit seinem Steuerberater und einer seriösen Bank in Verbindung setzen. Doch auch beim Steuerberater ist unter Umständen Vorsicht geboten. Manchmal haben die Vertreter dieses Berufsstandes eigene Anlageobjekte bei der Hand, die sie nicht ganz uneigennützig vermitteln möchten. Wenn das eine gute und sichere Sache ist, kann man dagegen nichts einwenden.

Blindes Vertrauen ist jedoch nicht angebracht. Man sollte, und das ist ein roter Faden bei allen Geldüberlegungen, von vornherein in etwa wissen, was man will. Daher: Die Dinge schon einmal vorsortieren – und dann zum Fachmann gehen.

Ganz ähnlich sieht das Vorgehen bei einer anderen, recht diffizilen Frage aus. Wer sein Geld auf den Kapitalmarkt schaffen will, der braucht unter Umständen gute Nerven. Weil es die Natur jedoch so eingerichtet hat, daß das psychologische Kostüm eines jeden erfahrungsgemäß etwas anders geschneidert ist, gerät der eine schneller in Aufregung als der andere. Für die Geldanlage bedeutet das: Wenn der hartgesottene Typ bei anhaltenden Kursrückgängen an der Börse noch ruhig schlafen kann, gehen dem Aktionär mit dünner Nervendecke in unruhigen Vollmondnächten schon die schlimmsten Befürchtungen durch den Kopf.

Das muß nicht sein! Man kann unangenehme Überraschungen durch eine sorgfältige Auswahl der Anlageform vermeiden. Der Kapitalmarkt bietet dafür ein wirklich reichhaltiges Angebot. Da ist für jeden etwas dabei. Und wer sich aus persönlichen Gründen nicht mit der Aktie anfreunden kann, bleibt eben beim festverzinslichen Wertpapier. Bei festverzinslichen Wertpapieren fällt die Rendite, der Gewinn, zwar niedriger aus, als etwa bei einer gut gehenden Aktie. Dafür geht man aber auch ein bedeutend geringeres Risiko ein. Diese Rechnung sollte man sich übrigens bei allen Anlageangeboten durch den Kopf gehen lassen:

Je höher der in Aussicht gestellte Gewinn, um so höher das Risiko. Mit anderen Worten: Manchmal winkt zwar eine schöne Vermehrung des investierten Vermögens, gleichzeitig ist die Gefahr aber auch größer, daß man Verluste hinnehmen muß. Geht alles gut, steht man als lachender Gewinner da. Als solcher darf man sich nicht ärgern, wenn es nicht so klappt, wie anfangs erhofft. Keine falschen Hoffnungen also. Das Verhältnis von Gewinn und Risiko spricht eine klare Sprache.

Wenn wir schon dabei sind: Vorsicht ist immer dann geboten, wenn Anlageberater eine sagenhafte Rendite versprechen. Nur allzuoft ist die Rede von dreißig oder vierzig Prozent Rendite und mehr im Jahr. Um wirklich einen so guten Schnitt mit der Kapitalanlage zu erwirtschaften, bedarf es größten Könnens, des richtigen Zeitpunkts, der guten Konjunkturlage und darüber hinaus einer ganz gehörigen Portion Glück.

Das alles zusammen kann es im Einzelfall natürlich geben. Garantieren läßt sich das allerdings nicht. Super- oder gar Sonderangebote gibt es auf dem Kapitalmarkt nicht! Hier sind Experten tätig. Alles ist haarscharf durchkalkuliert. Und wenn wirklich mal ein außerordentliches Schnäppchen zu machen ist, werden es die Profis sein, die es sich unter den Nagel reißen. Und zwar noch bevor die breite Masse überhaupt davon erfährt. Wer auf solche Angebote trotz alledem hereinfällt und sich hinterher über erlittene Verluste ärgert, ist selbst schuld. Nach dem Motto „Hohe Renditechancen bedeuten erhöhtes Risiko“ hätte man es besser wissen können.

Ein Anleger an der New Yorker Börse erzählte mir einmal von einem Berater, der ihm sagenhafte Gewinne versprach, wenn er nur seine Dienste in Anspruch nähme und ganz bestimmte Papiere kaufte. Auf die Frage des Anlegers, warum das „Finanzgenie“ denn nicht selbst dieses todsichere Geschäft auf eigene Kasse mache, bekam er keine Antwort. Der Fall war erledigt. Denn an diesem Punkt kommt die Wahrheit zutage. Niemand wäre so selbstlos, vor allem nicht in der Geldbranche, einmalige Gelegenheiten zu vermitteln, wenn er sicher wäre, selbst einen riesigen Gewinn einzustreichen.

Die Frage nach der Sicherheit genießt also bei allen Anlageformen Priorität. Warum das so ist, ja geradezu sein muß, verdeutlicht die Tatsache, daß Sie beim Kauf eines Wertpapieres nichts anderes tun, als Ihrem Geschäftspartner Geld zu leihen. Egal, ob Sie Ihr Geld in festverzinslichen Wertpapieren anlegen, ein Investment-Zertifikat kaufen oder eine Aktie erwerben: Immer sind Sie als Kapitalgeber gefragt, der frische Mittel in den Wirtschaftskreislauf pumpt. Der Staat etwa borgt sich mit Bundesschatzbriefen bei seinen Bürgern Geld, um öffentliche Projekte finanzieren zu können. Nicht anders sieht es bei Aktiengesellschaften aus. Mit dem Verkauf von Aktien, der „Emission“ wie es in Fachkreisen heißt, will das Unternehmen an Ihr Kapital. (Etwa, um neue Investitionen zu tätigen, neue Produkte auf den Markt zu bringen und das weitere Wachstum der Firma finanzieren zu können.) Dafür, daß Sie sich bereit erklären, Ihr Geld dafür herzugeben und gewissermaßen als Finanzier auftreten, erhalten Sie natürlich eine Gegenleistung.

Die öffentliche Hand revanchiert sich mit einer festgelegten Zinszahlung. Außerdem garantiert sie den Rückkauf des Papiers zu einem fest vereinbarten Betrag und Zeitpunkt. In der freien Wirtschaft sieht das schon etwas anders aus. Die Aktiengesellschaft vergütet Ihre Bereitschaft, Geld auszuborgen, mit einer regelmäßigen Dividende – wenn alles gut geht. Die hängt nämlich voll und ganz vom Erfolg des Unternehmens ab. Bleiben einmal die Gewinne aus, wird auch aus der Dividende nichts. Daneben winken zusätzlich attraktive Kursgewinne. Voraussetzung dafür ist, daß die Börse in guter Stimmung ist. Also:

Der Erfolg Ihrer Anlage hängt in erster Linie von der Seriosität und dem Erfolg desjenigen ab, dem Sie Ihr Geld zur Verfügung stellen. Sie müssen sich fragen, mit welcher Sicherheit Sie die ausgegebenen Mittel wieder zurück bekommen. Oder anders ausgedrückt: Wie hoch ist das Risiko, daß der Einsatz verloren geht?

Nachdem wir uns nun gründlich selbst auf den Zahn gefühlt haben, könnte es ja losgehen. Wir sind uns über die eigenen Vermögensverhältnisse inzwischen im klaren und machen uns auch über unsere Risikobereitschaft nichts vor. Der Anlage der eigenen Schätze in Wertpapieren und dem damit verbundenen Weg zur Bank steht nichts mehr im Wege. Doch immer wieder gibt es etwas Neues zu bedenken. Ein versierter Vermögensberater der Bank wird Sie ohnehin darauf ansprechen. Doch auch hier kann man sich schon vorher eigene Gedanken machen. Man sollte nämlich den Vermögensfahrplan nicht auf ein einziges Gleis ausrichten. Besser ist es, die Werte in verschiedene Anlageformen zu stecken, den Besitz also zu streuen. Ihr Ziel sollte es sein, das Risiko ein wenig zu verteilen. Geht eine Sache daneben, ist nicht gleich alles verloren, sondern nur ein Teil. Traditionell gibt es verschiedene Überlegungen, wie man sein Vermögen sinnvollerweise verteilt. Eine alte Anlageweisheit empfiehlt folgende Verteilung Ihres Vermögens:

- Etwa ein Drittel der Werte sollte kurzfristig verfügbar bleiben. Damit ist man auch bei unvorhergesehenen Ereignissen flüssig und muß nicht langfristig verplante Anlagen anknabbern. Das einfache Sparbuch oder auch kurzfristige Festgeldeinlagen wären hier zu empfehlen. Die Zinsen liegen zwar in beiden Fällen vergleichsweise niedrig, doch das Anlagerisiko ist gleich Null und man kann unkompliziert und schnell auf diese Mittel zurückgreifen.
- Das nächste Paket kann man schon etwas längerfristig binden – Sie sollten jedoch nach wie vor nicht zu viel ris-

kieren. Das zweite Drittel Ihres Geldes wäre gut in festverzinslichen Wertpapieren aufgehoben, die auch unter den Bezeichnungen Gläubigerpapiere, Schuldverschreibungen oder Obligationen bekannt sind. Dazu gehören Bundesschatzbriefe oder Pfandbriefe, um nur zwei Beispiele zu nennen. Hier gibt es schon spürbar höhere Zinsen als auf dem Sparbuch.

Ein weiterer Vorteil liegt in dem von vornherein feststehenden Rückkaufwert der Papiere nach Ablauf der Anlagezeit und in den sicheren Zinsen. Da die Institutionen, die hierzulande festverzinsliche Wertpapiere auflegen dürfen, strenge Sicherheitsnormen erfüllen müssen, gilt auch diese Form als sicher. Zu den ersten Adressen zählen die festverzinslichen Wertpapiere der öffentlichen Hand. Sie bringen deshalb auch die niedrigsten Zinsen.

- Mit dem letzten Drittel Ihrer Geldanlage gehen Sie schließlich auf den Aktienmarkt. Hier ist erfahrungsgemäß eine schnellere Mark zu machen. Gleichzeitig darf man aber auch das erhöhte Risiko nicht unterschätzen, daß in der Natur der Sache – der Aktie nämlich – liegt. So schnell auf der einen Seite die Kurse nach oben klettern können und den eingesetzten Betrag damit vermehren, genauso rasant kann es auf der anderen Seite wieder nach unten gehen. Doch auch beim Kauf von Aktien gibt es die Wahl zwischen einer vergleichsweise sicheren Route oder dem schnelleren, dafür aber waghalsigeren Pfad auf den Gipfel.

Für den Einsatz der Mittel hat mir einmal ein erfahrener Aktienspekulant seine Grundregeln ans Herz gelegt. Sie leuchten ein. Daher möchte ich sie Ihnen nicht vorenthalten.

- In einem ersten Schritt sollte man lediglich fünfundzwanzig Prozent vom Kapital, das man auf dem Kapitalmarkt anlegen möchte, freigeben. Man behält den überwiegenden Teil des Geldes zunächst noch und wartet erst einmal ab.

- Stellt es sich heraus, daß man die richtige Wahl getroffen hat – beispielsweise bei bestimmten Aktien – und sich die Kurse zur eigenen Zufriedenheit entwickeln, gibt man die nächsten fünfzig Prozent frei und kauft in genau diesen Werten nach. Das restliche Viertel wird noch zurückbehalten.

- Erst wenn auch dieses Engagement von Erfolg gekrönt ist, kann man ruhigen Gewissens den Rest seines Geldes investieren. Das Pulver ist mit dieser Taktik nicht sofort verschossen. Man bleibt von Anfang an beweglich und kann auch nach dem ersten Schritt seine Entscheidungen korrigieren.

Diese Anlagestrategie ist nur eine Möglichkeit von vielen, dabei aber besonders einfach. Wie raffiniert und ausgeklügelt Sie letztlich vorgehen, bleibt Ihnen, Ihren persönlichen Verhältnissen und schließlich auch den gut gemeinten Ratschlägen Ihrer Bank überlassen. Die Möglichkeiten der Kapitalanlage auf dem Sparbuch und in festverzinslichen Wertpapieren dürften weniger problematisch sein. Wir wollen uns im folgenden daher vorwiegend mit dem Aktienmarkt und seinen Möglichkeiten beschäftigen. Hier hat ja der bundesdeutsche Anleger mit dem Vorurteil zu kämpfen, daß er traditionell den Aktien nicht so recht traue. Er sei ein wenig risikoscheu, heißt es.

Tatsache ist, daß der Bundesbürger in letzter Zeit sehr viel renditebewußter geworden ist – also auf die Verzinsung, beziehungsweise den Ertrag seiner Anlage schaut. Die Folge: Er legt sein Geld vielschichtiger an – sehr zu ungunsten des traditionell hoch im Kurs stehenden Sparbuchs. Den Banken wird das gar nicht so recht sein. Ihnen steht nämlich mit den Spareinlagen eine günstige Refinanzierung für das gewinnbringende Kreditgeschäft zur Verfügung. Könnte darin vielleicht ein Grund liegen, daß sie das einfache Sparen mancherorts immer noch über Gebühr anpreisen? Für die Wirtschaft, die Industrie kann das keimende Interesse an der Aktie nur von Vorteil sein. Denn die Unternehmen sind auf das Kapital der breiten Masse angewiesen. Von guten Ideen allein kommen sie nicht voran. Man braucht Geld, um diese Ideen auch verwirklichen, sprich finanzieren, zu können. Und das beschaffen sich die Unternehmen teilweise vom Aktienmarkt, weil es dort in den meisten Fällen am günstigsten zu bekommen ist.

3. Zusammenstellung des Depots

Unter den Gesichtspunkten Ertrag, Sicherheit und Verfügbarkeit des Vermögens haben wir uns bisher ein grobes Muster für unsere persönliche Anlage zurechtgelegt. Mit diesen Vorstellungen gewappnet, sollte man sich jetzt „auf die Socken machen" und zusammen mit den Experten seiner Bank das weitere Vorgehen austüfteln. Auch hier wird man Sie sicherlich noch einmal nach Ihrer persönlichen Ausgangsposition fragen. So sollte es zumindest sein. Lassen Sie sich auf keine Hau-Ruck-Bedienung ein! Wertpapierkauf braucht seine Zeit.

Vielleicht noch ein Gedanke zur Bank: Nicht jeder Kundenberater verfügt über ein ausreichend qualifiziertes Wissen über den Kapitalmarkt. Viele kleinere Zweigstellen sind gar nicht darauf eingerichtet, aktuelle Börseninformationen anzubieten. Wenn Sie also das Gefühl haben, Ihr Gesprächspartner hinter dem Schalter rede ein bißchen um den heißen Brei herum, dann bedanken Sie sich für die freundliche Auskunft und suchen die örtliche oder regionale Hauptstelle des Instituts auf. Dort wird man Ihnen bestimmt weiterhelfen können. Es lohnt sich, hier ein bißchen Marktforschung zu betreiben, denn die richtigen Informationen vor der Kaufentscheidung sind pures Geld wert. Und es ist Ihr Geld, um das es geht!

Apropos Informationen: Die meisten Banken beschäftigen einen ganzen Stab von Experten, der sich über die aktuellen Möglichkeiten und Gewinnchancen an den Börsen Gedanken macht. Diese Damen und Herren aus den volkswirtschaftlichen Abteilungen erstellen schriftliche Unterlagen, die teilweise sogar regelmäßig erscheinen und zu speziellen Vorkommnissen auf den Kapitalmärkten Stellung nehmen. Ein Teil davon, meistens der interessantere, ist leider nur für den internen Gebrauch bestimmt. Man will eben gern ein bißchen mehr wissen – auch Banken legen erhebliche Teile Ihrer Mittel in Wertpapieren an. Die etwas allgemeiner gehaltenen Unterlagen werden aber auch an Kunden weitergegeben. Nutzen Sie diesen Service und sprechen Sie Ihre Bank darauf an. Sicherlich wird man Ihnen das Material gerne zur Verfügung stellen.

Nach dem Vorgespräch wird es nun um das eigentliche Depot gehen. Hierbei kommt es darauf an, wieviel Geld Sie anlegen wollen. Bei kleineren Beträgen rät man Ihnen eventuell von der Aktienanlage ab und empfiehlt statt dessen den Kauf von festverzinslichen Wertpapieren oder „Investment-Zertifikaten“.

4. Investment-Zertifikat

Stichwort Investmentzertifikat: Darüber haben wir bis jetzt noch gar nicht gesprochen. Das sollte jetzt schnell nachgeholt werden. In gewissem Sinne handelt es sich hier auch um Wertpapiere – egal, ob das nun Anleihen oder Anteilsscheine von Aktiengesellschaften sind. Der Witz des Investmentzertifikats liegt in der Risikostreuung, die es bietet. Mit dem Kauf eines solchen Zertifikats beteiligt man sich nämlich an einem großen Topf verschiedener Wertpapiere – Fond genannt. Der Inhaber des Zertifikats beteiligt sich damit nicht, wie bei der Aktie, an einem bestimmten Unternehmen, sondern am Kapitalvermögen des Fonds, das sich ja aus verschiedenen, bunt gemischten Werten zusammensetzt.

Nicht alle Investmentgesellschaften machen das gleiche. In der Regel bieten sie ihrer Kundschaft ein spezialisiertes Anlagespektrum an. Der eine Fond legt beispielsweise ausschließlich in Renten an. Seine Erträge errechnen sich überwiegend aus Zinseinnahmen. Andere Fonds beschäftigen sich schwerpunktmäßig mit Aktien und schöpfen ihre Gewinne aus Kursbewegungen, Dividendenzahlungen und Bezugsrechten. Häufig sind auch sie wieder in Spezialgruppen unterteilt. Beispielsweise gibt es ausgesprochene Technologiefonds, die sich auf die Aktien besonders innovativer Unternehmen spezialisiert haben. Andere Aktienfonds wiederum konzentrieren sich auf bestimmte Länder. Um das Angebot abzurunden, gibt es schließlich gemischte Fonds, die in festverzinsliche Wertpapiere und Aktien zugleich investieren. Der Phantasie sind hier keine Grenzen gesetzt.

Ein Hilfsmittel, sich unter dem vielfältigen Angebot das Richtige auszusuchen: Sie lassen sich die Erträge der Fonds der letzten Jahre nennen. Auf dieser Basis gibt es regelrechte Hitlisten mit den Renditespitzenreitern. Eine Garantie für die zukünftige Entwicklung der Fonds kann dieses Verfahren jedoch auch nicht bieten.

Die Dienstleistung der Investmentgesellschaft für den Anleger besteht im Management dieses Topfes. Im günstigsten Fall steht er immer unter Dampf. Zu deutsch: Fond-Manager machen nichts anderes, als laufend Wertpapiere für den entsprechenden Fond zu kaufen und wieder abzustoßen. Sie schichten um. Optimalerweise bietet der Fond dafür ein professionelles Management, das sich auf dem Markt bestens auskennt und für seine Kunden hohe

Renditen erwirtschaftet. Dabei muß es einschlägige Regeln beachten:

- Investment-Manager dürfen nur solche Papiere für den Fond erwerben, die an mindestens einer bundesdeutschen Börse zugelassen sind. Damit ist ein Mindestmaß an Sicherheit gewährleistet, denn die Börsen prüfen die Werte, bevor sie für den Handel zugelassen werden.
- Die Streuung im Fond, das heißt die Mischung aus verschiedenen Papieren, ist durch Vorschriften geregelt: Die Papiere eines einzelnen Emittenten, etwa einer Aktiengesellschaft, dürfen fünf Prozent des Fondvermögens nicht übersteigen. Dadurch verteilt sich das Anlagerisiko.
- Schließlich sind die Investmentgesellschaften ihren Anteilsnehmern Rechenschaft schuldig. Das betrifft insbesondere die Anlagepolitik und die Auswahl der Wertpapiere, in die man das Fondvermögen investiert.

Auch die Kurse von Zertifikaten schwanken. Schließlich hängen sie von der augenblicklichen Börsengroßwetterlage ab. Je nachdem, ob die Aktienkurse klettern oder fallen, nimmt auch der Wert der Investmentfonds zu oder ab. Täglich nach Börsenschluß werden daher die aktuellen Preise für Investmentzertifikate errechnet. Daraus ergibt sich dann ein Tageswert. Zu diesem Preis können Sie Ihren Fond-Anteil aber noch nicht kaufen. Denn das Management, das sich um die Geschäfte kümmert, will ja auch von etwas leben. Also wird auf diesen Tagespreis noch ein Kostenzuschlag berechnet, in dem alle in der Verwaltung anfallenden Aufwendungen enthalten sind. Aus Tageskurs plus Kostenzuschlag errechnet sich schließlich der Ausgabepreis für Investmentzertifikate. Doch Vorsicht! Zu diesem Wert können Sie Ihr Zertifikat auch bei gleichbleibenden Kursen nicht wieder an den Mann bringen. Die Investmentgesellschaft kauft Ihnen das Papier zwar wieder ab, der Rücknahmepreis liegt allerdings wesentlich niedriger als der Kaufpreis.

5. Immobilienfonds

Neben den gerade vorgestellten Wertpapierfonds gibt es noch die sogenannten Immobilienfonds. Der Name sagt schon, worum es sich hier handelt: Anstatt in Wertpapieren investiert die Investmentgesellschaft in Immobilien. Sie kauft oder baut selbst Wohnblöcke, Fabrikanlagen, Ladenzentren oder Ferienparks – um nur ein paar gängige Beispiele zu nennen. Von den Mieteinnahmen und der Wertsteigerung der Objekte profitiert der Käufer der Fondzertifikate.

Doch gerade im Immobilien-Bereich muß man seine Augen offen halten: Die Qualität der Immobilien ist erfahrungsgemäß sehr unterschiedlich. Da kommt es neben der Bausubstanz auch auf die geeignete Lage an. Denn das Objekt soll ja möglichst langfristig vermietet werden. Und was nutzt ein elegantes Geschäftszentrum, wenn sich nur selten ein Kunde dorthin verirrt. Wer sich also für einen Immobilienfond entscheidet, muß sich vorher unbedingt darüber informieren, wofür der Fond sein Geld ausgibt. Verlangen Sie präzise Auskünfte. Sollten Sie den geringsten Zweifel haben, lassen Sie die Finger davon! Hat man jedoch eine seriöse Gesellschaft gefunden – und die sind die Regel –, kann man sicher sein, seine Barschaft in eine verläßliche Anlage gesteckt zu haben, die ein, wenn auch nicht atemberaubendes, so doch verläßliches Wertsteigerungspotential besitzt.

Als vorteilhaft erweisen sich Fondzertifikate auch aus dem Grund, weil der Stückpreis gewöhnlich unter dem Preis einer Aktie liegt. Will man nur geringe Summen anlegen, bietet sich hier eine Alternative zum langweiligen Sparbuch und zur teureren Aktie.

Mit Investmentanteilen können Sie praktisch nichts falsch machen. Besonders phantasievoll ist diese Anlagemöglichkeit allerdings auch nicht. Am Ende bleibt es Ihnen und Ihrem persönlichen Geschmack überlassen, was Sie tun.

6. Der Aktienmarkt

Wir wollen jetzt einmal davon ausgehen, daß Sie über eine größere Summe verfügen und auf dem Aktienmarkt tätig werden möchten. Sitzen Sie mit dieser Absicht jetzt einem Bankberater gegenüber, wird er zunächst behutsam weiterbohren, um herauszufinden, für welche Art von Papier Sie sich interessieren könnten und welcher Typ von Mensch Sie sind. Denn auch er kann im Sinne einer langfristigen Zusammenarbeit kein Interesse daran haben, Ihnen etwas zu verkaufen, was Sie im Grunde nicht für gut erachten. Der neue Anzug muß passen, damit Sie Freude dran haben.

Auch bei Aktien gibt es ausgesprochene Risikopapiere und solche, die man nahezu mit blindem Vertrauen kaufen kann. Wie bei allen anderen Anlagearten auch, dient das Risiko als Gradmesser für den Erfolg – für Ihren Gewinn, den Sie schlußendlich erzielen wollen. Nehmen wir als Beispiel einmal die Aktie einer Ölgesellschaft, die gerade im Pazifischen Ozean nach Erdöl bohrt. Im Moment schreibt sie rote Zahlen, denn das letzte Geschäftsjahr lief schlecht und das Bohrprojekt kostet eine Menge Geld. Im Moment weiß auch noch niemand, ob das Unternehmen fündig werden wird. Der zukünftige Geschäftserfolg scheint mehr als fraglich zu sein. Wer vor diesem Hintergrund Aktien der Gesellschaft kauft, geht ein (hoffentlich bewußtes) Risiko ein. Die Rechnung geht erst dann auf, wenn die neue Ölquelle sprudelt. Der Käufer wird mit saftigen Kursgewinnen belohnt werden. Von Anfang an war seine Anlage pure Spekulation. Im schlimmsten Fall hätte er bei ausbleibendem Erfolg des Bohrtrupps seine investierten Gelder in den Kamin schreiben müssen.

Um ein ganz krasses Beispiel zu nennen: Wer sich an einer Aktiengesellschaft beteiligt, die gerade erst einen Vergleich angemeldet hat, spekuliert offensichtlich darauf, daß die Geschäftsführung dieses Unternehmens, etwa mit neuen Gesichtern, das Kind wieder aus dem Brunnen holt, den Vergleich abwenden wird und nach entsprechenden Maßnahmen die Firma wieder in die Gewinnzone führt. Geht diese Rechnung tatsächlich auf, belohnt der Aktienkurs dieses Risikopapiers den Mut des Anlegers: Nachdem er während des Vergleichsverfahrens in den Keller rutschte, wird er im Erfolgsfall für anständige Gewinne sorgen. Doch das ist ein riskantes Spiel. Wie der anfängliche Wertverfall zeigt, gibt der größte Teil des Publikums eben keinen Pfifferling auf dieses Wertpapier. Man hat es im Hinblick auf die unsichere Lage längst abgestoßen. Darüber hinaus kann sich der echte Substanzwert einer solchen Aktie im Ernstfall gegen Null bewegen, also weit unter den Nennwert absacken. Nur Spekulanten, die den totalen Verlust ihrer eingesetzten Mittel nicht scheuen, bleiben in einer solchen Situation bei der Stange. Man darf nicht vergessen, daß ein Vergleich auch im Konkurs und damit in der Liquidation der Firma enden kann.

Der bundesrepublikanische Kurszettel ist reichhaltig genug, um auch andere Anlagemöglichkeiten zu finden. Der besseren Übersicht wegen unterteilt das Börsenvolk ihn nach den verschiedenen Branchen:

- Banken
- Versicherungen
- Automobilindustrie

- Elektrotechnische Industrie
- Chemische Industrie
- Eisen- und Stahlindustrie
- Maschinenbau
- Versorgungsindustrie
- Bauindustrie
- Warenhäuser
- Brauereien
- Textil
- Verkehr

Als unbedenklich gelten allgemein die Aktien der großen inländischen Aktiengesellschaften. Da wären etwa die führenden Frankfurter Banken, die mächtigen Unternehmen der chemischen Industrie, im Börsenjargon auch Farben genannt, oder die bedeutenden Maschinenbaukonzerne. Man kann sie dem Anleger ruhigen Gewissens ans Herz legen.

Weiter geht es mit den Stahlriesen und den in der letzten Zeit besonders stark wachsenden Versorgungsunternehmen. Das sind die ehemals auf die Stromversorgung spezialisierten führenden Elektrizitätswerke – wenn man diesen altmodischen Ausdruck überhaupt noch benutzen darf. Diese Energieversorgungsunternehmen, wie es jetzt heißt, haben sich zu riesigen Gemischtwarenkonzernen gemausert, die heute in den verschiedensten Industriezweigen tätig sind.

Als letztes wären die Elektroindustrie zu nennen, die Konsum- oder Kaufhauswerte und schließlich die Aktien des Automobilbaus.

In diesen Bereichen finden Sie nahezu alle deutschen Standardtitel. In der Börsenberichterstattung, egal, ob im Rundfunk oder in der Tageszeitung, kommt dieser Ausdruck immer wieder vor. Manchmal ist in diesem Zusammenhang auch von den Blue Chips die Rede. In beiden Fällen meinen die Fachleute das gleiche: Die Aktien der besonders populären, man kann auch sagen marktbreiten, Gesellschaften. Sie sind in der Regel an allen oder doch an der Mehrzahl der acht deutschen Börsen zugelassen. Außerdem gibt es aufgrund ihrer Größe und ihres Kapitalvolumens viele Aktien, die auch beim breiten Publikum untergebracht sind.

Diese Standardwerte oder Blue Chips zeichnen sich durch eine vergleichsweise hohe Sicherheit für den Anleger aus. Ihre Kursbewegungen schlagen meist keine großen Wellen im Börsenfahrwasser. Sie geben zwar durch ihre Masse häufig den Ton an, an den Kurstafeln steigen ihre Notierungen jedoch vergleichsweise bedächtig. Das gleiche gilt natürlich auch für den umgekehrten Weg nach unten. Das liegt einfach am umfangreichen Handel, der mit diesen Aktien stattfindet. Dadurch wetzen sich kurze Spitzen schnell wieder ab.

Allerdings darf man auch bei den Standardwerten keine wundersame Vermehrung des eingesetzten Kapitals erwarten. Wer sich in Standardwerten engagiert, geht auf Nummer sicher und pfeift auf ein paar Mark mehr oder weniger. Dafür hat er sein Geld in einem sicheren Hafen untergebracht und kann sich auf seine Anlage auch langfristig verlassen. Er kassiert regelmäßig die Dividende, die erst einmal für eine bescheidene laufende Rendite sorgt und freut sich darüber hinaus über steigende Kurse. Dafür braucht er in seinen Ferien nicht jeder deutschen Tageszeitung nachzujagen, um den letzten Kursstand zu erfahren. Auch hier stimmt wieder das Verhältnis von Gewinn und Risiko.

Gewissermaßen als die kleinen Schwestern der Standardtitel gelten die Spezial- und Nebenwerte. Letztere kann man auch als Lokalwerte bezeichnen. Bei diesen Papieren, oft liebevoll „Spezialitäten" genannt, handelt es sich um die Anteilsscheine von Aktiengesellschaften, die eine schon wesentlich bescheidenere Bedeutung auf dem Markt haben. Ihr Kapitalvolumen ist geringer, und auch beim Aktienumsatz bewegen sich kleinere Mengen. Ihren Namen wird man auch nicht unbedingt an jeder deutschen Börse finden. Solche Spezialwerte gibt es in jeder der oben genannten Branchen.

Interessant ist die Tagesverfassung der Standard- und Spezialwerte. Es gibt Perioden, in denen sich die „Brummer“ auf dem Aktienmarkt nicht von der Stelle rühren. Dafür vollführen die leichten Werte wahre Kurssprünge. Das bedeutet, daß die Masse der Anleger die Standardtitel links liegen läßt und statt dessen den kleineren Papieren den Vorzug gibt. Besonders häufig tritt diese Konstellation ein, wenn unter den Börsenprofis keine eindeutige Stimmung vorherrscht. Man sagt auch: Die Richtung fehlt. Dann will man sich bei den Blue Chips nicht die Finger verbrennen. Statt dessen macht sich ein Großteil der Anleger über die kleineren Unternehmen her, denn hier sorgen oft auch nur minimale Aktienumsätze, (sprich niedrigere Kapitaleinsätze) für interessante Kursbewegungen. Für den Otto Normalverbraucher wird es da mitunter schon schwierig, die Nase im richtigen Wind zu haben, denn solche Sonderentwicklungen können sich unter Umständen auf nur wenige Tage beschränken. Dann heißt es im Börsensaal wieder kehrt marsch, und der Traum vom großen Gewinn ist vorbei. Sich an Trends anzuhängen, hat also seine Tücken. Man muß einen guten Riecher haben und auch schon einige Erfahrung besitzen, um immer gut dabei zu sein. Meistens kommt man zu spät, und der ganze Spuk ist schon wieder vorbei.

Ganz ähnlich sieht es bei den Neben- oder Lokalwerten aus. Nur, hier ist der Markt noch enger. Es handelt sich um Aktien, die unter Umständen nur an einer einzigen deutschen Börse zu haben sind. Was auf diesem Feld in Hamburg passiert, davon weiß Ihr Bankberater in München womöglich gar nichts. Das Umgekehrte gilt natürlich auch. Eigene Informationen sind in diesem Fall Geld wert.

Will man sich in diesem häufig sehr engen Marktsegment bewegen, sollte man sich vorher gut mit den Örtlichkeiten vertraut machen. Blind drauflos zu kaufen, nur weil man von einem Bekannten oder von jemandem, der es eigentlich wissen müßte, den berühmt-berüchtigten Tip bekommen hat, ist in den seltensten Fällen zu empfehlen. Es ist immer ratsam, die Firma, in die man schließlich sein Geld stecken will, etwas genauer unter die Lupe zu nehmen. Um die Informationen müssen Sie sich allein kümmern – es sei denn, Sie haben Glück und finden einen kundigen Fachmann hinter dem Banktresen, der auch bei wenig gängigen Papieren Bescheid weiß. Darauf können Sie sich jedoch nicht verlassen.

Ein Tip: Telefonieren Sie das Unternehmen einfach an, und lassen Sie sich den letzten Jahresbericht schicken. Damit können Sie zumindest erste Informationen über Umsatz und Ertrag erhalten. Außerdem gibt es eine ganze Reihe von Überlegungen, die man vor dem Kaufentscheid anstellen kann. Das gilt übrigens für den gesamten Aktienmarkt:

- In welcher Branche ist das Unternehmen tätig? Erscheint der Markt zukunftsträchtig oder verliert er vergleichsweise an Bedeutung? Interessant sind dabei immer neue Bereiche, die im Moment noch keine besondere Bedeutung haben, sich aber in Zukunft lebhaft entwickeln werden. Seit einiger Zeit sind alle Sparten der Umwelttechnik besonders gefragt. Einem solchen Trend werden sich auch die meisten Firmen nicht entziehen können.
- Eng damit verknüpft ist die Konkurrenzlage. Wie präsentiert sich die Firma im Vergleich zu ihren Wettbewerbspartnern? Herrscht ein ruinöser Wettbewerb vor, der sich voll auf die Gewinne auswirkt, oder geht es noch einigermaßen gesittet zu?
- Welche Produkte bietet das Unternehmen an? Bemüht sich das Management um pfiffige Ideen und steigert es

damit die Konkurrenzfähigkeit, kann man getrost in die Zukunft blicken. Paßt die Produktpalette überhaupt in die augenblickliche Konjunkturlage? Sieht die allgemeine Lage eher betrüblich aus, kann man mit ausgesprochenen Luxusartikeln beispielsweise kein Geschäft machen.

- Wie innovativ ist man in der Geschäftsleitung? Firmen, die viel Geld für Forschung und Entwicklung ausgeben, sorgen vor. Auch wenn heute der Ertrag im Vergleich zu den Mitbewerbern vielleicht etwas niedriger ausfällt, muß das noch lange kein schlechtes Bild auf das Management und die Gesamtverfassung des Betriebes werfen. Hier denkt man langfristig und fängt rechtzeitig an, neue Produkte zu entwickeln. In dieser Firma kommt man mit Geduld und unternehmerischer Weitsicht zum Ziel.
- Gerade bei kleinen Unternehmen, an denen mehrheitlich noch die Gründerfamilie beteiligt ist, lohnt ein Blick – wenn er denn möglich ist – auf das Management. Wenig Sinn hat es, sich bei einer Gesellschaft zu engagieren, deren Führung von familiärem Kleinkrieg belastet ist. Im Vorstand müssen klare Verhältnisse herrschen. Egal, wem das Ganze gehört. Nur so lassen sich unternehmerische Interessen und damit auch die des Aktionärs bewahren. Dieser Einblick ist sicher nicht leicht zu gewinnen. Doch wenn man in diesem Zusammenhang etwas in Erfahrung bringen kann, sollte man sich das zusätzliche Wissen zunutze machen.
- Für den Aktionär kommt es natürlich auch auf die Dividendenpolitik des Unternehmens an. Bietet das Management normalerweise eine anständige Dividende, oder speist man die Anteilseigner mit einem Trostpreis ab? Auf die Beteiligung an einer solchen Aktiengesellschaft können Sie getrost verzichten.
- Werfen Sie einen Blick auf die Verschuldungslage der Gesellschaft. Gerade in Hochzinsphasen wirkt sich eine

übermäßige Verschuldung unangenehm auf die Ertragslage aus. Das Unternehmen könnte dadurch etwas kurzatmig werden.

- Beziehen Sie das aktuelle politische Umfeld in Ihre Anlagestrategie mit ein. Es hat beispielsweise keinen Sinn, in Rüstungsaktien zu gehen, wenn alle Welt von Abrüstung spricht. Da ist dann für die Zukunft – gottlob – nicht viel zu erwarten.

7. Auftragserteilung

Jetzt sind Sie bereits recht gut für den „Gang“ an die Börse gewappnet. Zusammen mit Ihrem Bankberater haben Sie die richtigen Wertpapiere gefunden und unterschreiben den Kaufauftrag, auf dem Aktienmarkt immer „Order“ genannt. Wenn man Sie bei Ihrer Bank kennt, werden Sie im weiteren Verlauf die Orders telefonisch durchgeben. Das Telefon ist auch unter den Profis eines der wichtigsten Arbeitsmittel in diesem Geschäft. Es erspart Ihnen lange Wege und vor allem Zeit, und auf die kann es ja unter Umständen ankommen! Aber nicht vergessen: Sie sollten Ihre Aktienengagements nicht zu kurzfristig planen.

Aktienauftrag mit Limit

Mit der Auswahl der richtigen Aktien und Ihrer Unterschrift ist es noch nicht ganz getan. Es wäre ja gelacht, wenn es hier nicht noch ein paar Raffinessen gäbe. Was man sich da für Sie ausgedacht hat, sind jedoch echte Vorteile, die das Risiko beim Aktienkauf und -verkauf mindern.

Wenn Sie wollen, können Sie für das Geschäft ein bestimmtes „Limit“ festsetzen. Das heißt, Sie geben Ihrer Bank den Preis an, zu dem Sie bereit sind, das Papier zu kaufen, beziehungsweise zu verkaufen. Für eine bestimmte Frist, die meistens bis zum Monatsende läuft, überprüft der Bankhändler jeden Tag die Kursentwicklung und wird dann Ihren Auftrag zu dem Zeitpunkt ausführen, an dem der gewünschte Kurs erreicht ist. Das erledigen heute Computer, die den Kaufwunsch automatisch mit der aktuellen Kurslage abgleichen und im richtigen Moment zugreifen. Das heißt, ein Computer gibt das Kauf- oder Verkaufssignal.

Die Angabe eines Limits empfiehlt sich grundsätzlich beim Kauf oder Verkauf von Aktien kleinerer Unternehmen – den sogenannten Spezialpapieren. Hier können die Tagesschwankungen größer ausfallen als bei den Standardtiteln. Es lohnt sich daher unter Umständen, ein paar Tage auf die Ausführung des Auftrags zu warten.

Wie funktioniert das Ganze?

Ein Beispiel: Die Volkswagen-Aktie kostet im Moment 460 Mark. Sie sind aufgrund des aktuellen Kursverlaufs an der Börse der Meinung, dieses Papier werde in den nächsten Tagen weiter an Wert verlieren und ein möglicher neuer Wert von 450 Mark wäre für Sie ein akzeptabler Preis zum Einsteigen. Diesen Wunsch geben Sie beim Erteilen des Auftrags an. Ihre Bank wird das Geschäft erst dann ausführen, wenn der Kurs tatsächlich auf 450 Mark abgerutscht ist. Damit vermeiden Sie an Tagen mit noch hohen Notierungen, zuviel Geld auszugeben. Denkbar ist auch die Konstellation, daß Sie unsicher sind, in welche Richtung sich die Börse in den nächsten Tagen entwickeln wird, und Sie wollen ein Papier, das interessant erscheint, nur zu einem maximalen Preis von x-Mark kaufen. Um bei VW zu bleiben: Bei allen Kursen von über 455 Mark sind Sie nicht mehr an einem Kauf interessiert. Ab dieser Preislage ist die Aktie aus Ihrer Sicht einfach zu teuer. Als überlegter Aktionär geben Sie bei der Auftragserteilung also ein Limit von 455 Mark an. Die Bank wird das Geschäft nur ausführen, wenn der Kurs tatsächlich bei 455 Mark liegt – und selbstverständlich bei allen Werten, die darunter liegen.

Mit der Angabe eines Limits versucht man, tageweise Schwankungen an der Kurstafel, die den Aktionär teuer zu stehen kommen, auszugleichen. Entwickelt sich der Kurs innerhalb der Limitfrist auf das gewünschte Niveau, wird die beauftragte Bank für ihren Kunden automatisch aktiv und kauft die entsprechenden Papiere – in unserem Fall VW-Aktien. Werden die entsprechenden Limits nicht erreicht, fällt das Geschäft ganz unter den Tisch. Dann haben Sie zwar keine Aktien, Sie haben dafür aber auch unangenehme Verluste vermieden.

Was beim Kauf einer Aktie funktioniert, klappt auch beim Verkauf. Um das zu verdeutlichen, bemühen wir noch einmal die VW-Aktie: Sie sind bei einem Kursstand des VW-Papiers von 452 Mark zu dem Schluß gekommen, daß es sich nun nicht länger lohnt, diesen Wert im Depot zu halten. Vielleicht haben Sie in der Vergangenheit damit schon einen schönen Kursgewinn gemacht, den Sie jetzt versilbern möchten. Sie entschließen sich also zum Verkauf. An der Börse ist die Luft im Moment aber etwas dünn und der allgemeine Trend zeigt nach unten, so daß man beim blinden Abstoßen der Aktien Gefahr läuft, einen schlechen Verkaufskurs zu bekommen. Wenn man seine Bank beauftragt, zu verkaufen, weiß man ja leider nie, wie die Tageskurse ausfallen werden. Um sich vor unangenehmen Überraschungen zu schützen, gibt man auch hier ein Limit an: Sagen wir von 450 Mark. Für die ausführende Bank heißt das, Ihre Papiere nur dann dranzugeben, wenn der Kurs mindestens bei 450 Mark liegt. Fallen die Notierungen weiter in den Keller, bleibt die Sache unerledigt. Dann sitzen Sie zwar noch auf Ihren Aktien, haben aber unerwünschte Verluste vermieden. Der Haken bei der Sache: Sie müssen sich jetzt so lange gedulden, bis die Kurse wieder ein angemessenes Niveau erreicht haben.

Darin steckt übrigens eine goldene Regel für alle Betätigungen auf den Kapitalmärkten: Was immer man tut, man sollte es mit Geduld angehen. Es hat keinen Sinn, auf eine schnelle Mark zu schielen; das ist ungeheuer schwer. Es bedeutet aber auch, und darauf habe ich in diesem Zusammenhang schon einmal hingewiesen, daß Sie das Geld, mit dem Sie an die Börse gehen, wirklich übrig haben. Nur dann ist man vor der unangenehmen Situation gewahrt, verkaufen zu müssen. In Zwangslagen und unter Druck klappen Geschäfte bekanntlich nicht. Ähnlich sieht es ja auch beim Verkauf beispielsweise eines Gebrauchtwagens aus. Wenn Sie aus welchen Gründen auch immer verkaufen müssen, wird der Käufer versuchen, Ihre Situation auszunutzen und den Preis zu drücken.

Zurück zur Börse: Gerade beim jüngsten Crash, am 16. Oktober 1989, hat sich die Angabe von Verkaufslimits mehr als bezahlt gemacht. All diejenigen, die einen kühlen Kopf behielten und nicht bereit waren, sich von ihren Wertpapieren um jeden Preis zu trennen, haben exzellente Schadensbegrenzung betrieben. Ihre Banken führten die Verkaufsaufträge nicht aus, weil die Kurse weit unter die Limits ins Bodenlose sausten. Vor allem in unsicheren Zeiten lohnt es sich, sorgfältig zu überlegen, wo man die Grenzen zieht.

Interessenwahrende Order

Seltener werden Sie von der folgenden Möglichkeit, Ihre Order zu plazieren, Gebrauch machen – der sogenannten „interessenwahrenden Ausführung“. Bei diesem Vorgang würde der Auftraggeber über beträchtliche Mittel für seinen Aktienkauf verfügen – sagen wir ein paar hunderttausend Mark und natürlich darüber. Das brächte den Kurs eines Papieres ganz schön durcheinander. Mit der „interessenwahrenden Order“ will man diesen Effekt verhindern. Die ausführende Bank wird den Auftrag nicht an einem einzigen Tag und auch nicht an einer einzigen Börse erledigen, vielmehr wird der Auftrag über einen größeren Zeitraum verteilt. Das kann sich je nach Umfang über mehrere Wochen hinziehen und unter Umständen auch über ausländische Börsen stattfinden. In der Regel sind es Großanleger, die sogenannten Institutionellen, die interessenwahrend kaufen. Denkbar wäre der Aufbau einer größeren Beteiligung oder einer umfangreichen Aktienschachtel. Für Sie dürfte diese Erklärung nur der Vollständigkeit halber von Interesse sein.

Billigst/Bestens

Will man ohne Limit kaufen beziehungsweise verkaufen, bekommt man seine Papiere zu den Tageskursen. In diesem Fall erteilt der Kunde seiner Bank den Auftrag, „billigst“ zu kaufen oder entsprechend „bestens“ zu verkaufen. Das Geschäft klappt bestimmt. Ist man sich seiner Sache absolut sicher, wird man diesen Weg wählen. Bei festen und trendmäßig steigenden Kursen ist das auch kein Problem. Genauso eindeutig sieht es aus, wenn die Börsenlage insgesamt abgesichert ist und man auf jeden Fall verkaufen möchte. Fragen Sie dazu Ihren Bankberater, falls er sich nicht auskennt, sollte er bei seinen Kollegen an der Börse nachfragen.

Sind Sie felsenfest von Ihrer Auswahl überzeugt und haben gute Gründe, daß es in der nächsten Zeit mit einem bestimmten Papier aufwärts geht, sollten Sie auch wirklich zugreifen und nicht zu lange warten, egal, ob der Kurs an einem Tag ein paar Mark über Ihren Vorstellungen liegt. Das gleiche gilt wiederum für die Verkaufsseite. Wenn Sie zu der Überzeugung kommen, daß hier nichts mehr läuft: Weg damit!

8. Die Börse – ein Markt mit Schlips und Kragen

Und damit wären wir endgültig an der Börse angekommen – dem Umschlagplatz des großen Geldes, dem Platz der Träume, dem schlüpfrigen Parkett oder schlicht und ergreifend dem Marktplatz für den Handel mit Wertpapieren. Ganz wie Sie wollen.

Am sachlichsten ist sicher die Beschreibung der Börse als wichtigster Umschlagplatz des Kapitalmarktes für Wertpapiere. Daß dieser Umschlagplatz dabei einem Wochenmarkt gleicht, auf dem Gemüse, Obst oder gackernde Hühner feilgeboten werden, veranschaulicht seine grundsätzliche Funktionsweise ganz gut. Nur preisen hier keine Marktweiber ihre Waren lautstark an, sondern Herren mit Schlips und Kragen – und immer mehr Damen, die sich zunehmend und mit Erfolg in das Metier stürzen. Das Prinzip der Börse ist dem des Wochenmarktes verblüffend ähnlich: Jeder ruft sein Angebot aus und den Preis, den er dafür haben will. Im Börsensaal, auf dem vielbeschworenen Börsenparkett, spitzen alle Anwesenden ihre Ohren und greifen, wenn sie an der Ware Interesse haben, zu. Nur daß es sich um Wertpapiere handelt und nicht um 23-Pfennig-Hühnereier.

Etwas feiner ausgedrückt, gleichen sich an der Börse Angebot und Nachfrage aus. Denn ein Börsianer, der einen Posten Aktien sucht, macht es genauso wie der Verkäufer: Er stellt sich mitten in den Saal und schreit seinen Bedarf in die Runde. Weil das alle mehr oder weniger gleichzeitig tun, kommt das scheinbare Durcheinander zustande, das der Zuschauer bei seinem ersten Börsenbesuch wahrnimmt. Trotzdem hat alles seine Ordnung und läuft nach eisernen Prinzipien ab. Doch dazu mehr an anderer Stelle.

Zunächst wollen wir einmal der Frage nachgehen, wo der Ursprung der heute hoch technologisierten Börsen liegt. Nach Meinung vieler Experten, der wir uns anschließen wollen, liegt die Wurzel des Begriffs Börse in der belgischen Stadt Brügge. Dort gab es einen Platz, auf dem sich im 15. und 16. Jahrhundert vorwiegend Kaufleute trafen und mit verschiedenen Waren und auch Wechselbriefen handelten. Gleich nebenan wohnte damals eine stadtbekannte Patrizierfamilie – die „van der Beurs". Deren Familienwappen schmückte zu allem Überfluß auch noch ein Geldbeutel (ein eindeutiger Hinweis auf die Tätigkeit der Herrschaften!). Wer sich im Mittelalter in Brügge zu diesem Handelsplatz auf den Weg machte, sagte einfach: Er gehe zu „van der Beurs". So schnell entsteht ein eigenständiger Begriff. Andere Geschichtskundige bringen den Ausdruck Börse in Zusammenhang mit dem mittelhochdeutschen Wort „bursa", was soviel wie Geldbeutel bedeutet, aber auch Kasse und Genossenschaft.

Wie dem auch sei – zu dieser Zeit waren die Börsen noch meilenweit von dem entfernt, was man heute als einen modernen Aktienmarkt bezeichnet. Zunächst wechselten hier ausschließlich Waren ihren Besitzer. Oft auch ganze Schiffsladungen, von denen man nicht wußte, wann sie überhaupt ankommen würden. Dazu kam ein Vorläufer des späteren Aktienhandels: Man begann, bestimmte Geschäfte durch den Handel von Wechselbriefen zu finanzieren. Sie gelten als die ältesten an einer Börse gehandelten Wertpapiere. Die Dinge liefen recht gut, und langsam gewöhnte man sich an das regelmäßige Zusammenkommen.

Aus den ursprünglich zufälligen Treffen wurde eine immer festere Einrichtung. Hier gab es auch Klatsch und neue Informationen.

Da niemand gerne in der Kälte stand und sich die Geschäfte als recht rentierlich erwiesen, dachten die Händler bald über feste Räumlichkeiten nach. 1531 entstand schließlich das älteste Börsengebäude in Antwerpen. Ein paar Jahre später, 1558, folgten die Kollegen in Hamburg. Was man sich auf dem Kontinent leistete, konnte man in England schon lange: 1566 bekamen die Londoner Börsianer ihre festen Räumlichkeiten. Frankfurt, als heutzutage wichtigster Börsenplatz in der Bundesrepublik, folgte übrigens 1585. So, jetzt aber genug mit der Geschichte.

Die deutschen Wertpapierbörsen

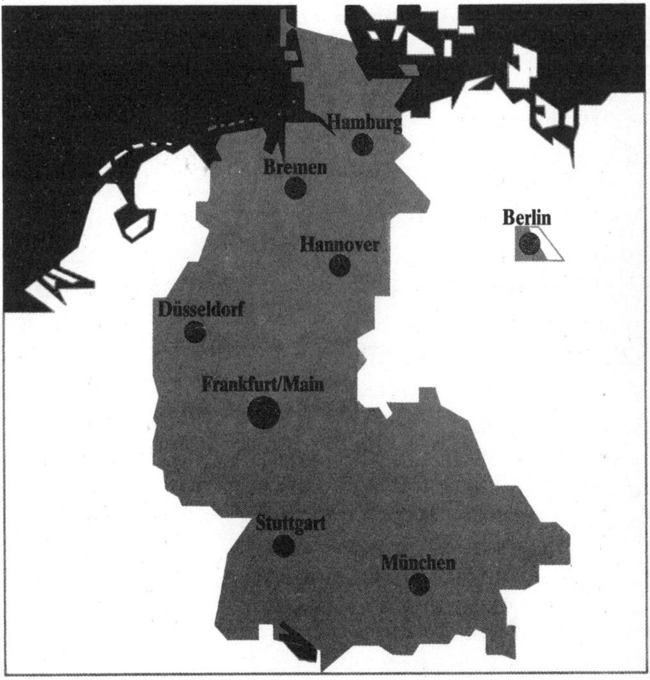

Quelle: Arbeitsgemeinschaft der deutschen Wertpapierbörsen

In der Bundesrepublik stehen dem Anleger acht Wertpapierbörsen zur Verfügung. Und zwar, gegliedert nach ihrer Größe, in:

- Frankfurt
- Düsseldorf
- München
- Hamburg
- Stuttgart
- Berlin
- Hannover
- Bremen

9. Wahl der richtigen Börse

Das zu wissen, ist wichtig. Denn jede Börse hat ihre Spezialitäten. „Na und?“ werden Sie fragen. „Was ändert das an meinem Aktienkauf?“ Unter Umständen ist die Wahl des richtigen Börsenplatzes Ihr gutes Geld wert. Jede Börse ermittelt nämlich ihre eigenen Kurse. Bei den großen Standardwerten liegen die Notierungen bundesweit erfahrungsgemäß auf einem Niveau. Dafür sorgen schon die Berufshändler mit den „Arbitrage-Geschäften“. Sie nutzen dabei tagsüber die unterschiedlichen Kurse an den Börsen und schieben laufend ganze Aktienpakete hin und her. Frei nach dem Motto: Kleinvieh macht auch Mist!

Ein Beispiel verdeutlicht das am besten: Die Siemens-Aktie kostet in München etwa 522 Mark 50 und in Frankfurt 523 Mark 20. Diesen kleinen Unterschied nutzt der Frankfurter Händler aus, um sich in München billiger einzudecken, als er es zu Hause tun kann. In München wird aufgrund des geringer werdenden Angebots der Kurs steigen und in Frankfurt entsprechend fallen. Auf diese Art und Weise gleichen sich die Notierungen an den Börsen immer wieder an.

Anders sieht es bei den kleinen Aktiengesellschaften aus, den Spezialitäten und Lokalwerten. Vielleicht erinnern Sie sich? Das sind Aktien von Unternehmen, die nur einen lokalen Geltungsbereich haben. Diese Papiere werden oft nur an wenigen Börsen oder sogar nur an einem einzigen Platz notiert. Endlich platzt der Knoten: Beim Kauf eines solchen Papiers müssen Sie Ihrer Bank angeben, an welcher Börse man diese Aktien für Sie kaufen soll. Ansonsten geschieht das nach eigenem Gutdünken. In der Regel ordert die Bank dann an der nächstgelegenen Börse. Das kann für Sie unter Umständen teuer werden, denn die Kursunterschiede bei kleineren Aktiengesellschaften können schon ein paar Mark ausmachen. In einer Mußestunde sollten Sie sich einmal die Kurstabellen von verschiedenen Börsen anschauen und miteinander vergleichen. Mit der Frankfurter Allgemeinen Zeitung und der Süddeutschen Zeitung ist das zum Beispiel jederzeit möglich.

Immer richtig ist es, wenn man die Papiere an der Börse kauft, an der der meiste Umsatz für die betreffende Aktie anfällt. Hier kann man davon ausgehen, daß im täglichen Geschäft ein marktgerechter Preis erzielt wird. In der Regel gewährleistet das der Börsenplatz am besten, der dem entsprechenden Unternehmen am nächsten gelegen ist. Es empfiehlt sich also, eine „Bremer Vulkan-Aktie“ an der Bremer Börse zu kaufen. Bei der Auftragserteilung müssen Sie Ihrer Bank diesen Wunsch mitteilen.

Alles in allem kann man in der Bundesrepublik rund 1 150 verschiedene Aktien kaufen. Laufend werden es mehr. Etwa 600 davon stammen von inländischen Aktiengesellschaften und gut 500 von ausländischen. Immer neue Gesellschaften entscheiden sich für den Gang an die Börse. An den Börsen gibt es Umsatzspitzenreiter. Für Sie die zehn Gesellschaften, die 1988 in der Bundesrepublik den größten Umsatz auf den Aktienmärkten erzielten:

1. Siemens
2. Deutsche Bank
3. Bayer
4. Volkswagen
5. Daimler Benz
6. Hoechst
7. BASF
8. Thyssen
9. VEBA
10. Dresdner Bank

Daneben gibt es etwa 15 000 verschiedene festverzinsliche Wertpapiere und gut 200 Optionsscheine. Insgesamt erzielte der Handel mit den genannten Wertpapiertypen – also Aktien plus festverzinsliche Wertpapiere plus Optionen – 1988 einen Umsatz von 2 557,2 Milliarden D-Mark. In der ersten Hälfte des Jahres 1989 setzten die deutschen Börsen Wertpapiere für 1 550,2 Milliarden D-Mark um. Das sind rund 30 Prozent mehr als in den ersten sechs Monaten des Vorjahres. Im Juli 1989, einem umtriebigen Börsenmonat, belief sich der durchschnittliche Tagesumsatz auf gut 13 Milliarden Mark. Jedes Einzelgeschäft machte dabei, auch wieder ein Durchschnittswert, rund 68 000 Mark aus. Das soll nun aber genug Zahlenkram sein.

Unter den deutschen Börsen liegt Frankfurt umsatzmäßig eindeutig an der Spitze. Vor dem Hintergrund der Bankenkonzentration an der Mainmetropole läuft hier auf dem Aktienmarkt das beste Geschäft. Vor allem die Ausländer plazieren ihre Order an der Frankfurter Wertpapierbörse. In der Zukunft dürfte sich dieser Trend weiter verstärken. Das liegt nicht zuletzt daran, daß auch wichtige bundesdeutsche Banken diesem zentralen Platz mit seiner ausgezeichneten Infrastruktur den Vorzug geben. Es leuchtet ein, daß man Investitionen für den Wertpapiermarkt nicht öfter als notwendig vornehmen will.

Dazu kommt, daß die sogenannte Präsenzbörse, die jeder einzelne Händler zur offiziellen Börsenzeit persönlich besucht, immer mehr hinterfragt wird. Der Computer macht den Weg an die Börse theoretisch überflüssig. Genausogut kann man auch vor dem Bildschirm sitzen und mit seinem Handelspartner via Datenleitung und Telefon den Auftrag abwickeln. Das hören die vielen kleinen Aktienbörsen verständlicherweise nicht gerne. Abgesehen davon, gilt eine lokale Börse immer als Prestigesache für die Region. Viele Experten sind sich daher einig, daß die umsatzschwächeren Börsen sich zukünftig verstärkt auf die kleineren Aktiengesellschaften konzentrieren müssen und das Massengeschäft über Frankfurt – oder auch gar nicht mehr über die traditionellen Börsen, sondern über den Computer – läuft. Mehr dazu später.

10. Auf dem Parkett

Im Moment sitzen Sie noch beim Wertpapierberater Ihrer Hausbank, haben jetzt aber Ihren Auftrag verbindlich erteilt, so daß der Ausführung an der Börse nichts mehr entgegensteht. Je nach Institut gibt es unterschiedliche Schlußzeiten für die Annahme der Aktienaufträge. Diese Fristen muß man einhalten, sonst kommt Ihre Order nicht mehr pünktlich an die Börse. Dazu muß man wissen, daß in der Bundesrepublik der amtliche Wertpapierhandel traditionell um 11 Uhr 30 begann und zwei Stunden später um 13 Uhr 30 endete.[1)] Nur in außergewöhnlichen Situationen

---

[1)] Neuerdings öffnen die Börsensitzungen schon eine Stunde früher um 10 Uhr 30. Frankfurt macht den Vorreiter mit der Änderung. Die anderen Plätze werden folgen. Das Ende des Wertpapierhandels um 13.30 Uhr hat sich nicht geändert.

mit ungewöhnlich hoher Auftragslage dürfen die Börsenvorstände diese Zeiten verlängern. Meistens sprechen die verschiedenen Börsen solche Aktionen untereinander ab. Aber es kann auch vorkommen, daß man beispielsweise in München nicht so recht weiß, was gerade in Düsseldorf oder Frankfurt passiert.

Für Sie bedeutet die amtliche Handelszeit von halbelf bis halbzwei, daß Sie Ihre Order bis maximal elf Uhr oder 11 Uhr 30 abgegeben haben müssen. Erfragen Sie jedoch den genauen Termin. Es gibt erhebliche Differenzen! Alles, was an Aufträgen nach diesem Zeitpunkt ankommt, wird Ihre Bank nicht mehr am gleichen Tag ausführen.

11. Außerbörslicher Wertpapierhandel

Die Beschränkung des Privatkundengeschäfts auf die drei Stunden der offiziellen Börsenzeit ist übrigens nur eine Abmachung der Banken untereinander, eines der vielen *Gentlemen Agreements* auf dem Wertpapiermarkt. Einen rechtlichen Zwang dafür gibt es nicht, denn der Aktienhandel insgesamt ist nicht auf diese kurze Mittagszeit beschränkt. Zusätzlich gibt es einen sogenannten *„außerbörslichen Handel“*, der immer umfangreicher wird und schon längst einen größeren Umfang angenommen hat als der eigentliche Börsenhandel. In der Bundesrepublik beginnt er um neun Uhr und läuft bis in den späten Nachmittag hinein. Die Akteure auf diesem freien Aktienmarkt sind vorwiegend die Banken selbst, die ganze Aktienpakete hin und her schieben; aber auch Makler und Großanleger wie Versicherungen oder Fonds. Falls Sie ein besonders guter Bankkunde sein sollten – sprich: des öfteren größere Transaktionen vornehmen –, öffnen sich die Tore hier auch für Sie, und Ihre Geschäfte werden in den Morgen- oder

Nachmittagsstunden abgewickelt, wenn Sie dies wünschen. Das hängt unter anderem ganz von Ihrem Verhandlungsgeschick ab. Ihr Vorteil dabei: Sie bekommen unter Umständen bessere Kurse als zu den normalen Börsenzeiten. Das ist der springende Punkt beim außerbörslichen Aktienhandel. Niemand ist in diesem freien Feld den amtlichen, an den Börsen ermittelten Kursen unterworfen. Jeder macht gewissermaßen seinen eigenen Preis. In der Bundesrepublik gibt es einige tonangebende Makler, auf deren Kurse die ganze Branche schaut. Es sind Maklerfirmen, die aufgrund ihres Umsatzes auf dem Wertpapiermarkt über erheblichen Einfluß verfügen.

Doch man sollte nicht vergessen, daß die Geldinstitute den Aktienhandel so rationell wie möglich abwickeln wollen. Das ist eben nur möglich, wenn die Masse der Kleinaufträge zu festgelegten Zeiten erledigt wird. Im außerbörslichen Handel treten daher nur professionelle Marktteilnehmer auf, die ausschließlich große Positionen bewegen. Man spricht daher auch von *Berufshandel*.

12. Computerhandel

Eines soll noch einmal ganz deutlich gesagt werden: *Die Geschäfte auf den Wertpapiermärkten sind in keine starren Formen gepreßt*. Es gibt auch weniger gesetzliche Reglementierungen als man vielleicht annehmen möchte. Das Ganze unterliegt einer Reihe von Gentlemen Agreements, die mehr oder weniger eingehalten werden. Seit dem Einzug des Computers in den Aktienhandel kann man feststellen, daß viele eherne Grundsätze der Börse ins Wanken geraten. Was früher gut und praktisch war, wird jetzt zunehmend überflüssig. Vor allem die Großen auf dem Markt versuchen, die Gunst der Stunde auszunutzen und ihre

Marktanteile zu vergrößern. Alles dreht sich dabei um den Einsatz der EDV und um das Stichwort *„Markttransparenz“*.

Was steckt dahinter? Früher war es nur möglich, die korrekte Marktlage direkt an der Börse zu ermitteln. Alle Händler kamen hier zusammen. Die einen präsentierten ihr Angebot und die anderen sagten laut und deutlich, welche Papiere sie brauchten. Der Kursmakler legte aufgrund des Verhältnisses von Angebot und Nachfrage den Tageskurs fest. Jeder wußte, was an dem Tag zu welchem Preis gefragt war oder nicht. Hier wurde der Markt „transparent“.

So einfach war das! Heute ist das auch noch so, allerdings nur noch in der offiziellen Börsensitzung. Daneben macht mit Hilfe des Kollegen Computer der außerbörsliche Handel den altehrwüdigen Börsen mächtig Konkurrenz. Es gibt Stimmen, die fragen, wozu man überhaupt noch Börsen brauche. Heutzutage ist es möglich, einzig und allein über den Computer die Markttransparenz zu erhalten, die vorher nur die Börse bieten konnte. Jeder, der an dem Geschäft teilnimmt, *„stellt im Computer seine Kurse“* – so heißt es in der Fachsprache. Das heißt, er gibt seine Preise für die verschiedenen Aktien, mit denen er handelt, in den Computer ein. Den Rest erledigt das Computerprogramm. Jeder, der über ein entsprechendes Gerät verfügt, weiß, wie die Marktlage im Moment ist. Die für den Handel mit Aktien notwendige Transparenz ist gegeben. Mit immer neuen elektronischen Kommunikationssystemen wird dieser außerbörsliche Handel immer perfekter, und immer mehr Marktteilnehmer schließen sich an. Sogar Versicherungen, die bekanntlich über erhebliche Anlagemittel verfügen, drängen auf eine direkte Teilnahme in dem computerisierten Geschäft, ohne den Umweg über einen Makler, eine Bank und die Börse machen zu wollen.

Viele befürchten jetzt, daß über die altehrwürdige Börse

nur noch Nebengeschäfte abgewickelt werden und die lukrativen Umsätze über andere Kanäle laufen. Letzten Endes sehen ganze Berufsstände, vom Kursmakler bis zum Händler einer kleinen Bank, ihre Existenz gefährdet.

Noch gibt es sie aber, die Börsen. In der Bundesrepublik haben sie übrigens einen öffentlich-rechtlichen Anstrich. Denn die Oberaufsicht über die Börsen üben die Landesregierungen aus. Ihren Betrieb wollen wir uns jetzt einmal anschauen und den Weg Ihrer Order, die Sie über Ihre Bank aufgegeben haben, weiterverfolgen.

Aus was setzt sich eine solche Institution zusammen?

13. Börsenorgane

Börsenvorstand

Das wichtigste Organ an der Börse ist der *Börsenvorstand*. Sein Kreis setzt sich aus den Vertretern der einzelnen Gruppen zusammen, die im Aktiengeschäft tätig sind: dem Kreditgewerbe und den Maklern. Aus ihrer Mitte wählen sie einen Börsenpräsidenten. Im Vorstand fallen alle wesentlichen Entscheidungen. Er bestimmt über die Aussetzung von Kursnotierungen und darüber, wann Kurse unter Umständen zurückgenommen werden müssen. Eine weitere wichtige Aufgabe ist die Zulassung von Personen und Unternehmen zum Börsenbesuch.

Börsenbesucher

Damit sind nicht diejenigen Zeitgenossen gemeint, die sich von der Besuchergalerie aus einen persönlichen Eindruck über das Treiben an der Börse verschaffen wollen. Unter „*Börsenbesuchern*“ versteht man die Wertpapierhändler auf dem Börsenparkett (also die Händler der Banken und die Börsenmakler). Oft bezeichnet man diese Damen und Herren auch als „Kulisse“. Schließlich kommt dem Vorstand auch das formale Recht zu, die Kurse festzustellen. In der Praxis machen das jedoch nahezu ausschließlich die amtlichen Kursmakler. In manchen Börsenordnungen wird den Kursmaklern diese Aufgabe auch ausdrücklich zugewiesen.

Zulassungsstelle

Bevor eine Aktiengesellschaft ihre Aktie an die Börse in den amtlichen Handel bringen darf, muß die *Zulassungsstelle* ihr o.k. geben. Zur Hälfte müssen in diesem Organ Personen sitzen, die sich berufsmäßig nicht am Handel mit Wertpapieren beteiligen. Meistens werden die Mitglieder vom Börsenvorstand gewählt.

Kursmakler

Mit dieser Gruppe steigen wir endlich in das echte Geschäft ein. Alles, was vorher nach Verwaltung und Umstand roch, liegt jetzt hinter uns. Die *Kursmakler* stehen tagtäglich während der Börsenzeit von 10 Uhr 30 (beziehungsweise 11 Uhr 30) bis 13 Uhr 30 hinter der sogenannten „Maklerschranke“ und kümmern sich um die korrekte Kursfeststellung. Nicht jeder, der das will, kann einfach Kursmakler werden. Man wird von der jeweils zuständigen

Landesregierung auf Vorschlag des Börsenvorstands dazu bestellt.

Die Aufgabe der Kursmakler ist es hauptsächlich, die Geschäfte zwischen den verschiedenen Börsenbesuchern zu vermitteln. Um ihre besondere Stellung hervorzuheben, werden sie dafür vereidigt. Das verpflichtet sie dazu, nicht im eigenen, sondern im allgemeinen Interesse zu handeln.

In § 93 HGB heißt es: Als Handelsmakler haben sie Angebot und Nachfrage zusammenzuführen.

Im täglichen Geschäft kommt ihnen jedoch die größte Bedeutung zu, wenn es darum geht, die amtlichen Wertpapierkurse festzustellen. Für ihre Arbeit bekommen sie eine Courtage. Das heißt, ein bestimmter Prozentsatz des Umsatzes fließt in ihre Taschen. Bei Börsengeschäften mit Aktien sind das 0,8 Prozent vom Gesamtbetrag. Bei festverzinslichen Wertpapieren etwas weniger. Als Aktienkäufer finden Sie diese Courtage auf Ihrer Wertpapierabrechnung wieder. Die Tätigkeit des Kursmaklers ist nicht auf die offizielle Börsenzeit beschränkt. Auch er kann wie ein freier Makler am beschriebenen außerbörslichen Handel teilnehmen und steht in direkter Konkurrenz zum freien Makler.

Freie Makler

Freie Makler, auch einfach *Börsenmakler* genannt, brauchen für ihre Tätigkeit keine besondere Zulassung der Landesregierungen. Sie müssen sich beim Börsenvorstand um die Genehmigung bemühen, an der betreffenden Börse arbeiten zu dürfen. In der Praxis ist das manchmal gar nicht so einfach. Laut Börsengesetz und Börsenordnung müssen sie dafür eine Reihe von Voraussetzungen erfüllen: In erster Linie müssen sie Geld mitbringen, um zu gewährleisten, daß sie die Geschäftsabschlüsse, die sie tätigen, überhaupt bezahlen können. Wichtigster Unterschied zum vereidigten Kursmakler ist ihre Möglichkeit, jederzeit auf eigene Rechnung zu handeln. Das heißt, ein Börsenmakler kann Papiere je nach Bedarf für das eigene Depot kaufen und jederzeit auch wieder verkaufen. Manche freien Makler beschränken sich jedoch ausschließlich auf das Vermittlungsgeschäft.

Wer schon einmal die Gelegenheit hatte, sich den Börsenbetrieb anzusehen, dem ist vielleicht aufgefallen, daß neben dem Geschrei auf dem Parkett und dem wilden Gestikulieren alle Händler dauernd irgend etwas in kleine Bücher schreiben. Wie gesagt – trotz des scheinbaren Durcheinanders läuft alles nach strengen Regeln ab. Und wehe, ein Beteiligter benimmt sich daneben. Das wird sofort mit spöttischen Bemerkungen bestraft. Passiert so etwas öfter, muß man damit rechnen, rausgeschmissen zu werden.

Die dauernden Notizen in das „Maklertagebuch“ oder „Orderbuch“ belegen jedes einzelne Geschäft. Ohne diese Aufzeichnungen wüßte am Ende niemand, mit wem er während der Sitzung ein Geschäft abgeschlossen hat, da es an der Börse ja keine schriftlichen Verträge mit Unterschrift und allem, was dazu gehört, gibt, sondern alles mündlich abgemacht wird. Es herrscht unter allen Beteiligten ein unbedingtes Vertrauensverhältnis. Ohne diese schnelle und unkomplizierte Art, sich einig zu werden, würde die Börsensitzung nicht zwei Stunden, sondern wer weiß wie lange dauern. Aufgrund der Eintragungen in das Orderbuch wird dann am Ende der Sitzung die Schlußnote erstellt. Kommt es dennoch zu Unstimmigkeiten, die sich nie vermeiden lassen, muß das „*Börsenschiedsgericht*“ ein Machtwort sprechen.

Die graphische Darstellung gibt einen recht guten Überblick über das Geschehen im Börsensaal. Alle Personen, die hinter den Ballustraden, den sogenannten *Makler-*

schranken stehen, gehören zur Zunft der amtlichen Kursmakler. Hinter ihnen hängen die großen Anzeigetafeln, auf denen die Kurse der verschiedenen Wertpapiere angezeigt werden. Im Zentrum des Raumes, zwischen den Maklerschranken, halten sich die freien Börsenmakler und die Börsenhändler der Banken auf. Sie bilden die „Kulisse“. Der Platz, auf dem sie sich bewegen, ist das vielbeschworene „*Börsenparkett*“. Wenn Sie also hören oder lesen „Wie man gerüchteweise auf dem Parkett erfahren konnte...“, wissen Sie, woher der Berichterstatter seine Informationen bezieht.

1 Die amtlichen Kursmakler setzen aufgrund von Angebot und Nachfrage die Kurse der Wertpapiere fest.

2 In dieses Gerät werden die Daten für die Kursanzeige im Börsensaal eingetippt.

3 Auf den Kursanzeigetafeln erscheinen
- Vortageskurs;
- abgekürzter Name des Papiers;
- heutiger Eröffnungskurs und fortlaufende = variable Notierungen; der Einheitskurs steht in Klammern.

4 Elektronische Telefonlichtrufanlage für die Händler.

5 Auf diesen Kurstafeln erscheinen die Kassakurse der nicht fortlaufend gehandelten Papiere.

6 Kurse und Geschäftsabschlüsse werden du
die Makler in Datensichtge
zur sofortigen Weiterbearbe
tung und Speicherung in d
Computerzentrale eingegel

Quelle: Bayerische Wertpapierbörse

örsenhändler und Frei-
akler. Die Börsenhändler
die Geschäfte im Auftrag
nken und deren Kunden

8 Jeder amtliche Kursmakler handelt eine bestimmte Wertpapiergruppe, die diesen Tafeln zugeordnet ist und die er nach vier Wochen wechselt.

9 Büroräume der Banken, die der Annahme von Aufträgen während der Börsenzeit und der Weitergabe von Informationen aus dem Börsenhandel dienen.

10 Zusätzliche Anzeige für Optionsscheine und Geregelter Markt.

11 Ausländische Aktien.

12 Öffentliche Anleihen, variabler Handel.

14. Börsenjargon

Vielleicht an dieser Stelle ein Wort zum bunten Treiben im Börsensaal: Im Grunde muß man als Beobachter nur zwei Dinge wissen, nämlich die Ausdrücke „Geld“ und „Brief“. Geld bedeutet Nachfrage. Das heißt, ich will zu einem bestimmten Kurs kaufen. Brief bedeutet Angebot: Also, ich bin bereit, zu einem bestimmten Kurs zu verkaufen. Diese zwei ehernen Prinzipien eines jeden Marktgeschehens unterstützen die Börsianer, wenn es die Geschäftslage und das Durcheinander auf dem Parkett erfordern, noch mit eindeutigen Handbewegungen. Bewegt sich die Hand „vom Körper des Betreffenden weg“, dann gibt er Wertpapiere an seinen Geschäftspartner ab, er wird außerdem rufen „an Sie“. Zeigt die „Handbewegung auf den eigenen Körper“, hat er einen Posten Wertpapiere gekauft. Mit dem Ausruf „von Ihnen“ bekommt das Geschäft mehr oder weniger Brief und Siegel. Der Handel wird dann noch im Orderbuch festgehalten.

In der Praxis könnte das folgendermaßen ablaufen:

Auf dem Parkett ist aus einer Ecke die Stimme zu hören „VW Geld“ oder auch vielleicht nur „VW“. Damit signalisiert ein Bankhändler, daß er VW-Aktien kaufen möchte – etwa um Ihren Auftrag auszuführen. Hat jemand seiner Kollegen gerade VW-Aktien übrig und möchte diese auch verkaufen, wird sein Angebot folgendermaßen lauten. „VW-3-Geld“. Was soviel heißt, daß er die gewünschte Ware liefern kann, und zwar zu einem Preis mit der letzten Markstelle „3“. Was soll das nun wieder heißen? Um das Zahlenkauderwelsch im Börsensaal so knapp wie möglich zu halten, begnügt man sich immer nur mit der Angabe der letzten Ziffer des Kurses. Hunderter- und Zehnerstellen, eventuell auch Tausenderstellen haben die Profis ohnehin im Kopf. In unserem Beispiel würde die VW-Aktie unter Umständen 453 Mark kosten. Ist der Käufer mit dem Preis einverstanden, gibt er noch die benötigte Menge an. Verfügt der Verkäufer über die gewünschte Stückzahl, ruft er ihm dann zu „200 VW an Sie“. Wenn es ganz genau geht, bestätigt das der Käufer noch mit „200 von Ihnen, 3 Geld“. Damit wäre das Geschäft erledigt. 200 VW Aktien haben zu einem Kurs von 453 Mark den Besitzer gewechselt.

Damit hätten wir einen Blick auf das Parkett geworfen. Hier macht natürlich Erfahrung und Übung den Meister. Es ist ganz normal, daß auf den ersten Blick das Geschehen noch recht undurchsichtig erscheint. Das geht jedem so, der neu an die Börse kommt. Lassen Sie uns jetzt noch ein bißchen tiefer in die Materie einsteigen.

15. Verschiedene Märkte an der Börse

An der Börse werden ganz verschiedene Arten von Wertpapieren gehandelt. Man unterscheidet grundsätzlich zwischen den Aktien, also den Anteilsscheinen an Industrieunternehmen auf der einen Seite, und den festverzinslichen Wertpapieren, den Renten, auf der anderen. Dazu gibt es jeweils noch zusätzliche Untergruppen. Für den Aktienhandel sind vier verschiedene Börsenbereiche zuständig. Um bei unserem Marktvergleich zu bleiben, könnten wir auch sagen, es gibt vier verschiedene „Marktstände“, an denen unterschiedliche Aktien zu bekommen sind:

- Amtlicher Handel
- Geregelter Markt
- Geregelter Freiverkehr
- Ungeregelter Freiverkehr

Amtlicher Handel

Fangen wir mit dem *Amtlichen Handel* an. Alle Aktien, die im amtlichen Handel zu bekommen sind, unterliegen einem besonderen Zulassungsverfahren. Die bereits angesprochene Zulassungsstelle der Börse muß sie vor Einführung an der Börse genauer unter die Lupe genommen haben. Hier finden wir vor allem die Namen der großen und bekannten inländischen Aktiengesellschaften. Der amtliche Handel unterteilt sich in zwei weitere Bereiche:

- Markt mit fortlaufenden Notierungen
- Einheitsmarkt

Wie der Name schon sagt, gibt es auf dem Markt mit fortlaufenden Notierungen pro Börsensitzung nicht nur einen Kurs. Je nach Geschäftsverlauf und -volumen kommen hier pro Aktie mehrere Kurse zustande. In erster Linie gehen die großen Aktiengesellschaften mit entsprechend viel Aktienmaterial in den variablen Handel. Hier ist der tägliche Umsatz an Aktien so groß, daß ein einziger Kurs nicht ausreichen würde, um immer einen marktgerechten Preis zu gewährleisten. Zu unterschiedlich entwikkelt sich während der Sitzung das Verhältnis von Angebot und Nachfrage. An ausgesprochen flauen Tagen kann es aber doch vorkommen, daß nur ein einziger Kurs zustande kommt.

Zu diesen „variablen Kursen" können Sie sich als Anleger mit den Aktien eindecken. Allerdings nur dann, wenn Sie mindestens fünfzig Stück eines bestimmten Wertes kaufen. Nehmen Sie weniger ab, müssen Sie sich mit dem *Einheitskurs* begnügen, der auch im variablen Handel einmal täglich ermittelt wird. Das ist der sogenannte *Kassakurs*. Das muß nicht unbedingt ein Nachteil sein, denn auch nach der Feststellung des Kassakurses – bei uns in der

Bundesrepublik meistens zwischen 12 Uhr und 12 Uhr 30 – kann es sein, daß die Kurse weiter anziehen. Das ist ein Nachteil, wenn Sie nach der Kasse zu einem höheren variablen Kurs kaufen. Fallen die Notierungen, und Sie möchten Ihre Papiere abstoßen, scheiden Sie nach der Kasse wiederum schlechter aus dem Rennen. Im Durchschnitt kommen Sie mit dem Kassa- oder Einheitskurs nicht schlecht davon.

Auf dem Einheitsmarkt gibt es pro Börsensitzung nur einen einzigen Kurs pro Aktie. Hier ist es aufgrund des Aktienumsatzes erfahrungsgemäß nicht erforderlich, mehrere Kurse anzugeben. Im Einheitsmarkt werden die Anteilsscheine mittlerer Unternehmen gehandelt, deren Eigenkapital einen gewissen Umfang nicht überschreitet und von denen vergleichsweise wenig Aktien im Umlauf sind. Oft genügen hier schon kleinere Bewegungen, um die Kurse nach oben oder unten zu verändern. Diesen *Einheitsmarkt* nennt man auch *Kassamarkt*.

Geregelter Markt

Dieses Marktsegment gibt es noch nicht allzu lange. Erst 1986 einigte man sich im neuen Börsenzulassungsgesetz auf diesen „nichtamtlichen Aktienhandel“ an der Börse. Wichtigstes Unterscheidungsmerkmal zum variablen Handel und zum Einheitsmarkt ist das vereinfachte Zulassungsverfahren für die Firmen, die ihre Anteilsscheine und festverzinslichen Papiere hier einführen wollen. Es sind in der Regel kleinere und mittlere Gesellschaften. Sie müssen sich beispielsweise verpflichten, mindestens 5 000 Stück Aktien auszugeben. Außerdem müssen sie nachweisen, daß sie wenigstens über eine halbe Million Mark Eigenkapital verfügen und einen Jahresabschluß vorlegen können.

Zum Vergleich: Als Voraussetzungen für den amtlichen Handel sollte das Unternehmen einen Jahresumsatz von mindestens 30 Millionen Mark und ein Eigenkapital in Höhe von mindestens fünf Millionen Mark mitbringen. Anders als auf dem amtlichen Markt brauchen die Gesellschaften auch kein Kreditinstitut mehr, das die Einführung ihrer Aktien an der Börse organisiert. Möglich wäre dafür etwa eine Beteiligungs- oder Vertriebsgesellschaft. Ihnen soll das vereinfachte Verfahren den Gang an die Börse als Weg zur Kapitalbeschaffung schmackhaft machen.

Insgesamt gesehen, stellt der neue *Geregelte Markt* einen Versuch dar, der Börse zu mehr Attraktivität in weiten Kreisen der Wirtschaft zu verhelfen. Gerade in der Bundesrepublik kann sie das gut gebrauchen. Im Vergleich zu unseren westeuropäischen Nachbarländern und den Vereinigten Staaten lassen viele Unternehmen die Börse links liegen. Gerade aber im Hinblick auf den zukünftig steigenden Kapitalbedarf der Wirtschaft werden sich immer mehr Firmen überlegen müssen, sich auf diese Wege neues Kapital zu holen. Von diesen neuen Aktien kann natürlich auch der private Anleger profitieren. Die Erfahrung zeigt, daß sie davon oft regen Gebrauch machen. Bei der Neueinführung von Aktiengesellschaften an der Börse, gerade von kleinen Unternehmen, sind nach kürzester Zeit die ausgegebenen Anteilsscheine verkauft. Einen Bedarf scheint es also zu geben.

Für Sie als privaten Anleger und letzten Endes Käufer dieser Papiere ist auf dem geregelten Markt natürlich erhöhte Vorsicht geboten. Sie sollten sich gut informieren und einen genauen Blick auf die Gesellschaft werfen, bevor Sie sich über den geregelten Markt an ihr beteiligen. Der Grundsatz von Risiko und Gewinnmöglichkeiten trifft auch hier voll zu. Höheren Ertragsaussichten steht ein erhöhtes Risiko gegenüber. Damit soll der geregelte Markt nicht schlechtgemacht werden. Aber kleine Aktiengesellschaften haben nun mal weniger Reserven als kapitalstarke Unternehmen, deren Anteilsscheine an der Börse als Standardwerte gelten. Die Beispiele AEG oder Coop zeigen jedoch nur allzu deutlich, daß man auch auf dem amtlichen Markt vor unangenehmen Überraschungen nicht geschützt ist.

Freiverkehr

Ursprünglich fand der Aktienhandel im Freiverkehr außerhalb der Börse statt. Erst nach dem Ersten Weltkrieg übersiedelte man in den Börsensaal. Der Handel im Freiverkehr ist nicht mehr den üblichen gesetzlichen Regeln unterworfen, vielmehr findet er auf rein privatrechtlicher Basis statt. Hier sind daher auch keine amtlichen Kursmakler beteiligt.

Als Marktteilnehmer gelten ausschließlich freie Börsenmakler und Banken beziehungsweise ihre Händler. Erst in den dreißiger Jahren kristallisierte sich für diesen nichtamtlichen Markt die Bezeichnung *„geregelter Freiverkehr“* heraus. Damit ist der Handel mit Aktien solcher Unternehmen gemeint, die ein formales Zulassungsverfahren mitmachen und auf diesem Wege gewissen Qualitätsansprüchen genügen mußten.

Im *ungeregelten Freiverkehr* finden wir entsprechend Werte, die sich diesem Zulassungsverfahren nicht unterzogen. Üblicherweise kommen lokale Aktiengesellschaften mit kleinem Grundkapital in den geregelten Freiverkehr. Das können etwa Familienunternehmen sein oder Gesellschaften, deren Aktien nur wenig breit gestreut sind. Ihnen genügt dieses Marktsegment, weil sie gar nicht so viel Kapital an die Börse bringen wollen. Darüber hinaus kostet das Zulassungsverfahren wesentlich weniger als etwa für den amtlichen Handel. Manchmal spielt auch die Überlegung eine Rolle, daß man für eine neue Aktiengesellschaft die Börse erst einmal testen möchte. Dann beginnt die Einführung über den Freiverkehr, um eventuell zu einem späteren Zeitpunkt in den amtlichen Handel zu kommen.

16. Kursfeststellung

Auf einem dieser Märkte haben Sie sich nun engagiert. Der Börsenhändler Ihrer Bank hat die Order, die Sie am Vormittag aufgegeben haben, während der Börsenzeit ausgeführt. Sollten Sie sich für ein amtlich gehandeltes Papier entschieden haben, hat er dem amtlichen Kursmakler Ihre Order auf einem kleinen Formblatt vorgelegt. Der Kursmakler wird diesen Auftrag dann für seine amtliche Kursfeststellung zusammen mit allen anderen Kauf- und Verkaufsaufträgen heranziehen. Das ist ein auf den ersten Blick verwirrendes Verfahren.

Doch im Grunde ist es ganz einfach zu verstehen, wenn man sich den geltenden Grundsatz vor Augen hält, daß immer der Preis den Kurs machen wird, zu dem der größte Umsatz getätigt werden kann. Mit anderen Worten, da wo Angebot und Nachfrage die größte Schnittfläche bilden, liegt der augenblickliche Marktpreis. Hier können die meisten Orders ausgeführt werden. Dieses Prinzip ist übrigens im § 29 des Börsengesetzes festgehalten.

Das Prozedere an der Börse ist jeden Tag das gleiche: Die Händler erhalten von den Bankzweigstellen über eine Datenleitung oder den Fernschreiber die Kundenaufträge. Zu Beginn der offiziellen Börsenzeit übergeben sie den Kursmaklern die bis dahin eingegangenen Orders. Je nach Geschäftslage sind das kleinere oder größere Päckchen mit weißen und rosa Zetteln. Bis kurz vor der Feststellung des Kassakurses oder auch Einheitskurses, der zwischen 12 Uhr und 12 Uhr 30 ermittelt wird, kann man Ihre Kleinaufträge noch berücksichtigen. Dazu kommt außerdem das Eigengeschäft der Banken. Das sind die Kaufaufträge für Wertpapiere, die sich das Geldinstitut ins eigene Depot legt. Außerdem melden die Dritten im Bunde, die freien Börsenmakler, ihre Geschäftswünsche an.

Damit hat der Kursmakler die aktuelle Nachfrage und das Angebot vorliegen und kann den Kurs feststellen. Auf dem Einheitsmarkt ist es dann der Einheitskurs, zu dem die Kundschaft kaufen kann. Auf dem variablen Markt kommt entsprechend der sogenannte „Variable Kurs" zustande, der sich mehrmals täglich ändern kann. Beide werden jedoch nach den gleichen Grundsätzen ermittelt.

Haben Sie bestens oder billigst geordert, also kein Limit gesetzt, ist Ihre Order zu den vorliegenden Kursen erledigt. Sie sind Besitzer der Papiere geworden oder konnten Ihre Werte losschlagen. Sollten Sie jedoch Preisgrenzen gesetzt haben, hängt es von dem erzielten Kurs ab, ob Sie mit von der Partie sind oder eben nicht.

Lassen Sie uns die variablen Notierungen noch ein wenig genauer anschauen.

Zu Beginn der offiziellen Börsensitzung stellt der Kursmakler einen *Ersten Kurs* oder auch *Eröffnungskurs* fest. Dabei berücksichtigt er alle bis dahin vorliegenden Aufträge mit mindestens 50 Stück. Das ist die Ausgangsbasis – nach dem „*Schlußkurs*" des Vortages – für die laufende Sitzung. Tendenziell fließt in den ersten Kurs natürlich der Verlauf des außerbörslichen Wertpapierhandels vom Vormittag mit ein. Hier läuft ja, wie schon gesagt, ein erheblicher Teil des Geschäfts ab. Gerade die großen Kunden, die institutionellen Anleger, werden sich immer weniger an die amtlichen Börsenstunden halten. Auch sie sind Nutznießer der modernen Computertechnik und entwickeln sich allmählich zu eigenständigen Partnern auf dem Wertpapiermarkt. Ihr Bestreben geht dahin, nicht mal mehr die vermittelnden Leistungen von Banken oder Börsenmaklern in Anspruch zu nehmen. Die Aussagekraft der Börse, was die augenblickliche Marktlage betrifft, schwindet zusehends. Nicht umsonst verschwinden immer mehr altvertraute Gesichter vom Börsenparkett und sind nur noch telefonisch in ihren Büros zu erreichen. Von dort aus halten sie über Telefon und Computer Kontakt zu ihren Geschäftspartnern.

17. Kurszusätze

Doch kommen wir zurück zu den Kursen der Kursmakler. Mit der einfachen Angabe eines Preises ist es wieder einmal nicht getan. Auch hier gibt es eine Reihe von kleinen „Gemeinheiten", die es dem Laien schwer machen, aus der ganzen Sache auf Anhieb schlau zu werden. Gemeint sind die Abkürzungen hinter den jeweiligen Kursangaben. Sinn und Zweck des Marktplatzes Börse ist es ja, jedem Wertpapierkäufer und -verkäufer einen möglichst intensiven Einblick in die aktuelle Geschäftslage zu geben. Auf Anhieb weiß man natürlich, was los ist, wenn die Preise steigen beziehungsweise fallen. Im ersten Fall geht es der Börse gut, die Nachfrage nach Aktien ist groß. Im anderen Fall ist der Markt im Moment nicht so optimistisch eingestellt. Man neigt dazu, sich von seinen Besitztümern, zumindest was die Wertpapiere betrifft, zu trennen.

Das wäre das Grobraster. Doch die Tendenzen, die sich im Tagesgeschäft ergeben, sind feiner gewebt. Auf der Nachfrageseite gibt es mehrere Steigerungen. Genauso kann der Verkaufsdruck unterschiedlich stark sein. Für jeden, der sich in bestimmten Papieren engagieren will, ist es wichtig, darüber genauestens Bescheid zu wissen. Die Kursmakler geben daher genau an, wie es um die einzelnen Aktien steht. Dafür bedienen sie sich eines kleinen Buchstabensortiments. Es ist im Grunde ganz einfach:

Erinnern wir uns an die zwei Begriffe „Geld“ und „Brief“. Geld steht für Nachfrage und Brief für Angebot.

- „Geld“ bedeutet, daß zu dem genannten Kurs kein Umsatz getätigt wurde, weil nur Nachfrage nach dem Papier bestand. Auf der Verkäuferseite blieb das Angebot aus. Jeder möchte das Papier im Moment behalten. Die Käufer müssen sich noch etwas gedulden, bis sie zum Zuge kommen. Für den Beobachter signalisiert der Zusatz „Geld“ gute Aussichten für die Zukunft. Der Wert ist interessant und läßt steigende Kurse erwarten.
- Anders sieht es für den Zusatz „Brief“ aus. Hier ist genau das Gegenteil eingetreten. Es konnte kein Umsatz gemacht werden, weil nur Verkäufer auf dem Markt waren. Auf der Käuferseite war niemand bereit, das bestehende Angebot abzunehmen. Bei den Kapitalanlegern ist das Papier im Moment nicht besonders gefragt. Man muß für die nächste Zeit eher mit fallenden Kursen rechnen.
- Für die genauen Kursangaben hat man dieses einfache Prinzip noch etwas verfeinert. Erste Neuerung ist der Begriff *bezahlt*. Das heißt nichts anderes, als daß zu dem genannten Kurs Angebot und Nachfrage ausgeglichen waren. Es bestand auf keiner Seite ein Überhang. Jeder Marktteilnehmer konnte seine Geschäfte zum Tageskurs unter Dach und Fach bringen.
- Üblich ist auch die Konstellation, daß die Kursmakler zu einem genannten Kurs nur einen gewissen Teil der Aufträge abwickeln können. Für die Geldseite, die Käuferseite, bedeutet das etwa eine größere Nachfrage als ein tatsächliches Angebot auf dem Markt war. Es konnte zwar Umsatz getätigt werden, ein Teil der Order blieb zu den genannten Kursen jedoch liegen. Etwa, weil die Kundschaft ihre Aufträge limitierte und sie mit ihren Limits über der aktuellen Notierung lag. In diesem Fall erhält der Kurs den Zusatz *bG* (= weitere Nachfrage!).

- Auch das Gegenteil tritt natürlich ein. Hier konnten entsprechend nicht alle Verkaufsaufträge zu den erzielten Kursen erledigt werden. Die Nachfrage war nicht groß genug, um das gesamte Angebot abzunehmen. Auch hier bleiben Verkaufsorder aufgrund der Limitierung liegen und müssen auf einen günstigeren Tag warten. Hinter dem Kurs werden Sie die Buchstaben *bB* (= weiteres Angebot!) finden.
- Die Klassifizierung für das Tagesgeschäft in den einzelnen Aktienwerten geht noch weiter. Wieder dreht sich alles um das Verhältnis von Angebot und Nachfrage: Wenn ausgeprägten Kaufwünschen nur wenige Verkäufer gegenüberstehen, kamen zum jeweiligen Kurs nur wenige Käufer zum Zuge, und zwar diejenigen, die ein bescheidenes Limit setzten beziehungsweise billigst kaufen wollten. Der größte Teil mußte ohne die gewünschten Aktien wieder nach Hause gehen. Die Nachfrage konne nur eingeschränkt oder „etwas" befriedigt werden. In diesem Fall erhält der Kurs den Zusatz *ebG*.
- Mit umgekehrten Vorzeichen kommt dann auch ein verhältnismäßig hoher Verkaufsdruck zu seinem Recht. Will der größere Teil der Marktteilnehmer verkaufen und steht ihm nur eine kleine Käuferschicht gegenüber, kann zum Tageskurs nur wenig Material an den Mann gebracht werden. Auch hier spielt die Limitierung der Verkaufsaufträge eine entscheidende Rolle. In diesem Fall wird der Kursmakler den Kurs mit dem Zusatz *ebB* versehen.
- Ganz vertrackt wird es mit der Kursfindung, wenn sich bei einem Papier gar nichts tut, also überhaupt keine Kundschaft auf dem Markt ist. Dem Kursmakler wird dann nichts anderes übrigbleiben, als den Tageskurs dieser Aktie zu schätzen. Im Börsenjargon wird er den Kurs *taxen*. Auf der Kurstafel erscheint hinter der Notierung

ein *T.* Dem Beobachter sagt dieser Buchstabe, daß hier im Augenblick nicht viel zu holen ist. Man hat keine Meinung zu dieser Firma. Mit Käufen und Verkäufen sollte man erst einmal abwarten, bis sich eine klare Linie ergibt.

- Größere und außerplanmäßige Auswirkungen auf den Kursverlauf einer Aktie haben die Dividendenzahlungen und Kapitalerhöhungen. An Tagen der Dividendenausschüttung kommt es zum sogenannten *Dividendenabschlag*, weil das Papier für ein Jahr lang auf die nächste Dividende warten muß und kurzfristig aus diesem technischen Grund an Attraktivität verliert. Hinter dem Kurs wird in diesem Fall das Kürzel *exD* stehen.

- Ebenfalls einen kurzfristigen Reizverlust verursacht das Auslaufen des Bezugsrechts im Rahmen einer Kapitalerhöhung. Altaktionäre haben bei einer Kapitalerhöhung ja immer das Recht, zu günstigeren Kursen eine bestimmte Anzahl von Aktien zu erwerben. Dieses Recht nennt man *Bezugsrecht*. Es hat den Vorteil, das es sich in Mark und Pfennig umrechnen läßt. Läuft dieses Bezugsrecht aus, wird man hinter dem Kurs ein *exB* lesen.

- Häufig hört man im Zusammenhang mit Kursangaben von Plus- oder Minusankündigungen. Auch hier handelt es sich um Stimmungsbarometer. Sie tauchen jedoch nicht erst am Schluß einer Börsensitzung nach getaner Arbeit auf, sondern stechen schon zur Eröffnung der Börse bei den Anfangskursen ins Auge. Verzeichnet der Kursmakler nämlich bereits zu Beginn des amtlichen Handels aufgrund der Auftragslage eine außergewöhnliche Nachfrage oder ein übermäßiges Angebot, kündigt er das mit einem „+“ oder „–“ an. Das macht er jedoch nicht nach eigenem Gutdünken, sondern nach festgelegten Regeln: Ein Wert bekommt ein Pluszeichen, wenn der Kurs zwischen fünf und zehn Prozent über dem Vortageskurs liegt. Kommt ein Kurssprung von mehr als zehn Prozent zustande, gibt es sogar ein „++“. Theoretisch setzt sich das in Fünf-Prozent-Schritten fort. Daß sich aber ein Wert auf einen Schlag um 15 Prozent verbessert, kommt äußerst selten vor. Analog dazu vergibt der Kursmakler ein Minuszeichen, wenn sich der Kurs um fünf bis zehn Prozent verschlechtert. Bei mehr als zehn Prozent gibt es dann ein „– –“ und so weiter.

Plus- und Minusankündigungen gibt es auch bei festverzinslichen Wertpapieren. Nur sieht es hier mit den Prozentschritten etwas anders aus. Sie liegen dichter beieinander. Das erste „+“ gibt es bei einem Kursanstieg von 1,5 bis drei Prozent. Ab drei Prozent steht dann ein „++“ und so weiter. Mit umgekehrten Vorzeichen „–“ schlagen entsprechende Kursverluste zu Buche.

Das wären die wichtigsten Ergänzungen hinter den Kursen auf den großen Anzeigetafeln im Börsensaal. Daneben gibt es noch weitere Feinheiten, die in diesem Zusammenhang jedoch nicht interessant sind. Sie kommen erfahrungsgemäß recht selten vor. Für die Beurteilung der Marktlage und der genauen Einschätzung einzelner Papiere reichen die geschilderten Stimmungsbarometer aus. Wenn man sie in seine Anlageüberlegung einbezieht, ist man schon ein gutes Stück weiter gekommen.

Übrigens – Sie brauchen nur die Kursseiten im Wirtschaftsteil Ihrer Tageszeitung aufzuschlagen. Hier sind die Kurse mit den jeweiligen Kürzeln wiedergegeben. Je nachdem, wieviel Wert das Blatt auf seine Kursseiten legt, können Sie auch die variablen Kurse neben den Kassa- oder Einheitskursen nachlesen. Daraus kann man präzise Rückschlüsse über den Sitzungsverlauf ziehen. So etwa, ob die Stimmung während der gesamten Börsenzeit anhielt und ob die Kurse auf den Tageshöchstständen schlossen oder ob die Notierungen gegen Schluß wieder abbröckelten. Anhand der Anzahl der variablen Kurse kann man in etwa auch sagen, wie stark der Umsatz in dem betreffenden Papier war.

Ein Vorgang an der Kurstafel sollte uns vielleicht noch interessieren. Und zwar die *Kursaussetzung* und *Kurseinstellung*. Der Börsenvorstand darf einzelne Wertpapiere nämlich für den Börsenhandel sperren – zeitweise wenigstens. Und zwar dann, so heißt es formell, wenn ein „ordnungsgemäßer Börsenhandel" nicht mehr möglich ist. Dabei gilt die Aussetzung nur vorübergehend. Die Einstellung ist eine längerfristige Angelegenheit.

In der Regel erfolgt eine Aussetzung aufgrund wirtschaftlicher Probleme des betreffenden Unternehmens. Etwa, weil man in eine finanzielle Schräglage geraten ist und erst einmal geklärt werden muß, ob ein Fortbestand der Firma überhaupt möglich ist. Solche unsicheren und gefährlichen Phasen haben begreiflicherweise massiven Einfluß auf den Aktienkurs. Um den Anleger ein wenig zu schützen, hat man die Aussetzung der Notierung eingeführt. Man wartet so lange ab, bis sich die ersten Gewitterwolken wieder verzogen haben und die Beteiligten in etwa wissen, wie es weitergehen soll. Dann kommt das Papier wieder in den Handel. Gibt es keine greifbare Lösung, hilft natürlich auch die Kursaussetzung nichts. Paradebeispiel für diesen Vorgang ist die Anmeldung eines Vergleichs oder gar des Konkurses. In beiden Fällen hat der Aktionär nichts zu lachen. 1989 kam dies etwa bei Coop vor. Erhält das Unternehmen eine neue wirtschaftliche Basis – sprich neues Geld und ein besseres Management – kann es irgendwann einmal wieder aufwärts gehen. Dennoch – im Augenblick sollte jeder froh sein, der an solchen Gesellschaften nicht beteiligt ist.

18. Nach dem Kauf

Inzwischen sind Sie Besitzer von Wertpapieren geworden. Ob ein glücklicher oder nicht, hängt zunächst von der weiteren Kursentwicklung ab. Aber wie gesagt: Ihr Risiko können Sie zu einem großen Teil selbst bestimmen. Auch wenn es in den ersten Wochen nicht so läuft, wie Sie es sich vorstellen – haben Sie ein wenig Geduld. Erfahrene Börsianer sagen, daß man einem Papier auch mal Zeit geben muß. Wer es gut mit Ihnen meint, wird Sie auch davor warnen, zu schnell ein Papier wieder abzustoßen, nur weil es in den ersten Tagen Ihren ehrgeizigen Erwartungen nicht entsprochen hat. Beobachten Sie die Entwicklung über ein halbes Jahr hinweg. Kommen dann immer noch keine anständigen Kurse zustande, sollten Sie sich neu orientieren. Die Zeitspanne liegt natürlich bei allen Papieren unterschiedlich weit auseinander. Ein halbes Jahr ist ein brauchbarer Durchschnittswert. Für Sie als Privatanleger also: Finger weg von zu hastigen Aktionen auf dem Wertpapiermarkt.

Auch Aktien sollte man unter Anlagegesichtspunkten sehen. An zu viel Hektik verdient in erster Linie Ihre Bank. Sie hat ein Interesse an möglichst viel Wertpapierumsatz. Daraus errechnen sich die Gebühren, die Sie als Wertpapierkunde bezahlen müssen. Den Bankern ist es egal, ob der Umsatz mit Käufen oder Verkäufen zustande kommt, ob Sie einen Gewinn machen oder draufzahlen. Bei jeder Transaktion auf dem Wertpapiermarkt schneidet sich die Kreditwirtschaft ein gutes Stück vom Kuchen ab. Seien Sie skeptisch, wenn man Sie zu übereiltem Handel drängt.

Wenn Sie jedoch wirklich zu der Überzeugung gekommen sind, daß mit Ihrer Aktie kein Blumentopf zu gewinnen ist, sollten Sie sich von dem Papier auch trennen können. Die Kunst liegt darin, zur rechten Zeit auch Verluste einstecken zu können, um das Geld dann sinnvoller an anderer Stelle unterzubringen. Sicher ist es eine Erfahrungs- und Nervensache zu spüren, wann ein solcher Zeitpunkt gekommen ist. Fast jeder Anleger zahlt am Anfang einmal drauf.

Andererseits sollten Sie die Ruhe auch bewahren, wenn die Kurse langsam aber stetig steigen. Die Profis im Geschäft sagen „Gewinne soll man laufen lassen". Das heißt: nicht zu früh verkaufen. Man ärgert sich grün und blau, wenn es hinterher immer weiter nach oben geht. Der schöne Kursgewinn ist dann dahin. Auch hier läßt sich leider keine goldene Regel aufstellen.

Helfen können in allen Fällen Analysemethoden. Es gibt sogenannte *Widerstandslinien* nach oben und nach unten. Anhänger der technischen Analyse werden daraus Kauf- und Verkaufssignale ablesen. Absolute Sicherheiten kann man auch daraus nicht ableiten. Auf jeden Fall lohnt es, sich mit den verschiedenen Analysemethoden näher zu befassen.

19. Verwahrung der Wertpapiere

Jeder, der etwas kauft, möchte die ersehnte Ware auch gerne sehen und in seinen Händen halten. Das gehört dazu, wenn einem etwas Neues gehört. Bei Wertpapieren werden Sie sich damit schwer tun. Sie müssen vernünftigerweise auf dieses physische Besitzgefühl verzichten. Das einzige, was Ihnen bleibt, ist die schriftliche Auftragsbestätigung Ihrer Bank und der Abbuchungsbeleg der Kaufsumme von Ihrem Girokonto.

Um die ganze Angelegenheit zu vereinfachen, verzichten die meisten Kapitalanleger darauf, ihre Wertpapiere physisch ausgehändigt zu bekommen. (Nicht nur, um sich vor dem Verlust der Effekten – etwa durch Feuer oder Diebstahl – zu schützen.) Selbstverständlich können Sie darauf bestehen, Ihre Aktie persönlich zu verwahren. Dann wird Ihre Bank das entsprechende Papier anfordern und es Ihnen über den Schalter aushändigen. Nur – empfehlenswert ist das wirklich nicht! Genauso, wie Sie heute darauf verzichten, Ihr Monatsgehalt in der Lohntüte ausgehändigt zu bekommen und die Vorteile des bargeldlosen Zahlungsverkehrs schätzen, kommt auch der Wertpapierhandel ohne direkten Austausch der effektiven Stücke zurecht. Dafür hat man sogenannte *Wertpapiersammelbanken* eingerichtet. Hinter ihren Tresortüren stapeln sich Unmengen der verschiedensten Wertpapiere. Auf diese Bestände greift der größte Teil des Wertpapierhandels zurück. Kommt ein Geschäft zustande, wird einfach von der Wertpapiersammelbank abgebucht oder die entsprechende Stückzahl gutgeschrieben. Ihr Name als Einzelkunde taucht dabei gar nicht mehr auf. § 3 des Depot-Gesetzes berechtigt eine Bank dazu, die Wertpapiere ihrer Kundschaft unter eigenem Namen einem anderen Verwahrer anzuvertrauen. Dabei bleibt die Bank ihrem Wertpapierkunden gegenüber voll in der Haftung. Das gilt auch dann, wenn die verwahrende Stelle mit den anvertrauten Papieren Unfug treibt.

Die Verwaltung Ihres Wertpapierdepots übernimmt wieder die von Ihnen beauftragte Bank. Damit haben Sie alle Sorgen vom Hals: Das gilt insbesondere für die Terminüberwachung. Sie ist wichtig, da zu einem bestimmten Zeitpunkt im Jahr das Unternehmen für die ausgegebenen Anteilsscheine eine Dividende auszahlt. Diesen Stichtag darf man als Aktionär nicht verpassen. Sonst ist die Dividende futsch. Es kommt aber nicht nur darauf an, den Termin einzuhalten. Dazu kommt, daß man für die Auszahlung der Dividende bei Aktien den sogenannten *Dividendencoupon* vom Papier abtrennen und ihn an die Gesellschaft schicken muß. Bei festverzinslichen Wertpapieren ist das entsprechend der *Zinscoupon*.

Diese Dienstleistung ist bei Ihrer Bank wirklich besser aufgehoben. Sie müssen dafür zwar Depotgebühren bezahlen, sie sind aber allemal günstiger, als unter Umständen den Dividendentermin zu verpassen. Außerdem sparen Sie sich Arbeit, die Sie sinnvoller anwenden können, etwa, um sich über die aktuelle Lage auf dem Aktienmarkt zu informieren. Am billigsten ist hier der gerade beschriebene Weg der *Depotverwahrung*, der sogenannten *Girosammelverwahrung*.

20. Aktionärsrechte

Mit der jährlichen Dividendenausschüttung und der Aussicht auf Kurssteigerungen ist es mit Ihrer Freude an einer Aktie noch nicht vorbei. Als Aktionär sind Sie ja Miteigentümer an einem Unternehmen. Gewöhnlich trifft das nur in einem minimalen Umfang zu. Immerhin sind Sie am Erfolg – leider auch am Mißerfolg – „Ihres“ Unternehmens beteiligt. Ihr echter Anteil ergibt sich dabei aus dem Nennwert des Papiers – in der Regel 50 Mark – und dem Grundkapital der Aktiengesellschaft. Halten Sie beispielsweise 20 Aktien mit einem Nennwert von je 50 Mark und beträgt das Stammkapital des Unternehmens 100 Millionen Mark, macht Ihr Anteil genau 1 000 Mark an den 100 Millionen Grundkapital aus. Dabei ist es gleichgültig, wie hoch der Kurs an der Börse augenblicklich notiert wird.

Der Nennwert dient übrigens auch als Bezugsgröße für die Dividendenausschüttung. Wenn es heißt: In diesem Jahr schüttet das Unternehmen zehn Prozent Dividende aus und der Nennwert 50 Mark beträgt, so erhalten Sie genau fünf Mark. (Auch wenn sich der Kurswert auf ein vielfaches von 50 Mark beziffert.)

Als Aktionär haben Sie mit Ihrer Beteiligung auch das

Recht, im Unternehmen mitsprechen zu dürfen. Das soll nicht heißen, daß Sie, wann immer Sie Lust haben, bei der Geschäftsleitung auftauchen sollten, um dem Vorstand Ihre Verbesserungsvorschläge und Kritik zu unterbreiten. Ihr Recht auf Mitbestimmung wird mit dem sogenannten *Stimmrecht* geregelt. Dieses Stimmrecht steht Ihnen ungeachtet der Anzahl der Aktien, die Sie halten, zu. Genau einmal im Jahr können Sie davon Gebrauch machen: Auf der *Hauptversammlung* des Unternehmens. Zu diesem Zeitpunkt bekommt manch hartgesottener Vorstandschef feuchte Hände und beschäftigt ganze Stäbe, die dieses Großereignis sorgfältig vorausplanen.

Bei den großen Aktiengesellschaften können da schon einmal über 10 000 Aktionäre anreisen. Wenn es auch meistens auf diesen Veranstaltungen recht gesittet und moderat zugeht, weiß man vorher nie, was alles passieren kann. Prekär wird die Lage vor allem dann für den Vorstand, wenn sich die Großaktionäre gegen die vorgesehenen Entscheidungen aussprechen und sie damit zu Fall bringen. Im schlimmsten Fall wird dem Vorstand damit das Vertrauen entzogen.

Als Aktionär erhalten Sie vor der Hauptversammlung auf dem Postweg die Tagesordnung zugeschickt. Aus ihr können Sie die einzelnen Punkte entnehmen, über die man abstimmen möchte. Außerdem können Sie sich Gedanken machen, ob Sie sich zu bestimmten Sachverhalten äußern wollen. Wenn Sie mit alledem nichts zu tun haben wollen, können Sie Ihr Stimmrecht auch an einen Dritten abtreten oder es verfallen lassen. Viele Aktionäre übertragen das Stimmrecht an Ihre Bank, die dann mit einer entsprechenden Macht auf der Hauptversammlung auftritt. Inwiefern Ihnen diese Regelung paßt, bleibt ganz Ihrem persönlichen Geschmack überlassen.

Gehören Sie zur aktiveren Sorte und wollen sich lieber an Ort und Stelle persönlich informieren, enthält Ihr Stimmrecht noch eine ganze Reihe weitere Details. Zunächst einmal hat jeder Aktionär das Recht auf Informationen über die Firma. Grundvoraussetzung dafür ist die Bilanz und die Gewinn- und Verlustrechnung, die Ihnen die Geschäftsleitung im Jahresbericht vorlegt. Damit können Sie sich einen ersten Eindruck über den Zustand des Unternehmens machen. (Wenn man auch sagen muß, daß die Bilanz nie die ganze Wahrheit ans Licht bringt.) Um eine Bilanz richtig deuten zu können, muß man ein wenig zwischen den Zeilen lesen können, denn manche Posten sind so gut versteckt, daß sie auch der kundige Leser erst auf den zweiten Blick erkennt und richtig bewerten kann. Sie können sicher sein, daß über die vorgelegte Bilanz auf der Hauptversammlung lebhaft diskutiert wird. Beschlossen wird darüber aber nicht mehr. Sie steht fest. Ein Wirtschaftsprüfer hat das Zahlenwerk unterschrieben und der Aufsichtsrat hat sie für gut befunden.

Anders sieht es bei der Verwendung des Reingewinns aus. Es geht um Ihr Geld, denn aus dem Reingewinn zahlt das Unternehmen die Dividende an seine Aktionäre. Dabei fängt man die Diskussion über die Höhe der zu zahlenden Dividende nicht bei Adam und Eva an. Vielmehr hat sich der Vorstand vorher schon überlegt, was er seinen Anteilseignern zukommen lassen will – und kann. Der Betrag hängt auch von der Geschäftslage ab. In schlechten Jahren kommt es auch schon mal vor, daß die Dividende ganz ausfällt. „Rollt der Rubel" jedoch, dürfen auch die Aktionäre auf eine höhere Ausschüttung hoffen. Über den Vorschlag des Vorstandes zur Dividende werden sich bestimmt die Gemüter erhitzen. In der Regel wird dann doch der Vorschlag des Vorstandes angenommen.

Ein weiterer Tagesordnungspunkt ist die Entlastung des Vorstandes und des Aufsichtsrates. Damit macht man für das abgelaufene Geschäftsjahr reinen Tisch. Alles, was an Unklarheiten vorlag, sollte bis zur Hauptversammlung geklärt sein, so daß die Geschäftsleitung unbelastet weitermachen kann. Für die Kontrolle des Vorstandes hat grundsätzlich der Aufsichtsrat zu sorgen. Allerdings gibt es Fälle, die den Eindruck vermitteln, diese Gremien nehmen es mit ihren Pflichten nicht so genau. Die Mitglieder des Aufsichtsrates wählt die Hauptversammlung. In der Praxis entsenden häufig die Großaktionäre einen Vertreter aus ihrer Mitte in den Aufsichtsrat, der dort die eigenen Interessen wahrnehmen soll. Das kann durchaus auch in Ihrem persönlichen Interesse sein.

21. Kapitalerhöhung

Nicht bei jeder Hauptversammlung wird man über eine *Kapitalerhöhung* abstimmen. Dennoch, diese Frage gehört zu den einschneidenden Maßnahmen für ein Unternehmen und wird daher bei dieser Gelegenheit entschieden. Schlägt die Geschäftsleitung diesen Schritt vor, braucht sie von ihren Aktionären frisches Kapital. Es kann gebraucht werden, um neue Produkte auf den Markt zu bringen, das Unternehmen auszudehnen oder weitere Produktionsanlagen zu bauen. Das sind nur drei Beispiele von vielen. Für eine Kapitalerhöhung benötigt man das Einverständnis der Aktionäre. Eine solche Kapitalmaßnahme bedeutet ja gleichzeitig eine mögliche Verschiebung in den Besitzverhältnissen am Unternehmen – je nachdem, wer sich an der Erhöhung beteiligt.

Was bedeutet das? Bei einer Kapitalerhöhung werden neue Aktien ausgegeben. Zu einem Nennwert – von in der Regel 50 Mark – und einem marktgerechten Börsenkurs. Man spricht dann oft von „jungen Aktien". Für die Börse bedeutet das nichts anderes als die Neueinführung von Aktien, die frisch an die Börse kommen. Sie bieten dem Altaktionär jedoch einen entscheidenden Vorteil: Eine bestimmte Menge dieser „jungen Aktien" kann er gewöhnlich zu einem Preis beziehen, der spürbar unter dem aktuellen Börsenkurs liegt. Dafür steht ihm das sogenannte *Bezugsrecht* zu. Für eine bestimmte Anzahl von Aktien, die er bereits besitzt, kann er eine neue Aktie zum Vorzugspreis kaufen. Das Verhältnis beträgt zum Beispiel eins zu zehn. Für je zehn alte Aktien bekommt er eine billige neue – ein attraktives Angebot.

Machen nun alle Altaktionäre von ihrem Bezugsrecht Gebrauch, ändert sich an den Besitzverhältnissen nichts. Wer dagegen nicht mitmacht, rutscht mit seiner Beteiligung nach unten. Als Kleinanleger ist diese Sache für Sie nicht von größerer Bedeutung. Wichtig wird diese Tatsache bei den Großaktionären, die etwa eine ganze Schachtel von 25 Prozent halten. Sind sie an der Kapitalerhöhung nicht interessiert, kann es für das Unternehmen schwierig werden, die neuen Mittel in die Kasse zu bekommen.

Für die Abstimmung über die Tagesordnungspunkte genügt meistens die einfache Stimmenmehrheit. Dabei kommt es nicht darauf an, wie viele Personen auf der Hauptversammlung anwesend sind, sondern wieviel Prozent vom Aktienpotential jeder einzelne vertritt. Ein Bankvertreter, dem seine Depotkundschaft sämtliche Stimmrechte übertragen hat, verfügt über ein entsprechend größeres Stimmrecht. Genauso geht es dem Großaktionär, der über eine nennenswerte Beteiligung verfügt. Auf Stimmrechtskarten ist die genaue Quote jedes Hauptversammlungsteilnehmers festgehalten.

22. Geburt des Aktienkurses

Erlauben Sie im Zusammenhang mit der Kapitalerhöhung noch einen kleinen Ausflug ins Grundsätzliche. Er bietet sich förmlich an: Wie bei der Neueinführung eines Unternehmens an die Börse, fangen die „jungen Aktien“ gewissermaßen bei Null an. Bezugsgröße für die Aktienemission ist immer das Grundkapital eines Unternehmens. Egal, ob die Aktien erst an die Börse kommen oder über den Weg der Kapitalerhöhung, das Volumen des Grundkapitals entspricht immer der Anzahl ausgegebener Aktien zu einem bestimmten Nennwert.

Ein Beispiel: Verfügt die Gesellschaft über ein Grundkapital in Höhe von fünf Millionen Mark, gibt es genau eine Million Stammaktien zum Nennwert von 50 Mark. Nun weiß aber jeder, daß Aktien äußerst selten für den Nennwert zu bekommen sind. Das ist auch gut so. Denn andernfalls würde es der Börse ziemlich schlecht gehen.

Der Aktienmarkt berücksichtigt nämlich außer dem Stammkapital noch andere Werte des Unternehmens (etwa Rücklagen, stille Reserven, Grundstückseigentum, anderes Vermögen und Umsatzziffern). Dazu kommen gewissermaßen ideelle Werte. Wie steht das Unternehmen auf dem angestammten Markt da? Wie sehen die Zukunftsaussichten aus? Hat man einen guten Namen? Und bei einer Kapitalerhöhung: Wie beliebt sind die Aktien bis dato beim Publikum? Alles zusammengenommen ergibt eine Bewertung der Aktien, die häufig weit über dem Nennwert liegt. Die Differenz zwischen Nennwert und tatsächlichem Ausgabekurs fließt als zusätzlicher Ertrag in die Kasse des Hauses. Nach Abzug aller Unkosten – für die Börsenzulassung und die begleitende Bank – versteht sich. Wenn man glücklich alle Papiere an den Mann gebracht hat, bleibt alles weitere dem Spiel von Angebot und Nachfrage überlassen. Auf das Unternehmen selbst hat das keinen direkten Einfluß mehr. Meistens bleibt es eine Imagefrage, wie es um den Kurs der eigenen Aktien an den Börsen bestellt ist. Nur bei Firmenübernahmen über die Börse fällt dem Aktienkurs noch einmal eine entscheidende Rolle zu. Daran mißt sich dann letztlich der Preis, den der Interessent für das Unternehmen zahlen muß.

4. Kapitel
Wie bewerte ich Aktien?

Der Ruin kann drei Ursachen haben: Frauen, Wetten und Befragung von Experten

George Pompidou

Die Unternehmen, so klagte der Chrysler-Sanierer und Star-Manager Lee Iacocca 1987, seien zu Spielzeugen des Finanzmarktes verkommen. Gewissenlose und gewinnsüchtige Geld-Haie in Nadelstreifenanzügen hätten die Börse zum Rangierbahnhof umfunktioniert, an dem Firmen jeder Größe samt Management hin- und hergeschoben, ausgeschlachtet und wieder verhökert würden.

Die Spekulationsfonds, die diese Börsenprofis speziell für ihre Übernahmeschlachten bilden, umfassen an der Wall Street zeitweise über 40 Milliarden Dollar. Bei dem in den USA üblichen Kredithebel von eins zu zehn würde dieses Geld reichen, alle acht deutschen Börsen auf einen Schlag aufzukaufen.

Allein die Kriegskasse von 43 Milliarden Mark für die Übernahme des US-Tabakriesen RJR Nabisco im Sommer 1989 hätte gereicht, um auf einen Schlag BMW, die Commerzbank, Karstadt, Hochtief, RWE, Thyssen und VW zu kaufen.

Ein solcher Übernahmeversuch war es, der am 16. Oktober 1989 an den deutschen Börsen zum größten Tagesverlust nach dem Krieg führte. In den USA waren in der Woche zuvor die Verhandlungen über die Finanzierung der Übernahme der amerikanischen Fluggesellschaft United Airlines geplatzt. Die Banken hatten sich geweigert, die für solche Transaktionen nicht gerade spektakuläre Summe von sechs Milliarden Dollar bereitzustellen.

Viele Berufshändler zogen daraus den Schluß, das Fusionskarussell könnte mangels Treibstoff ins Stocken geraten. Die Reaktion: Sie verkauften Aktien anderer Übernahme-Kandidaten. Doch niemand wollte sich an den „heißen Papieren" die Finger verbrennen. Es fanden sich keine Käufer. Die Berufshändler warfen weitere Aktien auf den Markt, die nichts mit dem Übernahmefieber zu tun hatten, sie brauchten Liquidität. Das Ergebnis: Umfangreiche Anschlußverkäufe restlos verunsicherter Kleinanleger, allgemeiner Kursverfall, schlimme Erinnerungen, Krisenstimmung. Das war Freitag, der 13. Oktober in New York. Die Wall Street, heftig pulsierende Herzkammer des Kapitalismus, schien wieder am Rande eines Infarkts. Viele, die die Börsen schon lange als Sicherheitsrisiko für die moderne Volkswirtschaft hielten, sahen sich wieder einmal bestätigt.

Daß das vergleichsweise übersichtliche Geschäft mit United Airlines „in erster Linie an den überzogenen Forderungen der Käufer gescheitert war", wurde erst später klar.

Die bundesdeutschen Anleger hatten ein ganzes Wochenende Zeit, sich in wildesten Spekulationen über die Folgen des Kursverfalls an der Wall Street zu ergehen. Am Montag, dem 16. Oktober, brach Panik aus. Die Börsenmakler wateten in den Fluten der rosafarbenen Verkaufsaufträge.

Viele Kleinanleger fragen sich seitdem, ob sie in Zukunft lieber zum Wahrsager gehen sollen, wenn sie Auskunft über mögliche Kursentwicklungen bestimmter Aktien haben wollen.

Aus den jüngsten Oktober-Unruhen an den Börsen der Welt lassen sich viele – vor allem für Kleinanleger – wichtige Schlüsse ziehen.

Erstens: Legen Sie nicht Ihr gesamtes Geld an der Börse an.

Zweitens: Aktienspekulation ist Geduldsache. Sie dürfen nicht darauf angewiesen sein, das in Wertpapieren gebundene Geld schnell in Liquidität umzuwandeln. Ein guter Aktionär muß eine Delle in der Erfolgskurve seiner Papiere aussitzen können.

Drittens: Keine Aktien auf Kredit! Das potenziert das finanzielle Risiko, minimiert die Gewinne und macht zu sehr vom Faktor Zeit abhängig.

Viertens: Die Börse ist weder ein „Spielkasino" noch ein Hort der Irrationalität. Sie ist auch keine Verschwörung des großen Geldes gegen die vielen Kleinen, die sowieso keine Chance haben. „Die Reichen seien noch reicher geworden", resümierte nach dem apokalyptischen Börsentag in Frankfurt eine Münchner Boulevardzeitung. Führende Politiker der FDP behaupteten sogar, die Kleinanleger seien in die Bärenfalle getappt. Der Bär ist bei den Börsianern das Wappentier der Skeptiker. Doch niemand, das muß klargestellt werden, hat irgendeinen Kleinaktionär nach den jüngsten Börsenturbulenzen gezwungen, seine Papiere zu verkaufen. Im Gegenteil, Ruhe zu bewahren war der gängige und überwiegende Rat in den Medien und an den meisten Bankschaltern.

Nun haben Ratschläge selbsternannter und ausgewiesener Börsenprofis wieder Konjunktur. Die Tageszeitungen quellen über mit wohlgemeinten Tips wie „Jetzt Aktien kaufen", mit Versprechungen wie „Börsengewinne mit Swingtrend", Fragen wie „Wie stehen Ihre Aktien?" und Profilierungsversuchen wie „Aktienkursniedergang exakt prognostiziert".

Wem soll man nun Glauben schenken? Aktiengurus wie André Kostolany, der über den Großteil seiner eigenen Zunft sagt, sie zitiere „nur die Hälfte der statistischen Zahlen, die man zitieren müßte" und der sämtliche Volkswirte in Verruf bringt, weil er ihnen unterstellt, sie seien trotz ihrer Diplome Gladiatoren, die mit verbundenen Augen kämpften? Wem soll man dann noch vertrauen?

Am besten dem eigenen Verstand, den man mit wichtigen Grundregeln, Erfahrungswerten anderer, die sich be-

BÖRSENBRIEF – Karikatur aus Handelsblatt vom 15./16.9.88

reits die Nase blutig gestoßen haben und ein paar analytischen Werkzeugen geschult hat.

Wie bewerten die Profis die Erfolgsaussichten ihrer Papiere? Welche Kriterien ziehen sie heran, um heiße Papiere aufzuspüren? Woher beziehen sie ihre Informationen, wie kommen sie dem Börsenerfolg auf die Spur?

Nur wer sich des Instrumentariums professioneller Aktienanalysten bemächtigt, wer sich den nötigen Background verschafft, um Entwicklungen und Tendenzen rechtzeitig zu erkennen, der ist nicht auf pure Spekulationen und Gerüchte angewiesen und – ganz besonders wichtig – auch nicht auf die Versprechungen einiger Oberschlauer, die uns in wohlklingenden Zeitungsanzeigen immer wieder vormachen wollen, an der Börse könne man das Geld „im Schlaf“ verdienen, zumindest aber reich werden, „ohne zu arbeiten“. Nichts von alledem ist wahr. Auch an der Börse müssen die Brötchen sauer verdient werden. Eine Arbeit, zugegeben, die mit vielen unerfüllten Hoffnungen und Enttäuschungen verbunden sein kann, eine Arbeit aber, die überdurchschnittliche Gewinnmöglichkeiten mit Risiken verbindet, die mit solidem Grundwissen in einem vertretbaren Rahmen gehalten werden können.

Vielleicht sollten wir an dieser Stelle einmal das Gewinnpotential aufzeigen, das in Aktien steckt. Dabei zeigt sich, daß Aktien weit über die schnelle Mark hinaus auch langfristig „Renditen“ abwerfen, die sich mit den Alternativ-Erträgen von festverzinslichen Wertpapieren – den Kapitalmarktzinsen – locker messen lassen. Die Commerzbank hat in einer exakten Analyse der Chancen und Risiken bei Geldanlagen im Zeitraum 1955 bis 1988 für Aktien die mit Abstand höchsten Erträge errechnet. Zentrale Erkenntnis der Rendite- und Risiko-Studie: Aktien bergen höhere Risiken als Festverzinsliche, bringen aber erheblich höhere Gewinne. Der durchschnittliche Jahresertrag für den genannten Zeitraum lag laut Commerzbank bei Aktien mit 13 Prozent fast doppelt so hoch wie bei Rentenpapieren. Die – durchaus hinnehmbare – Kehrseite der Medaille: Aktien brachten selbst unter Berücksichtigung der Dividende in 12 von 34 Jahren weniger als das gute alte Sparbuch. Das war bei Anleihen nur in zwei Jahren der Fall. Zwar lockt die relativ hohe „Zitterprämie“ der Aktien im internationalen Vergleich bei uns noch immer wenige Anleger, doch die Scheu der deutschen Sparer vor Aktien nimmt ständig ab.

Die privaten Haushalte vereinigen nach den Unternehmen den größten Aktienbesitz auf sich. Allerdings: Die Aktie als Wertpapier hatte in der Gunst der kleinen Sparer um die Wende zu den 80er Jahren einen Tiefpunkt erreicht, der durch den lange anhaltenden wirtschaftlichen Aufschwung und die damit einhergehende Renaissance der Börse überwunden werden konnte. Der Crash im Oktober 1987 und der sogenannte Mini-Crash im Oktober 1989 haben den spekulativen Charakter des Engagements in Aktien dokumentiert und gezeigt, daß Aktien nicht ohne Risiko sind. Doch selbst so konservative Investoren wie Banken und Versicherungen – das zeigt die Grafik – engagieren sich im-

Struktur des Aktienbesitzes
in der Bundesrepublik Deutschland
Anteile in Prozent

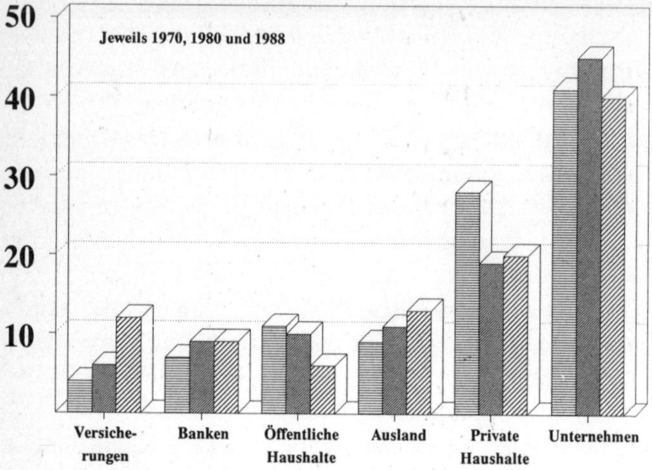

Quelle: Dresdner Bank, Investment Research

mer mehr in den Dividendenpapieren. Auch der Anteil der „Ausländer" an den deutschen Börsen hat in den 80er Jahren zugenommen und wird in Zeiten, in denen die D-Mark aufwertungsverdächtig erscheint, vorübergehend spürbar zunehmen.

Der Aktien-Anteil am Bruttogeldvermögen der privaten Haushalte – 1988 rund 2600 Milliarden Mark – liegt derzeit bei sechs Prozent. Vor 30 Jahren hatte dieser Anteil einmal bei 27 Prozent gelegen und war dann bis zu Beginn der 80er Jahre ständig gesunken. Im Zuge des lang anhaltenden Börsenaufschwungs erlebte die Aktie dann unter privaten Anlegern ein kleines Comeback. Auf den Aktienzug, der auf längere Sicht mehr Erfolg verspricht, springen in den letzten Jahren auch so konservative und vorsichtige Aktionäre wie öffentliche Haushalte, Versicherungen und Banken zunehmend auf.

Der vergleichsweise geringe Anteil der Sparer am Aktienvermögen erklärt, warum in heimischen Börsensälen meist erst dann Stimmung aufkommt, wenn kapitalkräftige Anleger aus Japan oder den USA aufkreuzen.

Natürlich haben der Crash am 19. Oktober 1987 und die Turbulenzen vom 13. und 16. Oktober 1989 gezeigt, daß selbst die fundiertesten Analysen innerhalb von Minuten zur Makulatur werden können. Doch die Konsequenz darf nicht lauten, auf Prognosen ganz zu verzichten.

Ein eleganter, nebenbei zeitsparender und relativ erfolgversprechender Einstieg in die Kunst der Börsenberechnungen ist der Vergleich der Börsenprognosen von Profis. Viele Tageszeitungen, Zeitschriften und Börsenmagazine unterziehen die Finanzgurus und ihre Vorhersagen regelmäßig Tests und Vergleichen, die zeigen, wer das beste Fingerspitzengefühl und die renditeträchtigeren Informationen hat. „Was leisten Profis?", fragen beispielsweise immer wieder die Redakteure der Zeitschrift „Wertpapier" und listen für den Anleger sehr übersichtlich und daher aufschlußreich die Prognose-Bilanzen führender Aktienberater auf. Ähnliche Vergleiche gibt es auch in den führenden überregionalen Tageszeitungen (überwiegend zu Wochenbeginn) und in Finanzpublikationen mit Breitencharakter wie „Capital". Den ganzen deutschen Aktien-Blätter-Wald an dieser Stelle zu durchforsten ist schlicht und einfach unmöglich. Doch ein Blick in die Regale größerer Zeitschriftenläden reicht vollkommen aus, um sich einen Überblick zu verschaffen.

Natürlich reicht es nicht aus, die besten Adressen zu kennen. Wer seine Erfolgschancen nicht nur meßbar, sondern spürbar steigern will, muß sich wenigstens der wichtigsten Werkzeuge des erfahrenen Aktienexperten bedienen können.

Chartisten und Fundamentalisten: Geht es nach André Kostolany, dann zählen an der Börse auf Dauer nur Optimismus und gute Nerven. Die Verwendung von Kurven und Statistiken bezeichnet er unter Zuhilfenahme von Hamlet als Unsinn mit Methode, gar als fixe Idee. Zwar sind Optimismus und Phantasie der Stoff, aus dem die Börsenträume sind, doch die Portemonnaies und Wertpapierdepots – rund 10 Millionen gibt es in der Bundesrepublik – füllen sich damit noch nicht. Bei der Frage – „Wie beurteile ich am besten die Erfolgsaussichten ausgesuchter Aktien?“ scheiden sich die Börsianer überwiegend in zwei – zum Teil unversöhnliche – Lager: Die Fundamentalisten, die ihre Aktienanalyse auf Bilanzzahlen wie Gewinn, Cash Flow und Umsatzrenditen aufbauen, und die Chartisten, die sich an schönen Kurven ergötzen, die ihnen Trends aus der Vergangenheit zeigen und Aufschluß auf die Zukunft geben sollen. Beide Prophetengruppen haben seit den schwarzen Börsentagen der Jahre 1987 und ’89 Argumentationsprobleme. Die Fundamentalisten, weil sie in der Hitze der Schlacht mit noch so schönen Bilanzzahlen niemanden mehr überzeugen konnten, und die Chartisten, weil ihre Kurven bis auf ganz wenige Ausnahmen nicht vom Nahen des Crashs kündeten. Wir wollen in diesem Kapitel zunächst die wichtigsten Auffassungen und Werkzeuge dieser beiden Prognosegruppen beleuchten und zeigen, wo sie für den Kleinanleger hilfreich sein können.

Zinsen und Inflation: Die Zinsen machen die Kurse. Das behaupten nicht nur bekannte Börsengurus, das belegen auch die Erfahrungen gerade des Börsenjahres 1989. Das Fiebern und Zittern vieler Anleger – auch der, die nur noch selten etwas erschüttern kann – vor einem weiteren Anziehen der Zinsschraube durch die Deutsche Bundesbank, vermieste über Monate hinweg trotz eitlem Sonnenschein am Konjunkturhimmel die Stimmung. Die Logik hinter diesem Zusammenhang: Drehen die obersten Währungshüter an der Zinsschraube, dann entziehen sie der Volkswirtschaft und damit auch der Börse Geld und Nachfrage.

Sie verteuern die Kredite der Unternehmen und schmälern tendenziell deren Investitionsbereitschaft und damit die Ertragskraft. Und sie lenken einen Teil des vielen Geldes, das Anlagemöglichkeiten sucht, um die Börsensäle herum. Die Inflation steht damit in engem Zusammenhang: Kommt die Preisspirale in Gang, werden die Notenbanker nervös und greifen über die Zinsbildung ins Geschehen ein. Auch über die Wirkung von Zins- und Preisveränderungen auf die Aktienkurse wird daher dieses Kapitel Auskunft geben.

Dow Jones und Dollar: Die alte Aktionärsweisheit, wonach die deutschen Börsen eine Lungenentzündung bekommen, wenn in New York an der Wall Street jemand hustet, hat sich während der heißen Börsentage 1987 und 1989 besonders drastisch bewahrheitet. Welche Auswirkungen haben bestimmte Stimmungslagen und -umschwünge an der Börse von New York? Wie wirkt sich das Auf und Ab des US-Dollars auf unsere Börsen aus? Der Dollar kratzte 1989 gleich zweimal die Zwei-Mark-Grenze und hielt damit nicht nur die Notenbanken in Atem, die mit Dollarverkäufen den Höhenflug des Greenback bremsen wollten. Steigt der Wechselkurs des Dollars, dann steigen auch die Gewinne deutscher Exporteure bei Ausfuhren in den Dollarraum. Die Kehrseite der Medaille: Einfuhren, die in Dollars abgerechnet werden, verteuern sich ebenfalls und schüren so die Inflation.

In welchem Zustand ist die Branche: Wer mehr als nur Witwen- und Waisenpapiere mit sicheren, dafür meist aber bescheidenen Dividenden will, der muß nach den Überfliegern suchen, nach expandierenden Branchen, deren Unternehmen hohe Zuwächse und Gewinne versprechen. Wer solche Branchen im Börsendschungel geortet hat, kann ohne große Aufregung auf Zeit spielen und auf längere Sicht ziemlich sichere Gewinne mitnehmen. Gesucht sind also: Aktien mit Zukunft, Papiere mit Phantasie und

Auftrieb, die auch in schlechten Zeiten nicht ganz aus der aufsteigenden Bahn geraten. Die Medien füttern uns täglich mit langen Zahlenreihen und riesigen Bleiwüsten über den Zustand ganzer Wirtschaftszweige. Mit der nötigen Aufmerksamkeit und etwas Fleiß können die Ertragsprognosen so gefiltert werden, daß zuverlässige Bilder über die weitere Entwicklung entstehen.

Was tun die Bräute: Daß Kasse sinnlich macht, zeigt sich vor allem an der Hochzeitswut, die neuerdings auch an europäischen Börsen wütet. Ganze Scharen hungriger Firmenjäger karren ihre Einkaufswagen durch die Börsensäle. Ihr Treiben hält die gesamte Finanzwelt in Atem. Das Branchenblatt *European Deal Review* geht davon aus, daß bis zum Jahr 1992 noch 5 000 grenzüberschreitende Firmenkäufe getätigt werden. Niemand ist mehr sicher. In vielen Teppichetagen verwenden bestens qualifizierte Topmanager mehr Zeit auf die Abwehr einer feindlichen Übernahme als auf strategisch wichtige Entscheidungen. Man muß keinen guten Bekannten in einer Investmentfirma haben, um möglichen Übernahmen auf die Spur zu kommen. Vielfach liegen bevorstehende Firmenkäufe auf der Hand, weil ganze Branchen unter Zugzwang geraten und sich abzeichnet, daß nur ein Bruchteil der heute noch erfolgreichen Unternehmen überleben kann. Eine solche Branche ist beispielsweise die Luftfahrt. Jeder mit Jedem heißt dort das Motto, seitdem klar ist, daß bis zum Jahr 2 000 vielleicht nur 15 Airlines übrigbleiben. Konsequenz: Jeder versucht, unsinkbare Schiffe zu schmieden. Die Bräute, die zu diesem Zweck akquiriert werden, erzielen nach Bekanntgabe der Heiratsabsichten oft schwindelerregende Kursgewinne. Wohl dem Börsianer, der hier einen guten Riecher zeigt.

1. Zwischen Reinfall und Rendite – Die Aktienanalyse von Chartisten und Fundamentalisten

„Wer gut schlafen will, kauft Anleihen, wer gut essen will, bevorzugt Aktien", lautet ein alter Börsenspruch.

Diese Aktionärs-„Weisheit" bestätigt zwar, daß mit Dividendenpapieren hervorragend verdient werden kann, warnt aber auch vor dem Risiko, das eine Beteiligung am Produktivvermögen der Wirtschaft in Form von Aktien mit sich bringt.

Aktien gelten hierzulande landläufig als risikoreich, undurchsichtig und teilweise auch unrentabel. Daß die Deutschen bis heute kein Volk von Aktionären sind – ihre Zahl liegt fast konstant bei rund drei Millionen – hat sowohl historische als auch strukturelle Gründe: Zum einen war die Aktie bei uns lange Zeit ein unbeliebtes Finanzierungsinstrument, zum anderen basiert die Altersversorgung in der Bundesrepublik noch immer auf der traditionellen Kombination von gesetzlicher Rentenversicherung, betrieblicher Altersversorgung und – zu einem erst in jüngster Zeit steigenden Teil – auf privater Vorsorge. Die aber kommt, wie wir wissen, in erster Linie dem steuerlich geförderten Versicherungssparen zugute.

Schließlich gibt es einen dritten Grund für den geringen Stellenwert der Aktie in Deutschland: Es ist die „Kompliziertheit" dieses „Anlagevehikels", die selbst diejenigen beklagen, die dieses Gebiet einigermaßen überblicken (Margot Schoenen, Westdeutsche Landesbank Girozentrale, Börsenzeitung, 8.11.1986).

Um dieses Hindernis zu beseitigen, müssen dem potentiellen Aktionär die volkswirtschaftlichen Zusammenhänge klargemacht werden, müssen ihm leicht verständliche und leicht handhabbare Instrumente an die Hand gegeben werden, mit denen er den Preis und die Erfolgsaussichten einer Aktie bewerten kann.

Am Markt der Märkte, dem Aktienmarkt, wird nicht mit Äpfeln und Birnen gehandelt, sondern mit Erwartungen und Prognosen. Börsianer müssen nicht nur Entwicklungen und Ereignisse ahnen oder erraten, sondern auch noch die Reaktionen aller anderen Anleger darauf.

Für André Kostolany spielen schlicht und einfach 90 Prozent der Börsenteilnehmer Roulette (Capital, 1/89).

Doch die Tour durch den Aktienmarkt muß keine riskante Gratwanderung zwischen Reinfall und Rendite sein. So unkalkulierbar wie uns viele Zeitgenossen und die jüngsten Börsenturbulenzen glauben machen wollen, ist der Aktienhandel nämlich längst nicht.

Es gibt ein breites und teilweise lange erprobtes Instrumentarium, das die Ermittlung absolut zuverlässiger Kennzahlen erlaubt, eine Grundlage, auf der jeder Laie mit wenigen Berechnungen wenigstens gute von schlechten Aktien unterscheiden und mit etwas Fingerspitzengefühl und sorgfältiger Beobachtung ausgezeichnete Erfolge erzielen kann.

Die Ausgangsfrage für jeden Börsianer lautet: Kann ich mit einer Aktie mehr oder wenigstens gleich viel verdienen wie mit einer alternativen Anlageform? Oder: Wie hoch ist die Aktien-„Rendite" verglichen mit den Erträgen, die Rentenwerte, also festverzinsliche Wertpapiere, abwerfen?

„Eine erfolgreiche Aktienanlage zu tätigen heißt letztlich, auf einen einzigen Nenner gebracht, sich an der Ertragskraft, sprich den künftigen und nachhaltig erzielbaren Gewinnen des Unternehmens zu orientieren und diese ins Verhältnis zum Kurs zu setzen, um damit eine Aussage über die Preiswürdigkeit der Aktie treffen zu können und einen objektiven Bemessungsmaßstab, wie er im KGV zum Ausdruck kommt, zu finden." (Margot Schoenen, Westdeutsche Landesbank Girozentrale, Börsenzeitung, 8.11.1986)

So bringt es der *Fundamentalist* auf den Punkt. Ihn interessiert vor allem die Bilanz eines Unternehmens, der Geschäftsbericht. Aus den darin veröffentlichten Zahlen errechnet er den *Gewinn pro Aktie*, das *Kurs/Gewinn-Verhältnis* und ermittelt so die Preiswürdigkeit einer Aktie.

Mit anderen Worten: Der Fundamentalanalyst oder Fundamentalist interessiert sich für den inneren Wert einer Aktie und glaubt nicht automatisch, daß der an der Börse zustande gekommene Kurs immer der richtige sei.

Die zweite Prophetengruppe an der Börse, die *Chartisten*, nehmen genau diesen Kurs als gegeben hin und versuchen, daraus bestimmte Entwicklungen abzuleiten. Sie versuchen, Verhaltensmuster des Börsenkurses zu erkennen. Das vorrangige Ziel der Chartisten und ihrer Kurvenkünste besteht also darin, den richtigen Zeitpunkt zum Einstieg in eine Aktie zu erwischen. Dafür müssen sie sich jedoch auf Daten aus der Vergangenheit verlassen. Die Fundamentalisten wiederum gehen von der Zukunft aus, von den zu erwartenden Gewinnen eines Unternehmens. Über den günstigsten Anlagezeitpunkt können sie nur grobe Anhaltspunkte liefern.

In der Praxis bieten die Chartisten eher kurzfristig, die Fundamentalisten langfristig bessere Informationen. Da ein Kleinanleger in der Regel aufgrund des Ordermechanismus und der Bankgepflogenheiten nicht so schnell reagieren kann wie ein Profi und normalerweise an einem längeren Engagement interessiert ist, wollen wir hier zunächst auf die Instrumente der Fundamentalanalyse eingehen und erst anschließend die Weisheiten der Chartisten darstellen. Diese Gewichtung entspricht durchaus der täglichen Praxis der Profis, die der technischen Analyse, wie die Charttechnik auch genannt wird, eher eine kontrollierende Funktion zuordnen und aus ihrer Anwendung Zusatzinformationen gewinnen.

Um jeglicher Verwirrung über das Wort *Gewinn* vorzubeugen, sei eines gesagt: Das Wort wurde von den Bilanzprofis und Finanzanalysten Mitte der 70er Jahre durch den Begriff *„Ergebnis“* ersetzt. Den Gewinn, den die Unternehmen nach den gesetzlichen Vorschriften ausweisen müssen und der sich von der im täglichen Sprachgebrauch gemeinten Größe etwas unterscheidet, bezeichnet die Gewinn- und Verlustrechnung als *Jahresüberschuß*.

Als Ausgangsgröße für den Aktionär gilt hier der Jahresüberschuß eines Unternehmens, der „echte“, im Geschäftsbericht ausgewiesene Gewinn. Erstellt die Aktiengesellschaft, die betrachtet wird, einen Konzern-Geschäftsbericht, muß vom Konzern-Überschuß ausgegangen werden.

Damit dem Börsenkurs einer Aktie eine bestimmte Gewinngröße gegenübergestellt werden kann, muß nun der *Gewinn je Aktie* ermittelt werden. Der Jahresüberschuß wird hierfür durch die Zahl der dividendenberechtigten Aktien geteilt. Nehmen wir einen großen Automobilhersteller, der einen Jahresüberschuß von 1 500 Millionen Mark ausweist. Von diesem Unternehmen sind 20 Millionen bezugsberechtigte Aktien in Umlauf. Der Gewinn je Aktie wäre hier 75 Mark.

Da den weitsichtigen Börsianer die zukünftige Ertragsentwicklung mehr interessiert als die augenblickliche Substanz, werden sehr oft die Ergebnisvorausschätzungen für die börsennotierten Unternehmen veröffentlicht. In diese Größen müssen Faktoren wie die konjunkturelle Entwicklung, die Erwartungen der Branche, Zinsen, Währungsrelationen und viele weitere Größen eingehen.

Die Arbeit, dies zu berechnen, nehmen dem kleinen Anleger Heere von Analysten ab, deren Ergebnisse regelmäßig in den Finanzzeitungen und einschlägigen Börsendiensten veröffentlicht werden. Sie sind teilweise mit Vorsicht zu genießen, weil die Analysten oft Unternehmen bewerten, die ihrem Arbeitgeber, der Bank, gehören oder als guter Kunde gegenüberstehen. Wenn aber eine Hausbank ihren Geschäftspartner, ihre Tochter oder ihre eigene Konzern-Gesellschaft bewertet, wird sie ihr gewiß kein schlechtes Zeugnis ausstellen. Sei es wie es will, dem kleinen Aktionär bleiben in der Regel nur die frei verfügbaren Daten.

Damit nun der ermittelte *Gewinn je Aktie* eine börsenbezogene Aussagekraft erhält, muß er in Beziehung zum Börsenkurs der betrachteten Aktie gesetzt werden. Die Börsianer sprechen hier vom *Kurs/Gewinn-Verhältnis*, kurz KGV. Es gibt an, mit dem Wievielfachen die Börse bereit ist, den Gewinn je Aktie zu honorieren, zu bewerten. Um beim Beispiel von vorhin zu bleiben: Bei einem Gewinn von 75 Mark je Aktie und einem Kurs von 750 Mark läge das KGV bei zehn. Mit diesem Wert können nun verschiedene Aktien ein und derselben Branche sehr gut miteinander verglichen werden. Dieser Vergleich gibt Auskunft darüber, ob eine Aktie analytisch billig oder teuer ist. Doch Vorsicht: Der Vergleich behält seine Aussagekraft nur bei Papieren einer Branche. Aktien unterschiedlicher Branchen anhand dieses Kriteriums zu vergleichen wäre wenig aufschlußreich, weil Branchen unterschiedlich schnell wachsen und unterschiedliche Ertragszyklen aufweisen.

Ein kleiner Hinweis am Rande: In Zeiten, in denen die „Ausländer" die deutschen Börsensäle stürmen, profitieren vor allem ertragsstarke Papiere, weil sie auf die Anleger von jenseits der Grenzen die größte Anziehungskraft ausüben. Naturgemäß tauchen ausländische Anleger verstärkt dann auf, wenn sie neben hohen Erträgen und Dividenden auch andere Gewinne mitnehmen können, beispielsweise Währungsgewinne bei der D-Mark.

Als *Faustregel* kann festgehalten werden: Um die Rendite der Aktien der Alternativrendite von festverzinslichen Papieren gegenüberzustellen, wird folgendermaßen verfahren: Die *Gewinnrendite bei Aktien*, 100 geteilt durch das Kurs/Gewinn-Verhältnis, wird verglichen *mit dem* – normalerweise niedrigeren – *Kapitalmarktzins*.

Für diesen Zins kann ich die Rendite langjähriger, am

Aktie	Gewinn je Aktie 1987	1988 in Mark	1989	Ertrags-dynamik[2] in Prozent	Kurs/Gewinn-Verhältnis[3]	Rendite[4] in Prozent	Capital-Punkte[5]
Chemie/Pharma							
BASF	26	30	31	9,2	**9,6**	6,3	●●●
Bayer	30	35	36	9,5	**8,6**	6,1	●●
Degussa	22	26	27	10,8	**16,3**	3,7	●●
Henkel Vz.	26	29	31	9,2	**17,1**	2,4	●●
Hoechst	30	36	38	12,6	**8,1**	6,1	●●●
Schering	28	31	34	10,2	**18,8**	3,2	●●●
Elektrotechnik							
Siemens	34	35	38	5,7	**14,1**	3,2	●●
Varta	27	28	29	3,6	**12,1**	4,5	●●
Auto und Zulieferer							
BMW	42	46	48	6,9	**10,9**	3,7	●●
Continental	30	30	32	3,3	**8,3**	4,1	●
Daimler	67	64	61	-4,6	**10,9**	2,8	●
VW	37	42	42	6,5	**7,8**	4,8	●●

Stand: Mitte Februar 1989. [1]Durchschnitt der Analysen-Schätzungen von BHF-Bank, Bank in Liechtenstein, Commerzbank, Dresdner Bank, Trinkhaus &Burkhardt, West LB. [2]jährliche Wachstumsrate des Gewinns von 1987 bis 1989. [3]Auf der Basis des 1989 erwarteten Gewinns. [4]Auf der Basis der 1988 erwarteten Dividende inklusive Steuergutschrift. [5] ●●● Besser als der Börsentrend; ●● Im Trend; ● Schlechter als der Börsentrend.

BEISPIEL aus Capital, 3/89, Seite 76 „Aktienseller"-Liste

besten zehnjähriger Staatsanleihen nehmen. (Dieser Wert wird in allen großen Tageszeitungen im Wirtschaftsteil veröffentlicht und steht auch im Bundesbankmonatsbericht im statistischen Teil, Abschnitt „Kapitalmarkt", Punkt 6, „Renditen inländischer Wertpapiere".

Je größer die Differenz zwischen der Aktienrendite und dem Kapitalmarktzins ist, desto größer sind die Kurschancen der Aktien. Umgekehrt, wenn sich diese Schere schließt, wächst für den Aktionär die Gefahr von Rückschlägen.

Die findigen und nimmermüden Fundamentalisten haben natürlich längst weitere Einflußfaktoren ausgemacht, die die Aktienkurse mitbestimmen. Einer der wichtigsten Werte ist der sogenannte *Cash-flow.* Darunter verstehen die Finanzanalysten jene Mittel, die einer Aktiengesellschaft für Dividenden, Investitionen sowie für die Tilgung ihrer Schulden längerfristig zur Verfügung stehen. Mit anderen Worten: Der Cash-flow gibt wieder, wie groß die Regenerierungskraft eines Unternehmens ist.

Einziger Haken dieser zukunftsweisenden Kennziffer, die immer mehr Anhänger findet: Die Positionen, aus denen sich der Cash-flow zusammensetzt, sind sämtlich vergangenheitsbezogen. Doch die vorsichtigen Profis stützen sich lieber auf „testierte Bilanzen als auf Phantasiezahlen von Aktienpromotoren“ (Capital, 11/86, 88).

Einige Börsenspezialisten haben sich darauf konzentriert, die im Geschäftsbericht wiedergegebenen Zahlen über *Jahresüberschuß*, *Abschreibungen* und *Zinsaufwand* zu *summieren*. Der Grund: Sind die Abschreibungen hoch, gilt ein Unternehmen als investitionsfreudig und zukunftsgerichtet. Hohe Abschreibungen hat nur, wer viel investiert hat. Das mindert zwar aufgrund der Kosten bei der Anschaffung von Investitionsgütern kurzfristig den Jahresüberschuß, wirkt aber aufgrund der Modernität der Anlagen langfristig als renditeerhöhend. Viele Börsenspezialisten sowie einige Wirtschaftszeitungen und Börsenblätter geben diesen Wert in ihren Aktienübersichten regelmäßig an (siehe letzter Abschnitt dieses Kapitels). Generell gilt: Je höher der Cash-flow, desto besser für den Kurs der Aktien.

In den letzten Jahren wird immer wieder diskutiert, ob das Kurs/Gewinn-Verhältnis als Orientierungsgröße noch zeitgemäß sei. Die professionelle und von wissenschaftlichen Methoden gestützte Finanzanalyse steckt schließlich zum Teil noch in den Kinderschuhen und befindet sich in einem steten und raschen Wandel. Daher kommt es auch, daß selbst die internationalen Primadonnen wie Henry Kaufmann oder Joseph Granville allenfalls einen Konjunkturzyklus lange durchhalten und dann weg vom Fenster sind.

Joe Granville scheint eine der wenigen Ausnahmen zu

sein. Der exzentrischste und einflußreichste Börsenguru der 70er Jahre feierte jüngst ein erstaunliches Comeback. In seinen einmaligen Shows, mit denen er in den besten Zeiten mühelos die Carnegie Hall in New York füllte, kombinierte er ernste Vorträge mit virtuosen Klaviereinlagen und kabarettistischen Darbietungen. Seine „Sell-everything"-Empfehlungen an einem Morgen im Januar 1981 ließen den Dow Jones Index um 24 Punkte abrutschen.

Granville galt lange Zeit als der Papst derer, die daran glauben, daß sich die Gesetzmäßigkeit von Börsenbewegungen errechnen läßt. Allerdings verpaßte er die Trendwende, die die große Hausse der 80er Jahre auslöste und büßte viel von seiner Glaubwürdigkeit ein. Granvilles Erfolgskonzept bestand in der Beziehung zwischen Börsenumsätzen und Kursbewegung. Es beeindruckte Profis und Laien gleichermaßen. Allerdings: Die „Jünger", die Old Joe Granvilles Empfehlungen bis zum Crash 1987 treu blieben, bezahlten mit bis zu 98 Prozent Verlusten. Doch im ersten Halbjahr 1989 führte der Beratungsbrief von Joe Granville mit einem Zuwachs von 156 Prozent die Liste der 110 besten Börsenbriefe an.

Daß selbst die Börsengurus solch wechselhafte Schicksale erleben, darf allerdings den Kleinanleger nicht schocken, vielmehr muß es bestätigen, daß nur sorgfältige Prüfung und Beobachtung den Weg zum Erfolg mit Aktien ebnet. Außerdem sind es nicht irrationale Entwicklungen, die verhindern, daß man Aktien mit Kursgarantien kaufen kann, sondern ganz normale, nachvollziehbare Prognose- und Bewertungsprobleme. Eines der gravierendsten Probleme wird im Zuge der Internationalisierung der Finanzmärkte und im Sog des europäischen Binnenmarktes schon bald beseitigt sein: Die Publizitätsscheu deutscher Unternehmen, die viele Geschäftsberichte in den Augen der Analysten als Nebelbombe auf das Finanzamt erscheinen läßt und nicht als solide und verläßliche Zahlenreihe, auf die man renditeträchtige Aktienprognosen aufbauen kann.

Weniger Kopfzerbrechen bereiten die Geschäftsberichte der Unternehmen den *Chartisten*. Sie widmen ihr Augenmerk den Kurven, die die zustande gekommenen Börsenkurse einer Aktie grafisch ausdrücken. Chartisten glauben, daß sich frühere Verläufe wiederholen. Der Grund: Sie sehen das menschliche Verhalten, das Käufe und Verkäufe und damit den Kursverlauf bestimmt, als Konstante. Aus dieser Logik folgt, daß die Beobachtung des bisherigen Kursverlaufs Schlußfolgerungen auf die künftige Kursentwicklung zuläßt.

In ihren Charts genannten grafischen Darstellungen von Zahlenreihen machen die Chartisten Tendenzen in der Kursentwicklung einer Aktie sichtbar. Wann der günstigste Zeitpunkt gekommen ist, um in einen Trend hineinzuinvestieren, entscheiden sie jedoch mit Hilfe ihrer langen Erfahrung und den geschulten Augen und nicht aufgrund mathematischer Gesetze. Die gibt es hierfür auch gar nicht.

Ein ausgebuffter Chartist kann in einer simplen Kurve allerdings auch lesen wie ein normaler Mensch in einem dicken Roman. Für den Einsteiger ist es wichtig zu wissen, daß Charts vor allem eines zeigen: Kurse nähern sich nicht direkt, sondern mit Ausschlägen einem Höhe- oder Tiefpunkt. Die Chartisten sprechen von einem Kanal. Er entsteht, wenn entlang den Tiefstpunkten und den Höchstwerten der vielen Einzelausschläge je eine Linie gezogen wird. Dem Börsianer hilft dies in doppelter Hinsicht: Erstens kann er Spekulationsgewinne einstreichen, wenn er auf der unteren Linie kauft und beim nächsten Erreichen der oberen Linie verkauft. Zweitens kann er beim Einstieg auf einem Tiefstpunkt den möglichen Gewinn schätzen. Börsianer, die sich schon einmal die Finger verbrannt haben, weil sie sich nicht früh genug von ihren Aktien trennen konnten, wissen dies durchaus zu schätzen. Das Kursziel sollte beim Einstieg immer bekannt sein.

Wenn eine Kursentwicklung über einen längeren Zeitraum dargestellt wird, läßt sich nach Auffassung der Char-

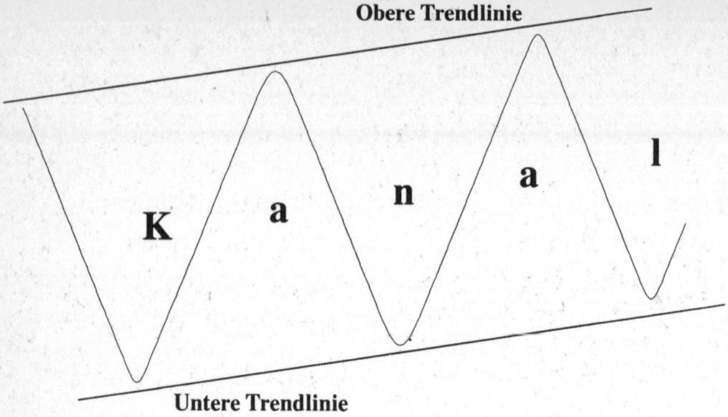

tisten überdies auch „ablesen“, wie lange es jeweils dauert, bis ein Kurs nach der Erholung von einem Anstieg die nächste Bergfahrt startet. Für den Chartisten heißt das, er kann beim nächsten Aufstieg die gesamte Strecke „mitklettern“ und auf dem nächsten Gipfel den optimalen Gewinn realisieren. Bevor das möglich ist, muß jedoch ein Trend ausfindig gemacht werden. Es liegt im Wesen einer Kurve, daß sie Höhe- und Tiefpunkte hat. Verbindet man nun zwei aufeinanderfolgende Tiefpunkte miteinander, dann ergibt sich meist eine steigende oder fallende Linie. Diese Trendlinie gilt solange als intakt, bis der Kurs sie nachhaltig, also um über drei Prozent durchbricht. Wird ein Aufwärtstrend gebrochen, ist es ratsam, erst einmal glattzustellen.

Erfahrene Chartisten können aus ihren Kurven auch mühelos Unterstützungs- und Widerstandslinien ablesen. Wenn sich mehrere Höchstwerte auf einem identischen Niveau gebildet haben und eine Gerade durch alle oberen Wendepunkte ungefähr waagrecht verläuft, zeigt sie eine Widerstandslinie an, die angibt, wann eine neuerliche Aufwärtsbewegung des Kurses wahrscheinlich aufgehalten wird. Hier empfiehlt sich der Verkauf der Papiere.

Die Unterstützungs- oder Supportlinie entsteht, wenn die aufeinanderfolgenden Tiefpunkte miteinander verbunden werden. Hier empfiehlt sich ein Einstieg, wenn die Kurve das nächste Mal diese Linie kratzt oder schneidet. Für die zuverlässigere Interpretation der verschiedenen Kurven haben die Chartisten mehrere Formationen definiert, die recht zuverlässige Vorhersagen über den weiteren Kurvenverlauf ermöglichen. Die Darstellung dieser Formationen würde allerdings in diesem Rahmen zu weit führen.

2. Die Zinsen machen die Kurse

Seit 40 Jahren predige er, gibt André Kostolany gerne zum besten, daß die Zinsen die Kurse machten. Nur wenige Jahre haben dafür einen besseren und eindrucksvolleren Beleg geliefert als das Jahr 1989. Das siebte Jahr des längsten wirtschaftlichen Aufschwungs in der Nachkriegsgeschichte bescherte ein glänzendes Wachstum, moderate Preissteigerungen, neue Arbeitsplätze, neue Exportrekorde und Geschäftsberichte, die alle Erwartungen übertrafen: Der Stoff aus dem Börsianerträume sind. Und trotzdem saß den Aktionären und Spekulanten über lange Phasen dieses Jahres die Angst im Nacken. Das Zinsschwert baumelte bedrohlich auch über den deutschen Börsensälen. Die Börsianer erinnerten sich lebhaft an den Oktober 1987. Da hatte man auch unterschätzt, welche psychologische Wirkung steigende Zinsen haben können. 1989, im Jahr der zweiten besorgniserregenden Börsenturbulenz dieses Jahrzehnts, da waren ebenfalls die Zinsen gestiegen. In der Bundesrepublik stiegen sie 1989 nach viermaliger Anhebung durch die Bundesbank auf den höchsten Stand nach 1982.

Um aus dieser Entwicklung Lehren für das Verhalten an der Börse zu ziehen, muß die Zinsentwicklung im Verlauf des konjunkturellen Aufschwungs über eine längere Phase hinweg betrachtet werden: Die Konjunktur und die Zinsentwicklung hängen nämlich direkt zusammen. Für den Börsianer ist es daher wichtig zu wissen, in welcher Phase der Konjunktur er sich befindet. Seit Beginn des wirtschaftlichen Aufschwungs der 80er Jahre nahm das Sozialprodukt stetig zu und war bis 1989 mit einer Ausnahme – 1984 – von einer ständigen Verringerung der Preissteigerungsrate begleitet.

Der Grund: Die Unternehmen reagierten auf die wachsende Nachfrage, indem sie brachliegende Produktionskapazitäten besser auslasteten. Ungenutzte Maschinenleistung wurde mobilisiert und damit die Produktionskosten gesenkt. Der Gipfel dieser Entwicklung wurde 1987 mit rückläufigen Verbraucherpreisen erreicht. Die Notenbanken hatten angesichts der ruhigen Entwicklung an der Preisfront, die sogar in eine Deflation mündete, keinen Anlaß die Zinsen hochzuhalten. 1987 sank der Diskontsatz auf den niedrigsten Stand seit dem Krieg.

Da auch nach 1987 die Nachfrage sehr hoch blieb und die Unternehmen wegen ihrer schlechten Erfahrungen aus der Rezession zu Beginn der 80er Jahre kaum in die Erweiterung ihrer Kapazitäten investiert hatten, stieg der Auslastungsgrad so stark an, daß ab 1988 die Investitionen für Erweiterungen stark zunahmen und sogar zum wachstumstragenden Element wurden.

Wenn allerdings die Nachfrage trotz voll ausgelasteter Kapazitäten steigt und die Unternehmen in Erweiterungen investieren, sehen sie sich zu Preissteigerungen animiert. Ergebnis: Die Inflationsspirale kommt in Gang. Genau das geschah 1989, als die Preissteigerungsraten über drei Prozent kletterten. Da zudem auch der Wechselkurs des Dollars anstieg und viele eingeführte Waren verteuert wurden, kam es zum Import von Inflation. Die Bundesbänker traten auf die Zinsbremse.

Ein untrügliches Zeichen dafür, daß die Bergfahrt der

Zinsen sich in einem wirtschaftlichen Aufschwung dem Gipfel nähert, sehen Profis in der Annäherung von kurz- und langfristigen Zinsen. Wenn, wie zuletzt 1989, die Zinsen für kurzfristiges Geld die Zinsen für die „Langläufer" übersteigen, sprechen die Finanzmarkt-Spezialisten von einer inversen Zinsstruktur, ein sicheres Zeichen dafür, daß die Konjunktur besonders robust ist und sich dem Gipfel nähert. Im Klartext: Eine Rezession naht. In den USA hat es nach dem Zweiten Weltkrieg acht Mal eine inverse Zinsstruktur gegeben, sechs Mal trat danach eine Rezession ein.

Für die Börsianer bedeutet die Phase, in der die „Kurzfristigen" die „Langfristigen" überholen, eine allgemeine, aber kurze Erleichterung über den Konjunkturrückgang. Diese Erleichterung hält aber nur so lange an, bis die Anleger Angst vor der Rezession haben. Werden die rezessiven Tendenzen stärker, steigen viele Anleger auf festverzinsliche Anleihen um. Ganz anders sieht das Szenario am Anfang eines konjunkturellen Aufschwungs aus. Hier wird das Wachstum – wie bereits dargestellt – durch höhere Auslastung der Kapazitäten aufgefangen, bedeutet also keine Gefahr an der Preisfront und damit auch keine steigenden Zinsen. Die Aktienkurse haben dann freie Fahrt nach oben.

Warum, so fragt sich der Laie, sind eigentlich steigende Zinsen Gift für die Aktien? Die Antwort: Erstens verteuern hohe Zinsen die Kredite der Unternehmen und drücken damit auf das Ergebnis. Zweitens sind steigende Zinsen oft das Resultat einer anziehenden Preissteigerung. Da diese immer Geldwerte und nie Sachvermögen angreift, werden an der Börse in Zeiten steigender Inflation eher die sogenannten Substanzwerte gefragt, also Aktien von Gesellschaften, die über umfangreichen Immobilienbesitz verfügen wie einige Brauereien und Bergbaugesellschaften.

Als Richtschnur kann die Regel gelten, daß steigende Zinsen einen Teil des nach Anlagemöglichkeiten suchenden Kapitals aus dem Aktienmarkt absaugen und in andere Anlageformen umleiten, vor allem in Anleihen. Deswegen hat die Börse auch in der Spätphase der Konjunktur 1989 die eindrucksvollen Unternehmensbilanzen aus vielen Bereichen nicht mehr so quittiert, wie es viele erwartet hatten.

In Zeiten niedriger Zinsen, also meist auch niedriger Inflationsraten, kann die Wirtschaft aus dem vollen schöpfen. Die Investitionen nehmen zu, der Konsum wird angekurbelt, die Gewinne steigen und damit auch die Aktienkurse. Ein sicherer Beleg dafür, daß die Zinsentwicklung am Aktienmarkt Wirkung zeigt, sind die Papiere der Banken, weil sie immer zuerst reagieren. Als im Sommer 1989 kurzfristig die Angst vor steigenden Zinsen nachließ, kamen Finanztitel als erste wieder in Mode.

Die alte Grundregel, wonach steigende Zinsen die Aktienkurse drücken, kommt in dieser Grafik deutlich zum Ausdruck. Die beiden Kurven zeigen die Entwicklung der Umlaufsrendite festverzinslicher Wertpapiere und des

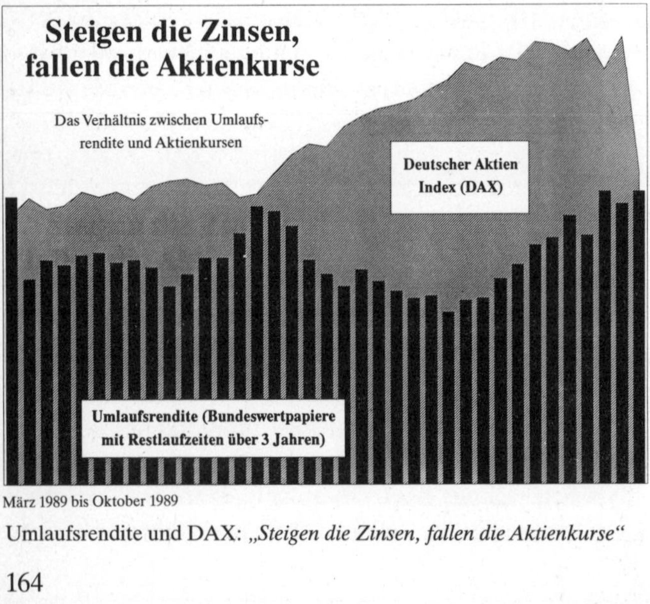

Umlaufsrendite und DAX: *„Steigen die Zinsen, fallen die Aktienkurse“*

Deutschen Aktien-Index (DAX) für die Monate März bis Oktober 1989, als über den bundesdeutschen Börsensälen wieder einmal das Zinsschwert baumelte und den Börsianern zeitweise gründlich die Laune vermieste. Auch wenn kurzfristig andere Einflüsse die Wirkung der Zinsen ausgleichen oder überkompensieren können, auf Dauer – und das ist entscheidend für den Kleinanleger, der nicht so schnell reagieren kann – folgt der Aktienmarkt den Zinsen.

Wichtig für den Börsianer ist auch das Verständnis für den Zusammenhang, den es zwischen dem Zinsniveau in den USA und in der Bundesrepublik gibt. Steigen in den Vereinigten Staaten die Zinsen, dann können sich die bundesdeutschen Währungshüter diesem Effekt nicht entziehen. Bei wachsenden Zinsunterschieden fließt das Geld nämlich dorthin, wo mehr dafür gezahlt wird, also in die USA. Das erhöht die Nachfrage nach dem Dollar. Wird der „Greenback" aber begehrter, so lehrt die Theorie und bestätigt auch die Praxis, dann steigt sein Wechselkurs. Damit steigen bei uns auch die Preise für eingeführte Güter, die in Dollars abgerechnet werden. Die Inflation wird importiert. Um diese Kettenreaktion zu durchbrechen, muß die Bundesbank – das hat sie zuletzt auch vehement getan – die Zinsen ebenfalls erhöhen, um die Zinsdifferenz zu den USA wieder zu verringern und den Dollaranstieg zu bremsen.

Daß die obersten Währungshüter diesseits und jenseits des Atlantiks diese Wirkungskette sehr ernst nehmen und darauf auch schon frühzeitig entschieden reagieren, haben sie 1989 bewiesen. Deshalb auch die alte Börsianerregel: Spekuliere niemals gegen die Notenbanken. In Zeiten steigender Zinsen empfiehlt es sich, die Finger von den Finanztiteln zu lassen, weniger Geld in Aktien anzulegen und mehr auf Anleihen zu setzen. Ausnahmen bestätigen aber auch hier die Regel. Wer gesuchte Spezialtitel ausfindig macht, die eigenen Gesetzen gehorchen, der braucht sich von steigenden Zinsen nicht beunruhigen zu lassen.

3. Was macht die Branche?

Wer die etwas aufwendige Suche nach den Schatzinseln an der Börse und auch das höhere Risiko scheut, sich auf einzelne Juwelen zu konzentrieren, der kann sich ganze Gruppen, sprich Branchen, vornehmen. Der Vorteil bei der Branchenbetrachtung: Hier lassen sich Trends und Bewegungen zuverlässiger ausmachen, weil sie ja für mehrere Firmen zugleich gelten. Außerdem sind es bei ganzen Branchen in der Regel fundamentalere Tendenzen, die auf die Aktienkurse einwirken als bei einzelnen Firmen. Was für eine einzelne Firma stimmt, muß nicht für alle Unternehmen der Branche Geltung haben, aber was für eine ganze Branche gilt, kann in der großen Mehrzahl der Fälle auf einzelne Papiere dieser Gruppe übertragen werden.

Und nichts spricht schließlich dagegen, über die Branchenkennziffern hinaus für die ausgewählten Papiere zusätzliche Einflußfaktoren zu berücksichtigen. Wer sich also auf Papiere einer bestimmten Branche spezialisieren möchte, kann sich auf vier Grundfragen konzentrieren, um zu sehen, ob eine Branche und damit die meisten ihrer Papiere überdurchschnittliches Wachstum versprechen.

Erste Möglichkeit: Ich suche nach außerökonomischen Sonderfaktoren, die bestimmten Branchen ganz besonders zugute kommen, wie etwa die demographische Entwicklung in der Bundesrepublik der Freizeit-, Reise- und Kosmetikindustrie.

Zweite Möglichkeit: Ich analysiere die stärksten Triebkräfte der aktuellen wirtschaftlichen Entwicklung und frage, wem sie besonders zugute kommen. Die monatlichen Konjunkturberichte der Süddeutschen Zeitung und der Frankfurter Allgemeinen Zeitung bieten hierfür reichlich Material und fassen alles Wesentliche hervorragend zusammen. In den Jahren 1988 und '89 zum Beispiel wurde der wirtschaftliche Aufschwung in der Bundesrepublik und den europäischen Nachbarstaaten vor allem von der dynamischen Entwicklung der Investitionen getragen. Die Unternehmen mußten ihre Kapazitäten erweitern, neue Fabrik- und Lagerhallen bauen, um Auftragsstaus zu vermeiden und um zu verhindern, daß sie Kunden verlieren. Davon profitierten vor allem die Hersteller von Maschinen und die Bauindustrie.

Dritte Möglichkeit: Ich beobachte große politische Projekte wie die zweite Stufe der Einkommenssteuerreform 1990 und forsche nach den zu erwartenden Auswirkungen: In diesem Fall die Ausweitung der privaten Nachfrage, die vor allem im Handel die Umsatzerwartungen steigen läßt, ein Effekt, von dem in der Regel vor allem die Kurse der Kaufhausaktien profitieren können.

Vierte Möglichkeit: Ich beobachte Vorgänge und Entwicklungen in den einzelnen Branchen, um herauszufinden, in welchen Industriezweigen eine besondere Dynamik steckt. Ein Beispiel hierfür wäre die rasante Umstellung der deutschen Maschinenbauer auf mikroelektronische Elemente in ihren Produkten gewesen. Der Anteil der Mikroelektronik, deren Vernachlässigung die deutschen Anbieter um die Wende der 70er zu den 80er Jahren wichtige Marktanteile gekostet hatte, stieg von 1980 bis 1989 von fünf auf fast 50 Prozent. Resultat: Der Maschinenbau hat Ende des Jahres 1989 prall gefüllte Auftragsbücher, die die Beschäftigung zum Teil auf über ein Jahr im voraus sichern, weil er erheblich an Konkurrenzfähigkeit gewonnen hat und europaweit erste Adresse ist, wenn zwecks Ausbau von Kapazitäten Maschinen angeschafft werden sollen. Beispiel zwei: Die Stromwirtschaft, deren *Herauswachsen aus dem Urgeschäft* des Stromverkaufs die Börsen im Sommer 1989 regelrecht elektrisierte. Die Veba hatte als erste ihrer Branche schon vor Jahren begonnen, die sprudelnden Gewinne aus dem Strom-Geschäft in branchenfremde Töchter zu investieren. Diversifikation heißt dieser Versuch, sich mehrere Standbeine zu schaffen, damit man gegen die Unwägbarkeiten des Geschäftes mit einer oder wenigen Produktgruppen besser gefeit ist. Titel wie Veba, Neckarwerke oder RWE, bis dahin gerne als Witwen- und Waisen-Aktien belächelt, die sichere aber schmale Ertragsperspektiven boten, waren mit einem Mal gefragte Papiere.

Branchenkenner sagen der Stromwirtschaft über Jahre hinaus deutliche Gewinnzuwächse in zweistelligen Raten voraus, weil sie auf der Kostenseite mit erheblichen Entlastungen rechnen kann.

Ein wichtiger Gradmesser ist in diesem Fall der Gewinn je Aktie (siehe Abschnitt 1 dieses Kapitels). Steigt dieses Ergebnis – möglichst noch in einem Zug mit der Dividende –, dann kann mit weiter steigenden Kursen gerechnet werden.

Ohne die Aussagekraft von Kurven überbewerten zu wollen, ist es auf jeden Fall ratsam, die Entwicklung der Branchenindices mit dem allgemeinen Aktientrend, dem Deutschen Aktien-Index, kurz DAX, zu vergleichen. Wenn man beide Kurven zeichnet und übereinanderlegt, läßt sich leicht ablesen, seit wann und wie stark sich die Branchenentwicklung von der Gesamtentwicklung abgekoppelt hat. Der Deutsche Aktien-Index wird im Wirtschaftsteil praktisch jeder deutschen Tageszeitung abgedruckt. Auch die Branchenindices werden in großen Übersichten abgedruckt, im Handelsblatt zum Beispiel im Teil „Finanzzeitung“ auf der zweiten Seite unter der Überschrift „Commerzbank-Index“ und im „WestLB-Aktienindex“. Auch die meisten anderen überregionalen Zeitungen bieten diesen Service. Wer – im Idealfall – über ein kleines Grafikprogramm verfügt, das es heutzutage schon ab 300 Mark gibt, kann die Kurven leicht auf den Bildschirm seines Computers projizieren. Zwar hat sich gerade in jüngster Zeit gezeigt, wie schnell die Aktionäre ihre

Lieblinge wechseln, doch lassen sich aufgrund solcher Branchenvergleiche für längere Engagements über mindestens zwei bis drei Jahre hinweg brauchbare Aussagen machen, je nachdem, wie grundlegend sich der Wandel in der gewählten Branche darstellt. Aus Gründen der Anschaulichkeit sollen hier zwei Beispiele dargestellt werden: die Baubranche und die Kaufhaustitel.

Kaufhäuser: 1990 sollte ein Konsumjahr werden, das war schon mindestens zwei Jahre zuvor bekannt. Der Grund: Mit dem zweiten Schritt der Steuerreform durften die Bundesbürger ihre Überweisungen ans Finanzamt um insgesamt 20 Milliarden Mark kürzen. Ein wahrer Treibsatz für die Kurse der Handelsunternehmen. Mit dieser Aussicht auf den Ansturm liquider Kunden verband sich 1988 die euphorische Stimmung des Handels nach den ersten Dienstleistungsabenden, die am 5. Oktober 1989 begannen und vielerorts auf Anhieb mehr Umsatz brachten als mancher lange Samstag. Der Dienstleistungsabend und die Steuerreform kamen zu einem Zeitpunkt, als die „Großen vier" der Branche, Karstadt, Kaufhof, Hertie und Horten eine über mehrere Jahre hingezogene Umstrukturierung weitgehend abgeschlossen hatten: Den Wandel weg von der Philosophie des „Alles unter einem Dach" hin zur Spezialisierung auf wenige, aber um so ertragreichere Warengruppen. In den 70ern und zu Beginn der 80er Jahre kamen die Warenhaus-Konzerne ständig mit Meldungen über Schließungen von Filialen, Massenentlassungen und Dividendenkürzungen in die Schlagzeilen. Nach der ersten Ölkrise 1973 wurde Otto Normalverbraucher's Portemonnaie von immer höheren Benzin- und Ölrechnungen gebeutelt. Die Sternstunde für SB-Warenhäuser, Discountläden und Verbrauchermärkte, die auf der grünen Wiese wie Pilze aus dem Boden schossen, war angebrochen. Der Marktanteil der Warenhäuser – in der Blütezeit bei über zehn Prozent – ging bis Mitte der 80er Jahre auf unter sieben Prozent zurück. Die Topmanager in den Kaufhaus-Konzernen waren ratlos. Die Warenhäuser waren in der Vorstellung der Kunden nun weder im Vergleich zum Fachhandel noch im Vergleich zu den Verbrauchermärkten wirklich kompetent. Nach jahrelangen – zum Teil verlustreichen – Experimenten mit verschiedenen Sortimenten, Marketing- und Vertriebskonzepten wurde dann ein Mittelweg gefunden, der den Konsumtempeln mittlerweile so etwas wie eine Renaissance verspricht: die Konzentration auf Waren der mittleren Preisklasse, die akzeptable Handelsspannen zulassen. Die Belebung der Innenstädte mit neuen Verkehrskonzepten, Fußgängerzonen und schließlich der Einführung des Dienstleistungsabends wertete die Standorte der Warenhäuser zusätzlich auf.

Inzwischen setzen die Riesen der Branche auf Expansion durch Zukauf. Damit werden zwei Ziele verfolgt: Der teilweise Rückzug aus dem wenig ertragreichen Stammgeschäft und statt dessen der Aufkauf von Fachmarktketten wie im Falle von Hertie der Firmen Schaulandt (Unterhaltungselektronik), WOM (Plattengeschäfte) oder Wehmeyer (Bekleidung). Der Gesundschrumpfungsprozeß trug erstmals 1987 Früchte, als alle vier Branchenriesen nach langer Durststrecke wieder schwarze Zahlen schrieben. Seitdem künden fast alle Geschäftsbilanzen davon, daß die Altlasten erfolgreich abgeschüttelt wurden. Konsequenz: Für die Kaufhausaktien brachen wieder erfolgreichere Zeiten an.

Als am 10. November und an den Tagen danach Hunderttausende von Bürgern aus der DDR mit dem zuvor ausgehändigten Begrüßungsgeld von je 100 Mark die Regale entlang des Kurfürstendamms in Westberlin abräumten und die Mauer von Stunde zu Stunde durchlässiger wurde, da vollführten die Kaufhausaktien an der Börse wahre Luftsprünge. Die Euphorie der deutsch-deutschen Wiedersehensfeier übertrug sich für kurze Zeit auf die Börsenparkette und machte sich vor allem an den sogenannten Konsumtiteln

Im Blickpunkt konsumorientierter Anleger

Der Gipfelsturm der Handelsaktien 1989

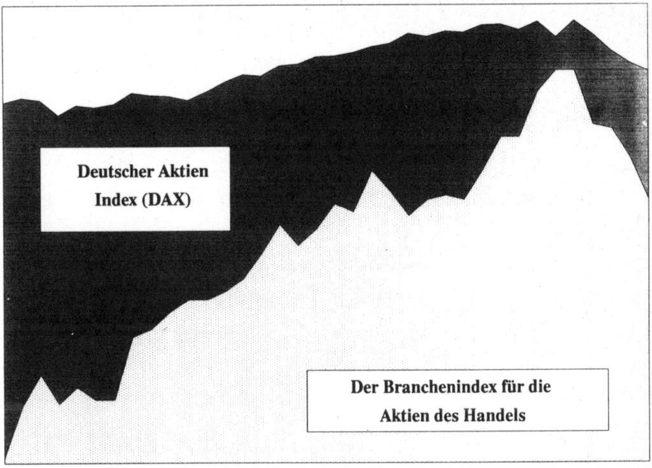

Januar 1989 bis November 1989 Quelle: Süddeutsche Zeitung

Grafik Kaufhausaktien und DAX: „Im Blickpunkt konsumorientierter Anleger"

fest. Die Papiere des Handels – das zeigt diese Grafik – legten 1989 überdurchschnittlich stark zu. Die Kaufhausrallye ging vor allem auf das mit dem Dienstleistungsabend dokumentierte Ende der Warenhausmisere und die bevorstehende zweite Stufe der Steuerreform für 1990 zurück. Hier hat sich wieder einmal erwiesen, daß Kasse sinnlich macht.

Doch Vorsicht: Die Aufholjagd der Kaufhaustitel ist vorerst beendet. Die Konsumtempel und ihre Papiere haben hier lediglich als Beispiel dafür gedient, wie man eine ganze Branche betrachten kann, um einen möglichst günstigen Zeitpunkt für ein Aktienengagement herauszufinden. Und merke: Auch innerhalb der Branchen gibt es immer einzelne Werte, die vor allen anderen noch einmal große Vorteile haben, wie Karstadt mit seinen Top-Citylagen.

Als Grundregel muß bei jeder Branchenbetrachtung

aber beachtet werden, daß mit zunehmender Diversifikation, also Marktbreite, auch die Gefahr zunimmt, daß bei einem Ausbleiben der für die deutschen Börsen so wichtigen ausländischen Anleger die Luft ausgeht. Da die „Ausländer“ sich aber nur dann für längere Zeit aus Germany zurückziehen, wenn politisch unsichere Lagen entstehen, die D-Mark schwächelt oder die Bundesbank an der Zinsschraube dreht, darf diese Komponente bei kleineren Anlegern mit ihren längerfristigen Strategien keine übergeordnete Rolle spielen.

Auch für die Analyse ganzer Branchen gilt im übrigen: Wenn die Nacht am dunkelsten ist, sind die Chancen am besten. Wenn also trotz erfreulicher Zahlen und Perspektiven die Kurve einer bestimmten Branche deutlich unterhalb der Erfolgskurve aller Aktien verläuft (DAX), dann verspricht die bevorstehende Aufholjagd gute Gewinnmöglichkeiten, vorausgesetzt natürlich, die Ertragserwartungen sind positiv.

Auch für den Kleinanleger, der nicht wie die großen Banken und Versicherungen über die Informationen und das Fachwissen ganzer volkswirtschaftlicher Abteilungen und Heere von Börsenspezialisten verfügt, sind solche Trends recht zuverlässig und einfach nachvollziehbar. Ein Besuch in der nächstgrößeren Bibliothek und ein Blick in die gesammelten Zeitungsausschnitte genügt, um sich ein Bild zu machen. Und – ein Tip am Rande – manche Banken in den Großstädten gewähren ihren Kunden auf Anfrage auch Einlaß in ihre bestens bestückten Bibliotheken. Diese Spezialbestände sind von unschätzbarem Wert und für die in der Informationsflut schwimmenden privaten Anleger eine vielversprechende Insel, auf der man sich leicht orientieren kann.

Das Beispiel der Bauindustrie: Die Baubranche ist ein hervorragendes Beispiel dafür, wie sich wirtschaftliche Grundtendenzen auf einzelne Zweige auswirken und wie auch kleinere Anleger noch relativ spät mit guten Erfolgsaussichten auf den Börsenzug aufspringen können. Die Bauindustrie machte in den 80er Jahren eine lange Schwächeperiode durch. Obwohl schon 1983 ein lange anhaltender konjunktureller Aufschwung einsetzte, konnte die Branche erst ab 1987 spürbar davon profitieren. Interessant an dieser Erholung sind die Phasen, in denen sie sich abspielte und die für Börsianer aussagekräftige Aufschlüsse bieten.

Die Baubranche reagiert bei wirtschaftlichen Aufschwüngen relativ spät. Der Grund: Zunächst setzt allgemeines wirtschaftliches Wachstum ein, das nicht gleich in Investitionen mündet. Bevor die Industrieunternehmen nämlich ihre Kapazitäten erweitern, schöpfen sie sie erst einmal ganz aus. Der lange Aufschwung der 80er Jahre führte erst 1989 in den meisten Branchen an den Rand der Vollauslastung. Doch schon zwei bis drei Jahre zuvor begannen die Industrieunternehmen auf zunehmend breiter Front, ihre Kapazitäten angesichts der Flut von Aufträgen aus dem In- und Ausland zu erweitern.

Die Baubranche erhielt mehr und mehr Aufträge und zeigte 1987 erste Anzeichen für eine deutliche Erholung. Hinzu kam ein überaus milder Winter, der sich auch im Jahr darauf wiederholte. Für die stark witterungsabhängige Bauindustrie ein nicht zu unterschätzender Effekt. Als sich die Industrie der Vollauslastung ihrer Kapazitäten näherte (1988/89), mußte sie angesichts der anhaltend hohen Nachfrage stark erweitern. Die Bauunternehmen verzeichneten eine deutliche Zunahme von Aufträgen. 1988 wurde die Geräteauslastung der Branche um fünf Prozent erhöht. Die Bauunternehmen wuchsen nun stärker als die Gesamtwirtschaft (ebenfalls ein guter Indikator, der sich leicht aus den Zahlenreihen des Bundesbank-Monatsberichtes herauslesen läßt). Erste Investitionen wurden getätigt, weil vereinzelt die Kapazitäten eng wurden. Ein Mangel an Fachkräften wurde sichtbar, der bis heute anhält und immer gravierender wird, weil die Bauwirtschaft nach Jahren der Stagnation als Krisenbranche ohne Zukunft galt und kaum Nachwuchs fand. Hinzu kam eine große Welle von Aus- und Übersiedlern und ein überraschender Befund aus der letzten Volkszählung, der einen Fehlbestand von einer Million Wohnungen auswies. Das Ifo-Institut in München sagte im Sommer 1989 der Branche in einem Baubedarfsgutachten ein jährliches Wachtums von über vier Prozent voraus. Der Bund und die Länder legten seitdem – vor allem unter dem Eindruck der Wohnungsnot in den Ballungsgebieten und dem starken Zustrom von Aus- und Übersiedlern – umfangreiche Wohnungsbauprogramme auf, die über Jahre hinaus die Auslastung weitgehend sichern dürften.

Die verschobene Konjunktur

Die Bauindustrie folgt der übrigen Wirtschaft mit Verzögerung

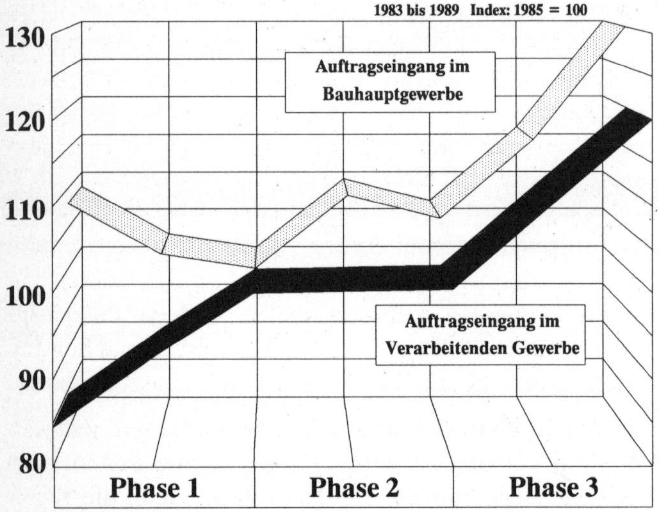

GRAFIK aus BB-Monatsbericht: Bruttoanlageinvestitionen Industrie und Bauproduktion: „Die verschobene Konjunktur“

Am Kurvenverlauf, der die Entwicklung des Auftragseingangs im Bauhauptgewerbe und im verarbeitenden Gewerbe zeigt, läßt sich sehr schön zeigen, daß die Baukonjunktur und die „übrige“ Konjunktur nicht phasengleich verlaufen.

Phase 1: Im verarbeitenden Gewerbe nehmen die Auftragseingänge nach einer Rezession wieder kräftig zu. Die Industrieunternehmen fangen die steigende Nachfrage zunächst dadurch auf, daß sie die Kapazitäten, die während der Wirtschaftsflaute mangelhaft ausgelastet waren, jetzt wieder besser nutzen. Mit anderen Worten: In der ersten Phase eines Aufschwungs führt die steigende Nachfrage zwar schon zu verstärktem Wachstum, doch die Aufträge können ohne den Kauf zusätzlicher Maschinen und Anlagen abgewickelt werden. In dieser Phase erhält die Bauindustrie aus der freien Wirtschaft noch relativ wenige Aufträge. Sie muß ihre Kapazitäten, die am Ende des Booms voll ausgelastet waren, zurückschrauben.

Phase 2: Die Industrieunternehmen sehen sich einer stetig wachsenden Nachfrage gegenüber, die sie ab einem bestimmten Zeitpunkt nur noch befriedigen können, wenn sie erweitern, also in Maschinen und Gebäude investieren. Die Alternative wäre, Aufträge abzulehnen oder mit den Kunden längere Lieferzeiten zu vereinbaren. Die aber wollen nicht warten, weil ihre Kunden ebenfalls Schlange stehen. Aus den Erweiterungen entstehen für die Bauindustrie wieder mehr Aufträge. Diese Aufträge nehmen zunächst – in Phase 2 – nicht so schnell zu, weil ein Teil der Industrie noch in der Lage ist, mit Überstunden und Sonderschichten bestehende Kapazitäten weiter „auszureizen“.

Phase 3: In Phase 3 gelingt dies nicht mehr, weil jetzt die Reserven weitgehend ausgeschöpft sind und weitere Aufträge nur angenommen werden können, wenn die Kapazitäten erweitert werden. In dieser Phase boomt die Bauindustrie. Wer als Börsianer rechtzeitig einsteigt, kann für einige Monate überdurchschnittlich viel mitnehmen, wenn Sondereinflüsse ihm nicht das Geschäft vermiesen. 1989, in der Spätphase (Phase 3) des lang anhaltenden Aufschwungs der 80er Jahre, trafen mehrere Faktoren zu einer Traumkombination zusammen. Die ohnehin erwartete Auftragsverbesserung für die Bauindustrie wurde dadurch verstärkt, daß Aus- und Übersiedler zeitweise zu Zehntausenden ins Land strömten, die Wirtschaftsforscher einen enormen Baubedarf bis ins nächste Jahrtausend hinein vorhersagten und die endgültige Auswertung der Volkszählung einen überraschenden Fehlbestand von einer Million Wohnungen offenlegte.

Die Kursrallye der Bauaktien setzte erst recht spät ein. Die Aktien dieser Branche werden von den meisten Aktionären nur als Ergänzung des Portefeuilles gehalten. Der „Bau-Steine-Erden"-Index der Frankfurter Allgemeinen Zeitung (wichtige Branchenquelle) stieg im ersten Halb-

Die Bauaktien im Sog der Branchenkonjunktur

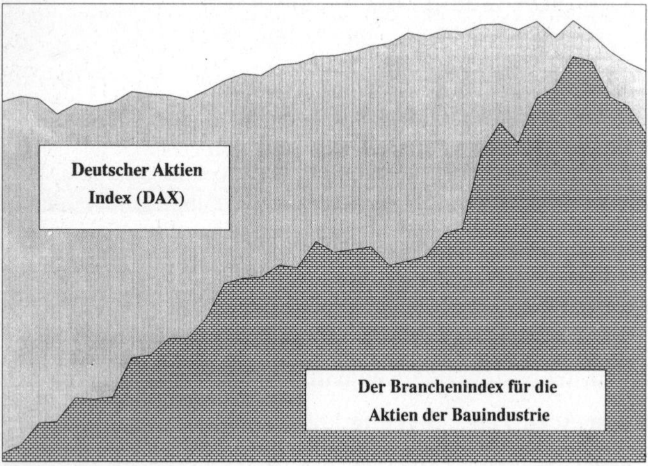

Januar 1989 bis November 1989 Quelle: Süddeutsche Zeitung

GRAFIK FAZ Entwicklung der Bau-Aktienkurse: „Die Bauaktien im Sog der Branchenkonjunktur"

jahr 1989 um 21 Prozent. Im gleichen Zeitraum erzielten alle börsennotierten Werte einen Zuwachs von rund drei Prozent.

Nicht nur, aber auch für die Bauindustrie interessant sind zwei wesentliche Quellen, mit denen Kleinanleger immer wieder hervorragend fahren. Zum einen der *Bundesbank-Monatsbericht*, der auf schriftliche Anfrage jedem Interessierten kostenlos zugestellt wird. Er enthält alle für eine Volkswirtschaft wichtigen Zahlen. Nach kurzer Beschäftigung mit dieser Quelle ist auch ein Laie mühelos in der Lage, für einzelne Branchen wichtige Werte abzulesen und für das Engagement an der Börse zu nutzen. Die Lektüre des Bundesbank-Monatsberichtes ist zwar zeitaufwendig, erlaubt aber ganz ausgezeichnete Vergleiche einzelner Branchen mit der Gesamtwirtschaft. Ausgehend von diesem Vergleich sollten überdies die *Branchenindices* der Wirtschaftsteile der führenden Tageszeitungen hinzugezogen werden. Sie erlauben börsenbezogene Vergleiche der Kursentwicklung einzelner Branchen und dem Börsenzug insgesamt. Verspricht die statistisch dokumentierte Entwicklung einer Branche mehr als der Durchschnitt und wurde dies in den Börsensälen – siehe Branchenindices in den Zeitungen – noch nicht ausreichend zur Kenntnis genommen, ist die Gelegenheit günstig, um einzusteigen.

Interessant ist am Beispiel der Baubranche auch, daß zwischen den einzelnen Bauaktien und ihren Kursentwicklungen zum Teil erhebliche Unterschiede bestehen. So war beispielsweise die Aktie des zweitgrößten deutschen Bauunternehmens, Hochtief, lange Zeit bevorzugt worden, weil sie als die ertragsstärkste in der Branche galt. Die überdurchschnittlichen Ergebnisse der Hochtief im Auslandsgeschäft zu Zeiten des Ölbooms hatten zu dieser Einschätzung beigetragen. Doch mit dem Einbruch der Auslandsnachfrage im Baugeschäft ließ die Ertragskraft nach. Jahrelang war Hochtief wesentlich höher als der Branchenführer Holzmann bewertet worden. 1989 setzte Holzmann dann zu einer eindrucksvollen Aufholjagd an und überrundete die Hochtief-Aktie. Der Grund: Der große Immobilienbesitz des Unternehmens beflügelte die Phantasie der Börsianer, weil nach einem längeren Aufschwung an der Börse die Substanzwerte mehr und mehr Aufmerksamkeit fanden. Die Lehre hieraus: Es lohnt sich durchaus, bei Branchenanalysen auch die verschiedenen Papiere untereinander zu vergleichen, um die sogenannten Nachzügler zu identifizieren (siehe erster Abschnitt dieses Kapitels) und den zusätzlichen Gewinn, den sie versprechen, mitzunehmen. Die Tatsache, daß bei den Bauaktien die eigentliche Kursrallye erst einsetzte, als die Branche schon von der zusätzlichen Auslastung ihrer Kapazitäten auf Erweiterungen überging, zeigt, daß bei genauer Beobachtung sehr wohl auch für kleine Aktionäre ausreichend Zeit zum Kauf der Aktien bleibt.

4. Börsenbräute kommen schnell in Fahrt

Die Bräute an den Börsen sind die teuersten, aber auch die berechenbarsten. Wann immer ein finanzkräftiger Firmenjäger seine Heiratsabsichten kundtut und die Auserwählte benennt, kann er sicher sein, daß ihr Aktienkurs sprunghaft steigt. Der Grund: Meist wird ein Unternehmen übernommen, um es entweder durch Verkauf der verlustbringenden Unternehmensteile auszuschlachten und gewinnbringend wieder zu verhökern, oder um mit Hilfe des Zukaufs die Marktposition des Bräutigams zu verbessern. In beiden Fällen winkt den Aktionären der Braut ein Gewinn. Natürlich sind an den Börsen der Welt nicht nur Finanzhaie unterwegs, die Firmen ausschlachten, um den schnellen Reibach zu machen.

In der Mehrzahl der Fälle werden Unternehmen gekauft,

um Vertriebswege auszubauen, Kosten zu senken oder Know-how zu erwerben. Die Aussicht auf den EG-Binnenmarkt 1992 hat dazu beigetragen, daß sich das große Finanzrad immer schneller dreht.

Begonnen hat dieses gefährliche Geschäft in den USA, wo Mitte der 70er Jahre zwei Entwicklungen zugleich auftraten, die den Handel mit Firmen begünstigten: Erstens zog die Inflation derart an, daß die Unternehmen auf einmal wesentlich mehr Wert waren als der Preis, zu dem man sie an der Börse kaufen konnte, sie waren unterbewertet. Und zweitens kletterten die Zinsen derart in die Höhe, daß es preisgünstiger wurde, ein bestehendes Unternehmen durch Zukauf eines anderen zu erweitern, als die Erweiterung über einen teuren Kredit zu finanzieren.

Eine nicht unbeträchtliche Zahl von Firmenaufkäufen läuft dabei unter dem wenig aussagefähigen, aber bedrohlich klingenden Kürzel LBO: Es steht für Leveraged Buyout, wobei „leverage“ Hebeleffekt bedeutet. Bei dieser Wall Street-Spezialität werden Firmen mit eigens dafür gegründeten Fonds gekauft. Dabei setzen die Firmenjäger mit einem kräftigen Hebel von manchmal über 90 Prozent Kreditanteil an. Die angehäuften Schulden werden dann dem aufgekauften Unternehmen aufgebürdet.

Entlassungen und der Verkauf unrentabler Töchter bringen wieder Geld in die geplünderten Kassen und steigern den Wert des Rest-Konzerns. Damit wird zunächst die drückende Kreditlast verringert und die horrenden Zinsen bezahlt. Am Ende des Deals bleiben Gewinne, die nicht selten 30 Prozent des eingesetzten Kapitals betragen.

Die Risiken dieser Aktionen wachsen jedoch ständig, da sie nicht nur über hohe Berge von Schulden finanziert werden, sondern häufig zu einem beträchtlichen Teil mit Hilfe sogenannter *Junk Bonds*. Die Junk Bonds (zu deutsch Müllanleihen) sind Anleihen, die mit hohen Renditen risikofreudige Investoren locken, damit sie die Übernahmen finanzieren. Die erste große feindliche Übernahme in bundesdeutschen Börsensälen erregte im Sommer 1989 Aufsehen. Es war der klammheimliche Aufkauf von 40 Prozent der Feldmühle Nobel AG durch die Flick-Brüder Friedrich Christian und Gert-Rudolf, die das ganze Paket kurz darauf unter erheblichem Aufsehen an die Veba weiterverkauften.

Seitdem zittern die Topmanager auch in Deutschlands Teppichetagen. Allerorten werden mögliche Übernahmen durchgespielt und an Abwehrstrategien gefeilt. Wenn, so lautet hierzulande das Katastrophengemälde, die auf Übernahmen spezialisierte US-Firma KKR allein für den amerikanischen Nahrungsmittelkonzern RJR Nabisco 25 Milliarden Dollar hinblättern kann, dann wäre sie auch in der Lage, mit einem Schlag VW einzustreichen, selbst wenn sie den Autoaktionären dafür das Achtfache des gegenwärtigen Kurswertes hinblättern müßte.

Es ist kein Geheimnis mehr, daß ganze Kolonnen von Übernahmespezialisten derzeit den deutschen Kurszettel nach „unterbewerteten" Aktiengesellschaften durchforsten und dabei vor allem auf Unternehmen ohne Mehrheitsaktionär achten (Capital, 7/89). Bei Aktiengesellschaften mit hohem Streubesitz, also mit vielen, dafür aber kleinen Aktionären, sind die Chancen zur Abwehr einer feindlichen Übernahme sehr gering, weil sich Widerstand schwer formieren läßt. Ganz oben auf der Hitliste stehen daher Unternehmen wie die Bayerische Vereinsbank, die Deutsche Babcock, die Firmen Conti Gummi und Schering, bei denen bis zu 100 Prozent der dividendenberechtigten Aktien auf viele tausend Kleinaktionäre verteilt sind. Kaum eine Branche bleibt von der Fusionitis verschont. Besonders schnell dreht sich das große Karussell in der Lebensmittelbranche, in der Luftfahrtindustrie, bei den Stahlkochern und in der Versicherungswirtschaft.

Ganz besonderes Aufsehen erregte 1989 ein Übernahmeversuch in Großbritannien, der auch in der Bundesrepublik für Schlagzeilen sorgte. Es ging um den britischen

Zigarettenmulti BAT, der sich gegen ein feindliches Übernahmeangebot des Finanzjongleurs Sir James Goldsmith zur Wehr setzen mußte. Um das Tabakimperium vor dem unerwünschten Zugriff des sogenannten „Hoylake-Konsortiums“ zu schützen, beschloß der britische Mischkonzern, alles bis auf die Schwerpunkte Tabak und Finanzdienstleistungen abzustoßen. Teil dieses Paketes ist der viertgrößte deutsche Warenhauskonzern Horten mit Sitz in Düsseldorf. Hauptaktionär bei Horten ist die BAT-Tochter Batig Gesellschaft für Beteiligungen mbH, die 51 Prozent des Horten-Kapitals hält. Die britische Batig-Mutter BAT hat im September 1989 Anweisung zum Verkauf der Hortenmehrheit gegeben. Schon in den Monaten davor war immer wieder heftig spekuliert worden, ob der Warenhauskonzern möglicherweise zum Verkauf stehe. Nach der Bekanntgabe des BAT-Ausverkaufs brodelte die Gerüchteküche beinahe über. Wer bekommt Horten? War eine der am häufigsten gestellten Fragen nicht nur an der Börse. Daß solche Munkeleien und Übernahmegerüchte die Phantasie der Börsianer beflügeln, zeigt der Kurs der Horten-Aktie im Verlauf des Jahres 1989.

Kurs der Horten-Aktie: Der kleinste der deutschen Warenhausriesen hat nie zu den Perlen der deutschen Unternehmenslandschaft gezählt. Mit einem für 1988 ausgewiesenen Jahresüberschuß von 35 Millionen Mark bei einem Umsatz von 2,7 Milliarden Mark kommt eine magere Umsatzrendite von 1,3 Prozent heraus. Die Standorte des Branchenvierten sind meist schlechter als die der viel älteren Branchenführer Karstadt und Kaufhof. Helmut Horten, der Mann, dessen Name noch immer die Warenhäuser ziert, starb 1979 im Alter von knapp 79 Jahren. Nach einer kaufmännischen Lehre beim Hertie-Gründer Leonhardt Tietz übernahm Horten 1936 in Duisburg von mehreren Banken ein Warenhausunternehmen, das er mit Hilfe einiger Übernahmen in den fünfziger Jahren zügig ausbaute.

Auf dem Höhepunkt der Warenhauskonjunktur – 1971 – trennte sich Helmut Horten von seinem Werk und zog sich mit einem fetten Milliardenerlös in die Schweiz zurück. Die britische BAT erwarb damals zunächst eine 25prozentige Beteiligung an Horten, mußte aber bald erkennen, daß der Konzern enorme Schwächen hatte, die während der Blütezeit der Kaufhäuser nicht erkennbar gewesen waren. In den folgenden Jahren wurden zahlreiche unrentable Häuser geschlossen und die defizitären, aber als Kundenlockvogel wichtigen Lebensmittelabteilungen verpachtet.

Für die verbliebenen 37 Warenhäuser im klassischen Stil wurde in den letzten Jahren das sogenannte Galeria-Konzept entwickelt, das aber mit enormen Investitionen verbunden ist und erst in wenigen Häusern verwirklicht werden konnte. Im Vordergrund der Horten-Spekulationen stand 1989 die Frage nach dem Käufer und seinen Absichten mit dem Unternehmen. Die Börsen hat im Sommer und Herbst 1989 das Ratespiel um die Zukunft des zum Verkauf angebotenen Warenhauskonzerns immer wieder beflügelt.

Der Kursverlauf der Horten - Aktie

Januar bis Oktober 1989 in D-Mark

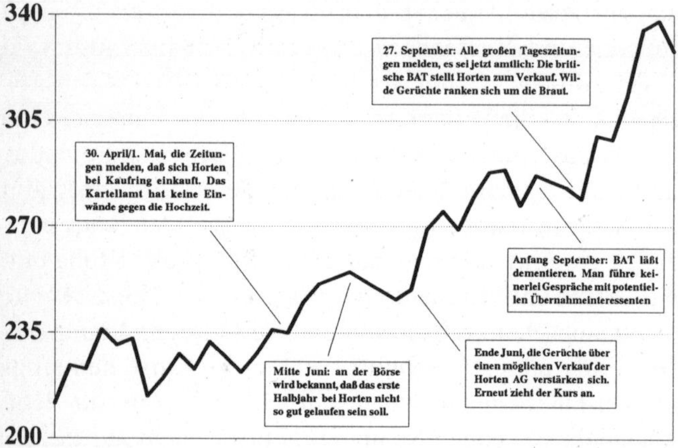

5. Wo finde ich die wichtigen Informationen?

Vor jeder Analyse steht zunächst einmal eine gründliche Recherche. Es gibt mittlerweile eine Fülle von Publikationen, die regelmäßig und im gebotenen Umfang über die Geld- und Kapitalmärkte berichten. Aufgrund der großen Zahl von Zeitungen, Zeitschriften, Wochen- und Monatsberichten, Newslettern und Börsenbriefen sei hier nur eine Auswahl aus den bekanntesten Quellen skizziert, ohne daß ein Anspruch auf Vollständigkeit erhoben werden kann.

Lesern, die sich ein umfassendes Bild vom Aktien-Blätterwald machen wollen, seien Bibliographien wie der „Stamm" oder der „Zimpel" empfohlen, die in jeder größeren Bibliothek stehen und die praktisch alle wesentlichen Zeitungen und Zeitschriften zumindest des deutschen Marktes enthalten.

Einen sehr umfangreichen und gut verständlichen Informationsteil über das Geschehen an den Börsen enthält die Wirtschaftswoche. Im Abschnitt „Geld und Kapital" dieses wöchentlich erscheinenden Wirtschaftsmagazins wird auf wenigen Seiten ein hervorragender Überblick über das aktuelle Börsengeschehen vermittelt. Im Informationsteil „Börsenwoche" findet der Leser jeweils am Anfang eine kurze Darstellung der letzten Börsenwoche mit einer Grafik über den jüngsten Verlauf des Deutschen Aktienindex und einer Analyse dessen, was gerade die Börsianer und damit die Kurse bewegt. Ein internationaler Börsenvergleich gewährt wichtige Aufschlüsse über das Klima und die Verfassung der deutschen Börsen. Die Börsenwoche bietet auch konkrete Kauf- und Verkaufsempfehlungen. Am Ende dieses Abschnitts werden die Kurse deutscher und ausländischer Kurse abgedruckt, wobei für die deutschen Werte – Handelsplatz Frankfurt – nicht nur die Dividende und der Gewinn pro Aktie für die letzten drei Jahre angegeben werden, sondern auch der prozentuale Kursgewinn der abgelaufenen Woche und das jeweilige Kurs-/Gewinn-Verhältnis.

Für die eher an Statistiken, Charts und Diagrammen interessierten Börsianer findet sich im Teil „Trends der Woche“ eine Rubrik „Finanzmärkte“, die die wesentlichen Kennziffern über Börsen, Devisen, Zinsen und Anleihen enthält. Wer schnell auf die aktuelle Umlaufsrendite, den Goldpreis oder den Wechselkurs des US-Dollars zugreifen will, liegt hier genau richtig.

Die Wirtschaftswoche informiert darüber hinaus unter dem Rubrum „Märkte und Unternehmen“ über die aktuellen Entwicklungen in einzelnen Wirtschaftszweigen mit wichtigen Unternehmensdaten wie Umsätze, Bilanzsummen, Erträge, Renditen usw.

Da dieser Abschnitt international vergleichend angelegt ist, erlaubt er hilfreiche Rückschlüsse auf die Dynamik deutscher Produzenten und Dienstleister im Vergleich zur ausländischen Konkurrenz. Die Kurzberichte über einzelne Unternehmen in diesem Teil des Magazins enthalten gute Hintergrundinformationen, aber wenig statistisches Material.

Die Rubrik „Investor's Info“ ist nicht nur ein Service für ausgebuffte Chartisten, sondern bietet über die einleitenden, charttechnischen Betrachtungen hinaus auch die wichtigsten fundamentalen Daten wie den aktuellen Kurs, Höchst- und Tiefstkurs, Umsatz des Unternehmens, Jahresüberschuß, Ergebnis pro Aktie, Cash flow und Dividende an.

Eine ganz hervorragende, frei zugängliche und kostenlose Quelle sind die Monatsberichte der Deutschen Bundesbank. Neben aktuellen Kurzberichten über monetäre Entwicklungen, Wertpapiermärkte, öffentliche Finanzen und wichtige Konjunkturindikatoren, wird hier jeden Monat ein Spezialthema aufbereitet und ein kurzer Überblick über die Grundverfassung der Konjunktur vermittelt. Wer sich über den generellen Trend bei Zinsen, Inflation, privater Nachfrage und anderen zentralen Maßeinheiten unserer Volkswirtschaft kundig machen möchte, findet hier eine zuverlässige und konsequent fortgeschriebene Analyse. Von beinahe unschätzbarem Wert ist der statistische Teil des Bundesbank-Monatsberichtes: Im Teil V werden alle wichtigen Zinssätze dargestellt. Im Teil VI, „Kapitalmarkt“, informiert die Bundesbank über den Absatz und Erwerb von Wertpapieren, über Veränderungen des Aktienumlaufs und die Renditen inländischer Wertpapiere. Unter Punkt VIII, „Allgemeine Konjunkturlage“, verbirgt sich eine Goldgrube fundamentaler Daten: Wie entwickelt sich die Produktion in der Industrie, wie hoch sind die Auftragseingänge, die ja Aufschluß über die weitere Produktion geben, wie sieht es am Arbeitsmarkt aus, wie hoch sind die private Nachfrage, die Unternehmensgewinne, die Einkommen der privaten Haushalte, die Preise, die Einzelhandelsumsätze und die Tarifverdienste in der Industrie?

Wer es gelernt hat, in diesem Teil des Monatsberichtes zu lesen, der weiß sofort, in welchem Stadium sich die Konjunktur befindet und ob sich ein Aktienengagement grundsätzlich lohnt. Der Bundesbank-Monatsbericht hat auf den ersten Blick nicht die ansprechendste Aufmachung, übertrifft aber an Systematik, Zuverlässigkeit und Gehalt die meisten anderen Publikationen, die Informationen über die Finanzmärkte enthalten. Der Weg an die Börse muß an diesem gewaltigen Zahlenwerk vorbeiführen.

Eine äußerst wichtige und im Hinblick auf Aktualität nicht zu übertreffende Quelle für den kleinen Aktionär sind die Tageszeitungen. Hier seien stellvertretend für viele drei überregionale dargestellt: Das Handelsblatt, die Frankfurter Allgemeine Zeitung und die Süddeutsche Zeitung. Alle Zeitungen zeichnet aus, daß sie regelmäßig über alles Wesentliche an den Börsen berichten, daß sie nicht nur den Bundesbankmonatsbericht auswerten, sondern auf breiter Datenbasis eigene – meist monatliche – Konjunkturberichte abdrucken. Überdies werden in allen großen Zeitungen täglich die Kurse an den deutschen und wichtigsten ausländischen Börsen veröffentlicht.

Neben dieser Grundversorgung für die Aktionäre unter den Lesern haben alle diese Zeitungen aber auch eigene, unverwechselbare Informationsleisten entwickelt.

Bei der Süddeutschen Zeitung ist es eine tägliche Übersicht mit der Bezeichnung „Börse und Finanzen vom Tage". Hier werden neben einem eigenen „SZ-Aktien-Index" auch Indices aller wichtigen Industriezweige abgedruckt, die einen Vergleich mit der Gesamtentwicklung an der Börse erlauben (siehe Branchenanalyse). Im Abschnitt „Tendenz und Klima" wird über die Tendenz, die Nachbörse des vergangenen Tages, den Deutschen Aktienindex, den Dow Jones und den Commerzbank-Index informiert. Auch eine Rangliste der Gewinner und Verlierer des letzten Börsentages wird aufgestellt. Für den Kleinanleger übersichtlich, schnell zu finden und gut archivierbar wird auf engstem Zeitungsraum außerdem über die Devisen- und Sortenkurse, den Euro-Geldmarkt, die Sparzinsen, die Umsatzspitzenreiter an den Börsen und den Münchner Terminhandel informiert.

Auch in der Frankfurter Allgemeinen Zeitung erschöpft sich die Berichterstattung nicht in allgemeinen Konjunkturanalysen, Unternehmens- und Branchennachrichten. Im Wirtschaftsteil der FAZ findet sich auf der ersten Seite zunächst ein Rahmen mit dem Titel „Auf einen Blick". Hier finden die Leser die wichtigsten Finanzdaten wie den F.A.Z.-Index, den Dow Jones Index, die Rentenrendite, den Goldpreis, den Dollar-D-Mark-Wechselkurs und eine Übersicht über die wichtigsten Unternehmensmeldungen des Tages. Auf den Innenseiten des Wirtschaftsteils wird außerdem über die aktuelle Situation an den deutschen

Börsen informiert und ein Überblick über die Tendenzen in Europa, Asien/Australien und Amerika gegeben. Im Abschnitt Renten- und Optionsmärkte findet sich neben der Analyse der Marktverfassung und den wichtigsten Kursen eine wichtige Spalte „F.A.Z.-Renten-Rendite“, mit den Vergleichszahlen die ich brauche, um Aktien- und Rentenrenditen gegenüberzustellen.

Die Grobgliederung des Wirtschaftsteils der Frankfurter Allgemeinen Zeitung erleichtert dem Einsteiger und dem versierten Zeitungsleser unter den Börsianern den Datenzugriff: Aktienmarkt, Rentenmarkt, Rohstoff- und Devisenmarkt.

Das Handelsblatt glänzt als Wirtschafts- und Finanzzeitung nicht nur durch ausführliche und exzellente Branchen- und Unternehmensberichterstattung, sondern auch durch einen – zwar gewöhnungsbedürftigen, aber äußerst reichhaltigen – Börsenteil, die „Finanzzeitung“.

Im Handelsblatt schlüpft der Leser quasi wie durch einen Trichter von der globalen Berichterstattung über aktuelle Vorgänge in der Welt und in Deutschland über den zweiten Teil der Zeitung, „Weltwirtschaft“, den Teil „Unternehmen und Märkte“ auf eine immer schwächer aggregierte Informationsebene bis hin zu akribisch recherchierten Detailinformationen über einzelne Unternehmen. Im vierten Teil der Zeitung, der „Finanzzeitung“, angekommen, findet er jeden Tag all jene Informationen, die nötig sind, um die in diesem Buchkapitel dargestellten Berechnungen und Bewertungen vorzunehmen. Dem Handelsblatt haftet wie der Frankfurter Allgemeinen aus der Sicht der wirtschaftlich nicht so sehr interessierten Leser der Makel des Trockenen, der Bleiwüste an. Doch wer sich regelmäßig mit diesen Quellen beschäftigt, hat am Ende einen besseren Informationsstand als mancher der mit vermeintlich uneinholbarem Wissensvorsprung ausgestatteten Aktienprofis. Besonders interessant für den Leser mit begrenztem Zeitbudget sind auf der ersten Seite der Finanzzeitung die Grafik des Deutschen Aktienindex, der Aufmacher-Bericht über den Zustand der Finanzmärkte, die Branchenindices auf der zweiten Seite, sowie der statistische Teil auf der unteren Hälfte der zweiten Seite. Hier finden sich alle wichtigen Kennziffern über Devisen, Sorten, Zinsen, Investmentfonds und Gold.

Eine sehr interessante Quelle ist die „Börse online", eine Wochenzeitung für die – wie sie sich nennt – moderne Kapitalanlage. Auch diese Publikation enthält eine Fülle wichtiger Börseninformationen und besticht durch ihre originelle Gliederung: Unter der Überschrift „Kaufen und Verkaufen" werden dem Leser, je nachdem, ob er „konservativ" oder „risikofreudig" ist, gezielte Tips gegeben. Die „Empfehlungen im Rückblick" nehmen eigene Tips aus vorangegangenen Ausgaben unter die Lupe.

Wer sich von Kurven, Linien und Kanälen nicht erschlagen lassen will und dennoch auf solide charttechnische Informationen setzt, findet in dieser Wochenzeitung eine hervorragende Möglichkeit, sich in die Chartanalyse einführen zu lassen und deren Brauchbarkeit selbst zu überprüfen. Wer ein Gefühl dafür bekommen möchte, wie er Unternehmensdaten und Brancheninfos gezielt und effektiv in Aktienbewertungen ummünzt, kann das in der Börse Online im Abschnitt „Aktien & Anleihen" tun. Neben der ausführlichen Berichterstattung über sämtliche Bereiche der Finanzwelt ist aus dieser Zeitung vor allem der „Analyse-Service" hervorzuheben, in dem jede Woche 450 deutsche Aktien bewertet werden. Auf der ersten Seite dieses Berichtes werden Ranglisten aufgestellt, aus denen hervorgeht, welche Aktien derzeit die höchste Dividende abwerfen, welche das beste Kurs/Gewinn-Verhältnis haben und am billigsten sind, welche im Vergleich zum F.A.Z.-Index am stärksten und am schwächsten abschneiden.

Über diese Publikationen hinaus gibt es eine nicht genau bekannte Zahl von Zeitungen, Zeitschriften, Broschüren, Blättern und „Briefen", die zum überwiegenden Teil sehr seriös und informationshaltig sind, aber hier nicht genauer betrachtet werden können. Daher sei noch einmal auf die eingangs erwähnten Bibliographien verwiesen. In der Bundesrepublik Deutschland gibt es mittlerweile eine lange Reihe etablierter Börsen-Publikationen wie den „Effecten-Spiegel“, die „Börsenzeitung“, „Das Wertpapier“ oder den „Aktien Express“, zahlreiche Informationsschriften der Banken wie „Trend & Hintergrund“, den „Börsenbrief“, oder die „Anlage Perspektiven“, Bulletins und Schriften der örtlichen Effecten- und Börsenclubs sowie Journale, Bücher und Sonderausgaben ungezählter Verbände und Organisationen wie etwa das Grundlagen-Journal „Vermögens-Diagnose“ des Bundesverbandes der Deutschen Volksbanken und Raiffeisenbanken (BVR).

Es empfiehlt sich, nach der Lektüre dieses Buches eine gute Bibliographie auszuwerten und sich anfangs mit Zeitungen und Zeitschriften zu behelfen, deren Darstellungen so aufgemacht sind, daß die Berechnungen der wichtigsten Aktienkennziffern nachvollziehbar sind. Erst wenn das in diesem Kapitel dargestellte Instrumentarium wirklich beherrscht wird, sollten Sie sich mit weiterführender Literatur auseinandersetzen.

5. Kapitel
Börse international – Börse spezial

Die wirklich interessanten Titel, so muß man manchmal glauben, die gibt's an fernen Börsenplätzen, auf den Bahamas, in Neuseeland, in Taiwan oder Südafrika, ja, schon die New Yorker Wall Street als Anlageadresse gibt dem eigenen Depot den Anstrich des Internationalen. Andererseits sind es die Launen gerade der internationalen Börsen, von New York und Tokio ganz besonders, die einem die Freude an inländischen Papieren gehörig verderben können, wenn zum Beispiel einer an der Wall Street sich erkältet und deshalb die gesamte deutsche Börse eine Lungenentzündung bekommt. Soll man da nicht lieber gleich an die New Yorker Börse gehen? Oder noch weiter ins Ausland? Tatsächlich bieten ausländische Wertpapiere in der Regel größere Chancen als inländische – aber größere Chancen bedeuten an der Börse *immer* auch größere Risiken. Wir kommen darauf noch zurück, aber erst, nachdem wir uns die wichtigsten außereuropäischen Börsenplätze einmal genauer anschauen und fragen, was sie eigentlich mit unserem deutschen Aktienmarkt zu tun haben.

1. Was kümmert mich New York?

Diese (pointierte) Frage ließe sich relativ platzsparend beantworten – mit einem Hinweis auf das erste Kapitel dieses Buches, oder aber, damit Sie nicht mühsam zurückzublättern brauchen, mit der Aussage, daß, betrachtet man es realistisch, die sogenannten internationalen Anleger die

Hälfte des deutschen Aktienhandels in der Hand haben. Wie gut oder wie schlecht sie auf deutsche Aktien zu sprechen sind, hängt ganz entscheidend davon ab, wie gut oder wie schlecht es ihrem Vermögen insgesamt geht. Da diese Anleger den überwiegenden Teil ihres Vermögens in amerikanischen (oder, in diesem, aber auch nur in diesem Zusammenhang weniger wichtig, in japanischen) Papieren angelegt haben, ist klar, daß somit die Verfassung der Börsen in New York oder in Tokio ganz entscheidenden Einfluß auf die Tendenz an den Aktienmärkten in Frankfurt, Düsseldorf oder Bremen hat. Aber es gibt ja auch noch andere Börsen auf der Welt.

Börsen der Welt

Börsen gibt es auf allen Kontinenten (läßt man die Antarktis einstweilen außer acht). Ihre Funktion ist überall die gleiche und ihr Entstehen so natürlich wie das Entstehen eines beliebigen anderen Marktes, etwa dessen für Kamele, für Eintrittskarten zum Michael-Jackson-Konzert oder für Kokainpaste. Aber so, wie die Märkte für diese drei genannten Gegenstände in dieser Reihenfolge legal, halblegal und (fast überall) illegal sind, so sind auch Börsen je nach Standort öffentlich erwünscht, geduldet oder verboten. Niemand hierzulande zweifelt daran, daß wir eine Börse brauchen.[1)] In Ungarn und in der Volksrepublik China, wo jetzt nach rund vier Jahrzehnten die Aktienmärkte neu- oder wiederbelebt wurden, ist das bei Teilen der Funktionärsklasse sicher noch anders. Und in Ost-Berlin hat man den S-Bahnhof „Börse" gleich nach dem Krieg

---

1) Einige zweifeln daran, daß wir *mehr als eine* Börse brauchen, andere haben noch nicht so ganz verstanden, wozu wir eigentlich eine (oder mehrere) Börsen brauchen, aber daß wir eine brauchen, das bezweifeln auch sie nicht.

in „Marx-Engels-Platz“ umbenannt, was die Marschroute hinlänglich verdeutlichte.

Andere Länder, andere Börsen

Von allen Völkern haben sicher die Amerikaner das innigste Verhältnis zu ihrer Börse. Sie ist in den USA ein fast so gängiges Gesprächsthema wie das Wetter, „the stock market“ oder einfach „the market“, das interessiert jeden. Dabei gibt es diese „eine“ Börse eigentlich gar nicht, denn in den USA herrscht (nicht nur auf diesem Gebiet) eine harte Konkurrenz zwischen New York und Chikago, zwischen den Städten Nummer eins und zwei also. Zwar hatte New York lange Zeit unbestritten die Führung, was den Aktienmarkt betraf, während Chikago vor allem als Warenbörse fungierte (was das ist, steht im nächsten Abschnitt). In den letzten zehn Jahren hat sich aber das Gleichgewicht verschoben, seit sich die beiden Märkte über neue Finanzinstrumente auf bis dahin unbekannte Weise ineinander verstrickt haben, doch davon mehr an anderer Stelle. Wenn im folgenden von der amerikanischen Börse die Rede ist, dann soll immer New York gemeint sein.

Die New Yorker Börse steht an der Ecke von Broad Street und Wall Street, am südlichen Ende der Insel Manhattan. Die Wall Street verläuft da, wo einst eine Mauer die Stadt Neu-Amsterdam vor Indianerüberfällen schützen sollte. Der damalige Gouverneur der Stadt, Peter Stuyvesant, hatte diese Mauer bauen lassen, die aber in der Folge bald fiel, weil jenseits von ihr der Duft der großen weiten Welt lockte oder zumindest die Aussicht auf Grundstücksgewinne im unbesiedelten Teil von Manhattan. Heute jedenfalls heißt Neu-Amsterdam New York, und die Wall Street ist eine der wenigen Straßen in der Stadt, in der nur ganz selten die Sonne scheint. Rings herum sind nämlich Hochhäuser in solcher Zahl gewachsen, daß die altstädtisch-schmale Straße heute bis auf ganz früh morgens im Schatten liegt. Dafür steht der Name Wall Street ständig im Rampenlicht. Er ist mittlerweile ein Synonym für die New Yorker Börse im besonderen und für die amerikanische Großfinanz im allgemeinen geworden. Wall Street, das ist vor allem eine ungeheuer leistungsfähige Börse, die pro Tag bis zu 250 Millionen Aktien umsetzt. Die deutschen Börsen sind froh, wenn sie ein Zehntel davon schaffen. Woher hat der amerikanische Aktienmarkt seine Muskeln? Nun, in Amerika ist Aktienbesitz etwas Selbstverständliches. Da es keine gesetzliche Rentenversicherung gibt, sorgen viele Menschen vor, indem sie sich ein Aktiendepot anlegen. Aktien bieten ja einen gewissen Schutz vor Inflation, da ihr Kurs mit der Wirtschaft mitwächst. Hinzu kommt, daß in den USA Lebensversicherungen und Pensionsfonds gerne ihr Geld in Aktien investieren. Bei uns ist das völlig undenkbar. Hier legen Lebensversicherungen ihr Geld lieber auf die Bank. Das mag mit gesetzlichen Vorschriften zu tun haben und insofern legitim sein, aber trotzdem: Leistungsfähiger wird die deutsche Börse davon nicht.

Leistungsfähig dagegen ist also die Wall Street, und das nützt dem Anleger, denn er kann sich darauf verlassen, daß auch große Kauf- und Verkaufaufträge „untergebracht" werden, also einen Verkäufer beziehungsweise einen Käufer finden, ohne daß der Kurs allzu große Sprünge zu vollführen braucht. Leistungsfähigkeit bedeutet demnach auch, daß die Kurse an einer Börse sich verhältnismäßig stetig entwickeln, daß sich also der Anleger bei der Wahl des Zeitpunktes, zu dem er kauft oder verkauft, darauf verlassen kann, daß die Kurse sich (vermutlich) nicht spektakulär entwickeln, er also in der Wahl seines Zeitpunktes relativ frei ist.

Kurzfristigkeit und das Asthma der Börse

Das ist aber leider nur das klassische Bild der New Yorker Börse. In den letzten zwei Jahren ist sie dagegen in arges Gerede gekommen, da sie zweimal so stark durchgesackt ist, daß manchem Anleger die Puste ausging. Die beiden „Crashs“ von 1987 und 1989 hatten mit zwei in der Tat beunruhigenden Trends zu tun, die man in den USA beobachten kann. Diese Trends haben zwar nichts Grundsätzliches mit der Börse zu tun, die Börse kann sich ihnen aber nicht entziehen. Der erste Trend besteht darin, daß in der Wirtschaft der USA immer kurzfristiger gedacht und gehandelt wird, der zweite darin, daß die amerikanische Politik Gegenstand von Zweifeln geworden ist. Schon immer war der zeitliche Spielraum amerikanischer Manager deutlich kleiner als der ihrer deutschen Kollegen. Amerikanische Aktiengesellschaften zahlen ihren Aktionären nämlich in der Regel alle Vierteljahre eine Dividende, nicht bloß einmal im Jahr, wie das bei uns üblich ist.[1] Neben der Dividende ist einmal im Quartal zudem noch ein Bericht des Vorstandes üblich, in dem sich auch eine Schätzung darüber findet, wie der Gewinn in den nächsten Quartalen vermutlich ausfallen wird. In letzter Zeit scheint es, als würden diese Quartalstermine immer wichtiger, als versuchten immer mehr Vorstände, ihren Aktionären einen Gewinn zu präsentieren, wo eigentlich gar keiner erwirtschaftet werden konnte. Das begünstigt das kurzfristige Hin- und Herschieben von Geldern. Statt Anlage herrscht Handel vor. Das erhöht zwar die Zahl der Aktien, die täglich über den Börsentresen gehen, bedeutet aber nicht, daß die Börse besonders gesund ist.

---

[1] Natürlich ist die Quartalsdividende amerikanischer Aktiengesellschaften nur entsprechend etwa ein Viertel so hoch wie die Jahresdividende deutscher AGs.

Feindliche und andere Übernahmen

Eng verbunden mit dieser „Gewinnsucht" amerikanischer Unternehmen ist die Welle der Übernahmen. Bei diesen Übernahmen kauft ein „Angreifer" ein Unternehmen an der Börse auf, schlachtet seine Kasse aus und verkauft es dann wieder. Das ist zwar weniger ungesund als es zunächst erscheint, denn derartige Übernahmen zwingen auch schläfrige Vorstände, „ihren Laden auf Vordermann zu bringen", was ja volkswirtschaftlich durchaus erwünscht ist. Schlimmer ist, daß die „Angreifer" ihre Aktionen meistens ohne eigenes Geld ausführen. Was sie brauchen, leihen sie sich auf dem Markt, und zwar zu erschrekkend hohen Zinsen. Die verlangt der Markt von ihnen, weil die Angreifer ja keine Sicherheiten bieten können außer der Aussicht, daß die Kasse des Übernahmekandidaten prall gefüllt ist. Schlimm wird es, wenn eine solche Übernahme scheitert, oder vorher schon die Finanzierung nicht zustande kommt. Dann kann es sein, daß sich plötzlich eine größere Gruppe von Anlegern von ihren Papieren trennt, weil ihnen diese Übernahme ohnehin „zu heiß" geworden war. Wenn der Markt dann in einer solchen Verkaufswelle ein allgemeines Warnzeichen sieht, dann kann es sein, daß die Verkaufswelle anschwillt, bis es zu einem Crash kommt wie dem im Oktober 1989. Es wäre jedoch ungerecht, verwiese man nicht darauf, daß es gerade die kleinen Anleger sind, die von Übernahmeschlachten profitieren können. Schon das Gerücht über ein mögliches „takeover" kann nämlich den Kurs schon in Höhen treiben, die er sonst nie erreicht hätte. Wenn sich unter solchen Umständen viele kleine Anleger von ihren Aktien trennen, dann bringt das, anders als möglicherweise sonst, den Kurs nicht zum Sinken, denn meist ist die Nachfrage nach Aktien gerade dann besonders groß.

Wenn mit der Regierung kein Staat zu machen ist

Zu viel kurzfristiges Denken ist aber sicherlich der eine Trend, der die Turbulenzen in New York begünstigt, der andere ergibt sich, wie schon angedeutet, aus den Zweifeln, die sich gewissen Beobachtern aufdrängen, was die Verläßlichkeit der amerikanischen Haushaltspolitik betrifft. Die hat ja (noch immer) mit einem bedeutenden Fehlbetrag in der staatlichen Kasse zu kämpfen, tut dies aber mittlerweile mit zum Teil bedenklichen Methoden. Statt ihre Ausgaben zu vermindern (was volkswirtschaftlich verdienstvoll wäre, zumindest solange sie es damit nicht übertreibt), verlagert die Regierung in Washington nämlich einfach Teile der staatlichen Ausgaben aus dem Haushalt hinaus (was politisch natürlich einfacher ist). Dann kommt eben das Geld für die Sanierung des bankrotten Sparkassensystems nicht mehr aus dem Etat des Finanzministeriums, sondern aus einer neu geschaffenen Behörde zur Sanierung des Sparkassensystems, die sich ihr Geld einfach selbst leiht. Das ändert überhaupt nichts an der Verschuldung der US-Regierung, denn zahlen muß sie auch weiterhin, egal, ob direkt über das Ministerium oder indirekt über die neue Behörde. Nur das Haushaltsdefizit sieht besser aus als vorher. Das klingt unsolide, und das ist es auch in den Augen vieler Anleger. Ein Teil von ihnen meint, wenn ein Land so eine Regierung habe, sei die Währung des Landes, also der Dollar, auf die Dauer wenig wert. Sie spekulieren gegen den „Greenback“. Ein anderer Teil der Anlegerschaft glaubt, wenn die Regierung ihre Schulden auf der gegenwärtigen Höhe halte, dann bleibe auch künftig der Bedarf an Dollar stabil, und damit auch die Zinsen für diese Währung. Dieser Teil spekuliert für den Dollar. So erklärt sich zum Teil das Hin und Her an der New Yorker Börse, die gleichwohl eine der interessantesten überhaupt ist und bleibt.

Auf Kursgewinne abonniert: Tokio

Ihre Schwester in Tokio ist dagegen für den Anleger weniger reizvoll, und das mag überraschen, gilt doch Tokio (zu Recht) mittlerweile als der größte Aktienmarkt der Welt. Trotzdem, die rund zweitausend Aktiengesellschaften, die an der Börse im Tokioter Stadtteil Kabutocho gehandelt werden, eignen sich nur bedingt für Spekulationen. Neunzig Prozent der japanischen Aktien sind nämlich in festen Händen. Das heißt, nur ein Zehntel des Gesamtwertes dieser Unternehmen ist überhaupt zu verkaufen, der Rest der Aktien liegt im Tresor von Banken oder anderen Unternehmen, die mit der jeweiligen Aktiengesellschaft gut befreundet sind. Oft hält z.B. die Yamamoto K.K. („K.K." heißt „AG" auf japanisch), sagen wir, 50 Prozent an der Nakamura K.K., während die Nakamura K.K. 50 Prozent an der Yamamoto K.K. hält. Keine der beiden Firmen dächte auch nur im Traum daran, ihr Aktienpaket an der jeweils anderen Firma zu verkaufen, wichtig ist allein, daß die eigenen Aktien in vertrauenswürdigen Händen liegen; dann ist man sicher, daß nicht etwa irgendein Fremder, ja, womöglich ein Europäer oder ein Amerikaner (welch abscheulicher Gedanke!) auf die Idee kommt, sich in Japan einzukaufen. Japan hat viele Handelsschranken abgebaut, aber ausländische Aktionäre gibt es bei Nissan, Toyota und Co. nur wenige. Sie sind in den meisten Fällen nicht erwünscht. In anderen Fällen finden aber auch die ausländischen Aktionäre selbst, die japanischen Firmen seien als Anlage uninteressant. Dabei spielt oft eine Rolle, daß das Kurs-Gewinn-Verhältnis (siehe das vierte Kapitel dieses Buches) oder das Verhältnis Gewinn zu Aktienkurs (dto.) den meisten Ausländern viel zu hoch beziehungsweise viel zu niedrig erscheinen. Der Kurs japanischer Aktien ist oft das Dreißigfache des Gewinns je Aktie, und oft schütten japanische Unternehmen gar keine Dividende aus. Westliche, also europäische und amerikanische Investoren wünschen sich oft Papiere mit hoher Dividende. Sind die nicht zu haben, sollen die Aktien wenigstens billig sein, sprich, das Kurs-Gewinn-Verhältnis (KGV) soll niedrig sein. Ein KGV von 60, wie es bei japanischen Aktien mittlerweile keine Seltenheit darstellt, ist alles andere als niedrig. Bei 60 würde hierzulande niemand einsteigen, alle dächten vielmehr, der Aktienkurs müsse bald fallen, denn so billig lasse sich doch kein Aktionär auf die Dauer abspeisen. Nun, die Japaner tun genau das und kaufen trotzdem – irgendwoher muß es ja kommen, daß die Tokioter Börse seit den späten siebziger Jahren eine weltweit einmalige Kursexplosion erlebt hat. Japans Anleger kaufen, nicht um an der Dividende zu verdienen, sondern um am Wachstum der Firma teilzuhaben, ausgedrückt im Aktienkurs. Sie vertrauen darauf, daß der Kurs der Nakamura K.K., heute bei 30 Yen je Aktie, in fünf Jahren bei zweihundert liegen wird. Dann werden sie (vielleicht!) verkaufen und einen steuerfreien Gewinn mitnehmen, der sie dafür mehr als entschädigt, daß die Nakamura K.K. in all den Jahren keinen Gewinn ausgeschüttet hat.

Wichtig ist also: Das KGV japanischer Aktien ist in der Regel mit dem westlicher Papiere nicht zu vergleichen, an der Tokioter Börse gelten bisweilen andere Regeln als an den übrigen Börsenplätzen der Welt.

Hochspekulativ: Hongkong

Die (noch) britische Kronkolonie Hongkong lebt zu einem großen Teil vom Außenhandel der Volksrepublik China. Hongkong ist gewissermaßen Pekings Fenster zur Welt. Bis Juni 1989 war dieses Fenster auch das auf eine hoffnungsvolle Zukunft auf dem Weltmarkt, auch wenn (oder vielleicht: gerade, weil) Hongkong 1997 wieder an China fallen soll. Seit dem Massaker auf dem Platz des Himmlischen Friedens sind die Anleger nicht mehr so sicher. Wie glaubwürdig sind die Versicherungen der chinesischen Regierung, Hongkong werde auch nach 1997 seine wirtschaftliche (und, in Grenzen, seine politische) Eigenständigkeit behalten können? Solange diese Frage nicht schlüssig beantwortet ist, läßt sich auch die Zukunft der Hongkonger Börse schlecht einschätzen. Bis jetzt spricht manches dafür, daß es der Volksrepublik nicht gelingen wird, das innenpolitische Aufbegehren zu unterdrücken, ohne die wirtschaftliche Freiheit anzutasten. Das spricht gegen eine rosige Zukunft für die Hongkonger Börse. Andererseits könnte sich unter den gegenwärtigen Umständen die britische Regierung veranlaßt sehen, von der Pekinger Regierung weitergehende Garantien für den Status Hongkongs nach 1997 zu verlangen. Gelänge dies, hätte auch die Hongkonger Börse wieder Anlaß zum Steigflug.

Tiger im Käfig: Taiwan und Südkorea

Je mehr die Volksrepublik China international an Ansehen verliert, um so mehr rückt Taiwan wieder ins Blickfeld. Das Land gehört zu den „Tigern“, den Ländern Ost- und Südostasiens, die im Begriff sind, den Aufstieg vom Entwicklungs- zum Industrieland zu schaffen. Taiwan ist pro Kopf seiner Bevölkerung immerhin heute wirtschaftlich so stark wie Japan vor zwölf Jahren. Südkorea entwickelt sich ähnlich dynamisch, hat aber innenpolitisch größere Probleme als die „Republik China“, wie sich Taiwan trotzig nennt. Südkorea ist sehr restriktiv, wenn es darum geht, ausländische Investoren südkoreanische Aktien erwerben zu lassen. In Taiwan ist unterdessen der Aktienmarkt so sehr in die Höhe getrieben worden, daß mancher sich einen reinigenden Crash geradezu wünscht. Unter langfristigen Gesichtspunkten sind beide Länder gleichwohl vielversprechende Anlagegebiete, die sich gewiß noch stürmisch weiterentwickeln werden.

Rohstoffe sind Trumpf: Sydney

Australien reitet zwar heute nicht mehr, wie früher, „auf dem Rücken seiner Schafe“, trotzdem exportiert der sechste Kontinent weiterhin vor allem Rohstoffe: Wolle, Getreide, aber auch Metalle, darunter Gold. Weit über drei Viertel aller australischen Exporte sind Rohstoffe. Entsprechend empfindlich reagiert die Sydneyer Börse auf Schwankungen der Weltmarktpreise für die australischen Hauptausfuhrgüter. Die vergangenen Jahre waren gekennzeichnet durch ständig sinkende Rohstoffpreise, gleichzeitig und damit zusammenhängend offenbarte sich, daß die australische Wirtschaft international noch zuwenig wettbewerbsfähig ist. Die Zukunft der australischen Börse hängt demnach von der langfristigen Entwicklung der Rohstoffpreise ebenso ab wie von der Fähigkeit der australischen Regierung, die Wettbewerbsbedingungen zu verbessern.

Abonniert auf Platz drei: London

Die festgefügte, manche sagen: selbstzufriedene, Börsenwelt der Londoner City geriet durch den „Big Bang“ von 1985 in einen nie gekannten Umbruch. Althergebrachte Trennlinien zwischen verschiedenen Tätigkeiten an der Börse wurden verwischt, die Gebühren liberalisiert und der gesamte Börsenhandel auf Computer umgestellt. Dieser waghalsige Sprung in die Börsenzukunft macht dem Finanzplatz London auch heute noch zu schaffen, die Umstellung des Handels auf den Standard des 21. Jahrhunderts ist noch nicht abgeschlossen. Bemerkenswert ist dabei jedoch, daß an der Londoner Börse bisweilen mehr deutsche Aktien gehandelt werden als an allen deutschen Börsen zusammen. Auch gab es einen Terminhandel in deutschen Festverzinslichen zuerst in London. Darüber hinaus bleibt aber der Finanzplatz London auch insofern interessant, als nirgendwo anders in Europa so viele Unternehmen (feindlich und freundlich) übernommen werden wie in der britischen Hauptstadt. Das sorgt für „Musik" in den Kursen. Im übrigen ist London ganz ohne Frage der drittwichtigste Finanzplatz der Welt, und daran dürfte sich in nächster Zeit wenig ändern.

Aktienmärkte und Warenbörsen – oder umgekehrt?

Kennzeichen einer Marktwirtschaft ist, daß sie – im Gegensatz zur Plan- oder zur Zwangswirtschaft – die Preise sich im wesentlichen selbst bilden läßt. Eine Voraussetzung dafür, daß die Preise sich richtig bilden können, ist, daß Anbieter und Nachfrager einer jeweiligen Ware vergleichen können, daß also Transparenz herrscht. Diese Transparenz stellt sich dann ein, wenn möglichst viele Anbieter und Nachfrager am selben Ort zusammenkommen. Das sehen diese Anbieter und Nachfrager meistens von ganz alleine ein, ohne daß man sie dazu zwingen müßte. So entstehen Märkte, aber auch Börsen. Als Börsen wird man üblicherweise solche Märkte bezeichnen, auf denen keine Waren im eigentlichen Sinne gehandelt werden, sondern abstrakte Gegenstände wie Rechte, auch solche an und aus Wertpapieren. Konkrete Gegenstände wie Eier, Mikrochips oder Gebrauchtwagen dagegen werden auf Märkten gehandelt. Diese begriffliche Unterscheidung kommt der Wirklichkeit relativ nahe, doch schert sich die Wirklichkeit darum relativ wenig. Sie redet unverdrossen von „Aktienmärkten" und von „Eierbörsen", insofern mag die Unterscheidung doch ein wenig künstlich sein.

Tatsache bleibt jedoch, daß sich in allen marktwirtschaftlich verfaßten Ländern Börsen bilden, auf denen Aktien gehandelt werden, aber auch festverzinsliche Wertpapiere. Daneben wird am sogenannten Spotmarkt in Rotterdam mit Erdöl gehandelt, das meistens überall zu finden ist, nur nicht im Hafen von Rotterdam (was aber jeder weiß, und was niemanden stört), in Antwerpen werden Diamanten gehandelt und in Chikago Sojabohnen (und Weizen und Mais und Schweinehälften).

2. Das große Geld mit den Exoten

Ihre Bank wird zwar ein seriöses Unternehmen sein und Ihnen deshalb kaum so etwas wie die Aktien der Trans-Panamaischen-Urwald-Magnetbahn oder der Allgemeinen Grundstücksverwaltung Beirut anbieten, aber Sie und ich können ja bei der täglichen Zeitungslektüre guten Ratschlägen kaum ausweichen, gerade im Wirtschaftsteil, der ab jetzt zu Ihrem täglichen Lesestoff gehört. (Wenn's am Anfang auch trocken ist: Ihre Familie freut sich sicher, daß es beim Frühstück jetzt weniger Streit um die übrigen Teile der Zeitung gibt). Also, im Wirtschaftsteil auf der Anzeigenseite, da preisen Ihnen alle möglichen Börsendienste, Effektenbriefe und Aktieninformationen ihre „todsicheren Tips“ an. Ein schnoddriger Rat vorweg: Bedenken Sie bei *allen* Aktientips, daß ein Tip, der so heiß ist, daß er aussieht, als sei er zu schön, um wahr zu sein, daß so ein Tip meistens genau das ist: zu schön und nicht wahr. Aber im Ernst: Natürlich sollen in diesem Werk auch die Exoten ihre Chance haben, und Risiko ist schließlich das tägliche Brot eines Börsianers, bitte sehr:

Exotik und Risiko

Exotik, das ist immer das, was man nicht kennt. Deswegen wird Ihnen derjenige, der versucht, Ihnen eine Exotenaktie anzudrehen, es immer erst mal darauf anlegen, Ihnen weiszumachen, Sie (und am besten nur Sie allein) könnten ermessen, wie *unschlagbar, garantiert erfolgreich* oder was auch immer dieser Tip ist. Außerdem, so wird der freundliche Finanzratgeber fortfahren, ist Exotik doch relativ, schließlich sei doch die ganze Börse für den exotisch, der sich, anders als Sie, noch gar nicht damit beschäftigt habe. Da müssen wir dem Mann (oder der Dame) recht geben. Exotik ist in der Tat ein relativer Begriff. Heute zögern Sie noch, in etwas anderes Ihr Geld zu stekken als, sagen wir, in Siemens oder Daimler-Benz, morgen, nach ersten (erfolgreichen) Erfahrungen an der Börse jonglieren Sie virtuos mit japanischen Molkereiaktien, taiwanesischen Minenwerten und so weiter.

Sie haben bei exotischen Anlagen unbestritten fast immer größere Gewinnchancen als bei den langweiligen Papieren großer deutscher Aktiengesellschaften. Leider geht aber an der Börse die große Gewinnchance *immer* einher mit der (manchmal noch größeren!) Verlustchance. Lassen Sie sich dieses eherne Grundgesetz der Börse niemals ausreden, Ihre Erben werden es Ihnen danken. Damit wären wir beim Thema Risiko: Exotik hängt damit untrennbar zusammen. Diese dunkel lockende Verbindung können Sie schon in heimischen Gefilden kennenlernen: Fragen Sie jemanden, der mit Puma-Aktien auf den Bauch gefallen ist. Als das Papier erstmals gehandelt wurde, hatte es den Reiz des Exotischen: Eine (börsenmäßig gerechnet) junge Firma, die bisher nicht viel über sich hatte verlauten lassen, und die sich nun willig den Anlegern hingab – das war der Reiz des Unbekannten, des Exotischen. Bekannt und wenig reizvoll ist das Ende der Geschichte: Puma verlor viel Geld, weil das Unternehmen Fehler machte. Vor diesem Risiko sind Sie an der Börse nie gefeit. In dem Augenblick aber, in dem Sie darauf bestehen, Ihr Geld in Aktien der Muammar-al-Gadafi-Werke anzulegen, steigt die Gefahr, daß sie es damit zum letzten Mal gesehen haben, und zwar aus im wesentlichen vier

Gründen: Wechselkurs-, Länder-, Informations- und Gegenstandsrisiko.

Wechselkursrisiko

Da lesen Sie in Ihrem Leib- und Magenblatt von australischen Anleihen, die Ihnen *fünfzehn* Prozent Zinsen bringen! Sie schaffen es gerade noch, Ihre Kaffeetasse nicht vor Aufregung fallenzulassen und beschließen, sofort Ihre Bank... Halt!! Keinen Schritt weiter!!! Nehmen Sie sich wenigstens einen Moment Zeit, dieses appetitliche Angebot noch einmal zu studieren: Es geht da nicht um Anleihen der Deutschen Siedlungs- und Landesrentenbank, sondern um Australische Dollaranleihen! Nun stellen Sie sich vor, besagter Australischer Dollar geruht, sich in einem Jahr um zwanzig Prozent nach unten zu bewegen – wieviel hätten Sie dann an diesen vorzüglichen Papieren verdient? Gar nichts, sagen Sie? Falsch! Sie hätten nicht nur nichts verdient, Sie hätten draufgezahlt, denn der Währungsverlust (oder auch Wechselkursverlust, das ist dasselbe) von 20 Prozent hätte nicht nur Ihre 15 Prozent Zinsen völlig aufgezehrt, sondern Ihnen dazu noch 5 Prozent vom Wert Ihrer Anleihen abgebissen. Genau dasselbe kann Ihnen natürlich auch bei Aktien, Optionsscheinen oder bei sonstwelchen Papieren passieren, wenn sie in fremder Währung ausgegeben sind. Nun, da Sie dies bedenken, wird Ihre Kaffeetassenhand ruhiger, Sie beschließen, Ihre Bank noch nicht anzurufen (die hat auch noch nicht offen, wenn Sie noch frühstücken) und blättern um zum Sportteil, der ja praktischerweise bei vielen Zeitungen im selben Abschnitt untergebracht ist wie der Börsenteil (irgendwann wird Ihr Sohn das merken und Ihnen den Wirtschaftsteil nicht mehr so bereitwillig überlassen! Aber vorerst haben Sie da einen Informationsvorsprung). Sie ziehen eine Lehre aus diesem gedanklichen Erlebnis:

Anlagen in fremder Währung tragen *immer* ein höheres Risiko als Anlagen in Mark, weil sich der Wechselkurs ändern kann.

Das gilt für Währungen wie den holländischen Gulden, den österreichischen Schilling und den Schweizer Franken nur mit Einschränkungen, denn die sind sehr stabil, vielleicht stabiler als die Mark. Das sind aber auch die einzigen...

Länderrisiko

Findig, wie sie nun mal sind, hatten große Banken des In- und Auslandes in den siebziger Jahren zwei neue Märkte für Kredite entdeckt: die Ostblockländer und die Dritte Welt. Die Regierungen dieser Staaten verspürten damals einen kaum stillbaren Hunger nach westlichem Geld, und westliche Banken schafften es willig herbei. Warnende Stimmen, die geltend machten, das sei doch alles wirtschaftlich nicht sehr solide, brachte man mit einem einfachen Argument zum Schweigen: Schließlich handelte es sich um Regierungen, und die konnten, so dachte man damals, nicht pleite gehen. Zum allgemeinen Erstaunen bewies Mexiko als erstes Land im Februar 1983 das Gegenteil, es gab bekannt, es könne seine Auslandsschulden nicht bezahlen. Die Bankenwelt war ratlos, denn ein solcher Fall war einfach nicht vorgesehen gewesen.[1] *Das wirtschaftliche Länderrisiko bemißt sich danach, wie stark*

[1] Tatsächlich kann eine Regierung theoretisch nicht zahlungsunfähig werden, sie braucht, wenn es eng wird, nur neues Geld zu drucken. Mit diesem Geld kann sie allerdings nur ihre Schulden im Inland begleichen. Das Ausland wird sehr schnell genug haben von allzu leichtfertig gedrucktem Schuldnergeld. Der Denkfehler der Banken bestand darin, daß sie diesen Unterschied zwischen Innen- und Außenwert einer Währung übersehen hatten. Im übrigen nützt es auf die Dauer auch im Inland nichts, einfach die Notenpresse laufen zu lassen. Wenn das Inlandsgeld nichts mehr wert ist, dann nehmen die Landsleute Ersatzwährungen her. Nach dem Krieg waren das bei uns die Zigaretten, in der DDR ist es heute die Westmark.

ein Land im Verhältnis zur Kraft seiner Wirtschaft verschuldet ist. Das wirtschaftliche Länderrisiko ist also genau das gleiche wie Ihre persönliche Kreditwürdigkeit: Wenn Sie 1 500 Mark im Monat verdienen, aber 250 000 Mark Schulden haben, weil Sie sich unbedingt einen Rolls-Royce kaufen mußten, den Sie aber mittlerweile im Champagner-Rausch an einem Baum kaputtgefahren haben, dann sind Sie im Verhältnis zu Ihrem Einkommen zu hoch verschuldet, und Ihre Bank wird Ihnen keinen zusätzlichen Kredit mehr geben, weil ihr dann das Risiko zu hoch ist, daß Sie sich übernehmen könnten. Oder aber die Bank gibt Ihnen einen Kredit, läßt Sie aber mit deutlich höheren Zinsen zur Ader. Der Zinsaufschlag soll dann das erhöhte Risiko ausgleichen. Nun verstehen Sie vielleicht, warum Länder, die kurz vor der Pleite stehen, oft besonders appetitliche Zinsen anbieten...[2)]

Um Ihnen ein Beispiel für diese Art von Risiko zu geben: Auch über siebzig Jahre nach der Oktoberrevolution gibt es eine ganze Reihe Menschen in aller Welt, die den Kommunisten noch nicht verziehen haben. Dabei geht es nicht (nur) um ideologische Streitfragen, sondern (vor allem) darum, daß die Regierung der Sowjetunion sich bis heute weigert, die Schulden des Zarenreiches zurückzuzahlen. Wer also vor 1917 russische Anleihen gekauft hat (und diese Anleihen waren damals fast so angesehen wie die des Deutschen Reiches), der hat sein Geld aufgrund der späteren politischen Entwicklung verloren. Umstürze, Staatsstreiche, Kriege, das sind Ereignisse, die das politische Risiko eines Landes ausmachen. Sie sind natürlich nicht immer vorherzusehen, doch kann man oft mit gutem Gewissen zumindest in groben Zügen einschätzen, wie stabil ein Land ist. Je weniger stabil ein Land ist, um so risiko-

---

[2)] Damit ist *nicht* unser Beispiel Australien gemeint, dort sollten die hohen Zinsen ja das Risiko auf einem anderen Gebiet ausgleichen, nämlich dem des Wechselkurses.

reicher sind Kredite, die dorthin fließen. Gleiches gilt natürlich auch für Aktien dortiger Unternehmen. Und risikoreiche Anlagen müssen hoch verzinst sein, hohe Zinsen können also auch hier eine Art Warnsignal sein.

Information: Wer spricht schon Suaheli?

Man kann unter dem Informationsrisiko auch das „kulturelle" Risiko verstehen, das sich einfach daraus ergibt, daß andere Länder, besonders solche fremder Sprache, von Natur aus weniger durchschaubar sind. Selbst Fachleute haben ihre Schwierigkeiten damit: Als beispielsweise deutsche Banken begannen, japanischen Unternehmen Geld zu leihen, da standen manchem braven Unternehmensbewerter in der heimischen Bundesrepublik Deutschland die Haare zu Berge, wenn er zum ersten Mal die Bilanzen von Nissan, Mitsubishi und Co. las. Diese Unternehmen waren so hoch verschuldet, daß sie in Deutschland niemals eine müde Mark Kredit bekommen hätten. Trotzdem waren sie kerngesund und durchaus kreditwürdig, man mußte eben nur die Bilanzen anders lesen, als man's gewöhnt war. Aber woher sollten die deutschen Bilanzanalytiker das wissen? Es hätte genausogut auch anders herum sein können. Andere Länder, andere (Wirtschafts-)Sitten. Wer im Ausland anlegt, ist immer auf fremdes Urteil angewiesen, und darin liegt eben Unsicherheit.

Gegenstand: Soll ich wirklich in die neuseeländische Sanitärindustrie investieren?

Wenn zwei das gleiche tun, ist es noch lange nicht dasselbe. Aktien deutscher Kernkraftwerkshersteller werden heute zurückhaltender bewertet als vor zehn Jahren, der politische Rahmen hat sich geändert. In Frankreich, das ja nun nicht gerade am anderen Ende der Welt liegt, ist davon noch kaum etwas zu spüren. Umgekehrt wäre es sicher nicht grundsätzlich falsch, wollten Sie sich heute an einem deutschen Katalysatorhersteller beteiligen; in Frankreich hingegen hat diese Industrie derzeit schlechte Chancen. So schwierig ist es, für ein und dasselbe Produkt die Marktchancen in anderen Ländern abzuschätzen!

Besondere Geschäfte und ihr Risiko

Während das gewöhnliche Kaufen und Verkaufen von Aktien durchaus mit dem Kaufen und Verkaufen von Gemüse auf einem Wochenmarkt vergleichbar ist, wird die Erklärung anderer Geschäfte schwieriger, die eben fast nur an der Börse üblich sind. Bei diesen Geschäften – dazu gehören zum Beispiel Termin- oder Optionsgeschäfte, aber auch der Handel in Wandelanleihen, in Bezugsrechten oder Optionsscheinen – geht es fast durchweg um den Erwerb von *Rechten*, also nicht um den Kauf oder Verkauf von Papieren an sich, sondern um den Kauf oder Verkauf des Rechts, ein bestimmtes Papier zu bestimmten Konditionen zu kaufen. Sie meinen, das klinge, als sei es mindestens eine Stufe komplizierter als der gewöhnliche Aktienhandel? Gratuliere! Sie haben vollkommen recht, aber einigen wir uns doch darauf, den „gewöhnlichen" Handel als „Kassahandel" zu bezeichnen.[3] Also: Die „besonderen Geschäfte" sind komplizierter, aber sie bieten dafür auch eine entsprechend breitere Palette an Möglichkeiten, Geld zu verdienen (und natürlich auch, Geld zu verlieren!) und haben in der Regel den Vorteil, daß sie von Ihnen relativ wenig Kapitaleinsatz erfordern. Sie haben jedoch den ganz großen Nachteil, daß Sie dieses „bißchen" Geld auch ganz schnell bis auf den letzten Pfennig los sein können, wenn Sie nicht ganz scharf aufpassen.

---

[3] Kassageschäfte mußten früher „an der Kasse" bezahlt werden, also praktisch, bevor die Kontrahenten den Börsensaal verließen.

Termingeschäfte

Durch die Turbulenzen, die sich im Zusammenhang mit Devisentermingeschäften in den letzten Jahren bei Lufthansa, bei VW oder bei den Klöckner-Werken eingestellt haben, sind Termingeschäfte ganz allgemein in Verruf geraten, falls sie nicht ohnehin schon als etwas Dubioses galten. Dabei sind Termingeschäfte an sich durchaus nichts Unseriöses, im Gegenteil: Ohne sie wäre unsere Wirtschaft gar nicht mehr denkbar. Mit Termingeschäften kann man sich zum Beispiel gegen Kursschwankungen absichern, eine Möglichkeit, die gerade im Außenhandel von vielen Firmen genutzt wird. Aber auch der Verbraucher kommt dann und wann mit Termingeschäften in Berührung – er nennt sie dann zwar nicht so, aber es sind welche. Ganz banale Termingeschäfte tätigen Sie zum Beispiel, wenn Sie sich gegen eine Anzahlung am Donnerstag bei Ihrem Bäkker fünfzehn Baguettes für Ihre Fete am Freitagabend zurücklegen lassen. Angenommen, fünfzehn Baguettes kosten dreißig Mark, und Sie zahlen fünf Mark an, dann haben Sie am Donnerstag eben diese fünfzehn Baguettes gekauft, die aber nicht sofort, sondern erst am Freitag geliefert werden sollen.

Warentermingeschäfte

Der ursprüngliche Zweck von Aktientermingeschäften

Das gleiche Prinzip funktioniert auch bei Aktien. Auch hier können Sie heute mit jemandem vereinbaren, daß er Ihnen in drei Monaten 100 Siemens-Aktien zum Kurs von 330 Mark abnehmen wird. Das wäre (aus Ihrer Sicht) ein Verkauf auf Termin. Umgekehrt könnten Sie natürlich auch mit jemandem ausmachen, daß er Ihnen in sechs Monaten 300 Commerzbank-Aktien zum Kurs von 250 Mark verkauft. Das wäre dann (wiederum aus Ihrer Sicht) ein Kauf auf Termin.[4)] Nun fragen Sie – völlig zu Recht – warum denn einer überhaupt auf Termin Geschäfte abschließen sollte. Anders als die Baguettes bei Ihrem Bäcker sind ja doch Aktien – zumindest theoretisch – immer in ausreichender Zahl vorhanden. Nun, das stimmt zwar, aber die ausreichende Zahl alleine macht Sie als Anleger noch nicht glücklich. Hinzu kommt ja noch der Kurs.

Wenn Sie sagen, Aktien seien immer ausreichend verfügbar, dann stimmt das nur deswegen, weil eben der Kurs frei schwanken kann. Sie können natürlich jede beliebige Zahl Deutsche-Bank-Aktien kaufen oder verkaufen, aber nur, wenn der Preis stimmt. Sie können morgen früh (theoretisch!) das gesamte Aktienkapital der Daimler-Benz-AG aufkaufen, aber nur, wenn der Kurs, den Sie bieten, hoch genug ist. Sie können ebensogut (oder sogar noch besser) in drei Monaten Ihr Paket BMW-Aktien verkaufen und sich von dem Erlös einen Wintergarten bauen. Der Markt wird Ihnen die Papiere ohne Zögern abnehmen – aber zu welchem Kurs, das wissen Sie heute noch nicht (und der Markt weiß das natürlich auch nicht). Das stört Sie. Sie wissen nämlich schon heute, was der Wintergarten in drei Monaten kosten wird. Sie wollen das Geld so lange wie möglich in den Aktien lassen, brauchen aber ein gewisses Maß an Sicherheit, daß Sie mit dem Erlös den Garten tatsächlich bezahlen können. Also schließen Sie ein Termingeschäft ab. Sie suchen jemanden, der Ihnen Ihre Aktien in drei Monaten zu einem festen Kurs abnimmt. Angenom-

---

[4] Das sagt sich so leicht: „Sie können etc. vereinbaren“, es ist aber hauptsächlich theoretisch gemeint. Bis vor kurzem konnten nämlich private Anleger in der Bundesrepublik *keine* Aktiengeschäfte auf Termin abschließen. Das ist zwar seit Sommer 1989 anders, trotzdem wird es noch ein Weilchen dauern, bis Termingeschäfte hierzulande so üblich werden wie Kassageschäfte. Die Banken gehen einstweilen noch sehr vorsichtig zu Werke, wenn sie Termingeschäfte mit Kunden abschließen. Das ist auch ganz gut so, denn, wie gesagt, Termingeschäfte sind kompliziert. Sie sind aber nicht so kompliziert, daß der kleine Anleger nicht wissen müßte, wie sie funktionieren, deshalb sind sie hier erklärt.

men, BMW notieren heute mit 650, Sie haben 200 Aktien und möchten mindestens pro Stück 600 Mark erlösen. Wie leicht oder wie schwer es für Sie sein wird, einen Vertragspartner zu finden, der Ihnen die Aktien abnimmt, wird davon abhängen, wie realistisch Ihre Vorstellung ist, daß die Aktien tatsächlich in drei Monaten 600 Mark oder mehr wert sein werden. Je wahrscheinlicher das ist, um so leichter werden Sie einen Kontrahenten finden. Denn Ihr Gegenüber macht ja einen guten Schnitt bei der Sache: Er kauft die Aktien von Ihnen zum Festpreis und verkauft sie zum jeweiligen Tageskurs. Angenommen, am Tage des Verkaufs seien die BMW 700, hätte Ihr Partner pro Aktie hundert Mark verdient. Das wird ihn freuen und Sie fürchterlich ärgern, denn die hundert Mark hätten Ihnen gehören können, wenn Sie nicht verkauft hätten. Aber Sie wollten ja Ihren Wintergarten. Vielleicht tröstet es Sie ja, daß es genausogut hätte anders kommen können, daß also die BMW statt auf 700 gestiegen auch auf 500 gefallen wären. Ihr Gegenüber hätte sie trotzdem für 600 abnehmen müssen, denn so hatten Sie es ja miteinander ausgemacht. Er hätte dann die hundert Mark Verlust tragen müssen, die entstanden wären, und Sie hätten sich Ihren Wintergarten leisten können, und zwar nur dank dem Termingeschäft, das Sie abgeschlossen haben. Ohne diesen klugen Entschluß Ihrerseits wäre nämlich der Verlust an Ihnen hängengeblieben.

Termingeschäfte als Versicherungen gegen Kursverluste

Sie haben sich also mit dem Termingeschäft die Möglichkeit eines Kursgewinnes verbaut, sich aber gleichzeitig vor einem Kursverlust geschützt. Das Geschäft hat also einen möglichen Schaden eingegrenzt, und genau das ist ja, was auf anderen Gebieten eine Versicherung leisten soll. Termingeschäfte sind also eine Art Versicherung gegen Kursverluste. Auch für diese Art einer Versicherung muß man aber eine Prämie zahlen. Sie besteht darin, daß Sie einen

Abschlag von Ihrem Kurs hinnehmen müssen. Wie in anderen Bereichen ist die Prämie um so höher, je höher die Leistung der Versicherung sein soll, je besser Sie also abgesichert sein wollen. Um bei unserem Beispiel mit dem Terminverkauf der BMW-Aktien zu bleiben: Je wahrscheinlicher es ist, daß die Aktien am Fälligkeitstag des Termingeschäfts mehr wert sind, als was Sie sich vorgestellt haben, um so billiger wird die Absicherung für Sie sein. Umgekehrt: Je blauäugiger Sie Ihrem Gegenüber erscheinen, um so mehr Geld wird er Ihnen abverlangen, schließlich hat er ja den Schaden, wenn er Ihre Aktien am Tage X nicht mehr zu dem Kurs los wird, den Sie ihm vertraglich abverlangt haben. Es liegt nun bei Ihnen, sich zu überlegen, wie hoch die Prämie ist, die Sie bereit sind zu bezahlen.

Ein wenig Versicherungsmathematik

Sie können dabei gedanklich so vorgehen: Fragen Sie sich, wie wahrscheinlich es ist, daß die Aktie in den drei Monaten, sagen wir, hundert Mark verliert. Wenn Sie meinen, daß es eine Wahrscheinlichkeit von fünfzig Prozent ist, dann werden Sie bereit sein, fünfzig Mark (fünfzig Prozent von hundert Mark) zu zahlen, um sich dagegen abzusichern. Ihre Gegenüber werden genauso rechnen, und am Ende wird sich einer darunter finden, der genau zu Ihrer Rechnung paßt.

Wenn Sie zu den ganz, ganz ängstlichen Zeitgenossen gehören und Ihr Geld trotzdem an der Börse investiert haben, dann könnten Sie die nähere Zukunft wesentlich pessimistischer sehen. Vielleicht sind Sie dann der Meinung, daß die Wahrscheinlichkeit nicht fünfzig, sondern neunzig Prozent beträgt, daß die Aktien in drei Monaten hundert Mark verlieren. Dann wären Sie bereit, eine Prämie von bis zu neunzig Mark (neunzig Prozent von hundert Mark) zu zahlen. Oder aber Sie haben noch große Illusionen, was die Börse betrifft, und halten es für möglich, daß der Kurs der BMW-Aktie sich in drei Monaten auf 1 200 Mark verdoppelt, sagen wir, mit einer Wahrscheinlichkeit von vierzig Prozent. Dann werden Sie gar kein Termingeschäft abschließen, denn damit würden Sie sich ja, auch wenn das Geschäft selbst gar nichts kostet (was unwahrscheinlich ist), die Aussicht verbauen, mit vierzigprozentiger Wahrscheinlichkeit einen Gewinn von sechshundert Mark einzufahren. Ein Terminverkauf zu sechshundert Mark würde Sie also 240 Mark kosten (40 Prozent von der Differenz aus 1200 und 600 Mark, das heißt 40 Prozent von 600 Mark). Sie müßten Geld dafür bezahlen, daß Sie Ihre Träume daran hindern, sich zu erfüllen.

Diese wenigen Beispiele, die noch dazu stark vereinfacht sind, haben Ihnen vielleicht klar gemacht, warum man grundsätzlich Termingeschäfte abschließen kann.

Aktientermingeschäfte als Spekulationsinstrument

Auch wenn im vorigen Beispiel das Aktientermingeschäft für Sie eine Art Versicherung war – für Ihr Gegenüber muß das gleiche nicht gelten. Er wird in den seltensten Fällen ein Privatmann sein, der sich dessen versichern will, daß er seinem Sohn ein paar BMW-Aktien zum Kurs von 600 zum 18. Geburtstag kaufen kann. Meistens wird Ihr Gegenüber ein Berufshändler sein, der für Sie den Part des Terminkäufers spielt, genauso wie Sie sich ja nicht, wenn Sie einen Kleinkredit aufnehmen, um sich ein Auto zu kaufen, per Annonce einen Sparer suchen, der bereit ist, Ihnen die benötigte Summe zu leihen. Auch bei so einem Geschäft tritt ein Mittelsmann dazwischen, in der Regel in der Person einer Bank. Genauso haben Sie es also bei einem Termingeschäft mit einem Profi zu tun, der mit Termingeschäften sein Geld verdient. Wie das vor sich geht, können Sie sich vielleicht an einer Abwandlung unseres Baguette-Beispiels klarmachen.

Nehmen Sie an, Sie mögen eigentlich gar kein Weißbrot,

haben aber beobachtet, daß (vor allem im Sommer bei schönem Wetter) freitags, so ab 16.30 Uhr, regelmäßig Leute mit enttäuschtem Gesicht aus den Bäckereien heraustreten, weil es dort keine Baguettes mehr gibt, und sie doch so gern eine kleine improvisierte Grillfete feiern wollten, zu der Baguettes einfach gehören. Die Brote sind aber alle schon weg, weil die Bäckerei das Risiko nicht eingehen will, darauf sitzenzubleiben. Sie, der hartgesottene Spekulant, beschließen deshalb, nächste Woche am Donnerstag Baguettes in größerer Zahl zu bestellen, um sie am Freitag weiterzuverkaufen. Sie kaufen also am Donnerstag auf Termin diesmal nicht fünfzehn, sondern fünfzehnhundert Baguettes, lassen sich einen deftigen Mengenrabatt von, sagen wir, fünfzig Pfennig pro Stück einräumen, holen die Brote am Freitagnachmittag ab und verkaufen sie auf der Straße gleich weiter. Die Grillparty-Veranstalter sind natürlich überglücklich, daß sie doch noch zu ihrem Stangenweißbrot kommen und zahlen Ihnen deshalb gern auch fünfzig Pfennig mehr pro Stück. Sie verdienen also, rechnen wir Mengenrabatt und den besagten Aufschlag zusammen, an jeder Baguette eine Mark – nicht schlecht, bedenkt man, daß Sie für das Stück 1,50 Mark bezahlt haben. Bevor wir uns überlegen, warum nicht schon längst jemand auf diese Weise ein Vermögen verdient hat, betrachten wir aber erst einmal, was da börsentechnisch geschehen ist. Sie haben ein Termingeschäft über fünfzehnhundert Baguettes zum Preis von 1,50 Mark abgeschlossen. Sie haben dann bei Termin die Baguettes erhalten und sie gegen bar weiterverkauft, haben also im Anschluß an das Termingeschäft ein Kassageschäft getätigt. Der große Unterschied zu unserem vorigen Beispiel mit dem Wintergarten besteht nun darin, daß Sie diesmal das Termingeschäft ganz offensichtlich *nicht als Versicherung* abgeschlossen haben. Sie haben vielmehr darauf *spekuliert*, daß Ihnen jemand bei Termin mehr für die Ware zahlen würde, als Sie selbst würden aufwenden müssen. Das Termingeschäft hat

Ihnen also als Spekulationsinstrument gedient. Wie alle Spekulanten hätten Sie dabei auch auf die Nase fallen können: Hätte es am Freitag geregnet, dann wären Sie auf Ihren fünfzehnhundert Baguettes sitzengeblieben...

Spekulation (fast) ohne Geldeinsatz

An dieser Tatsache können Sie tatsächlich kaum etwas ändern, schließlich ist sie ja überhaupt die Basis Ihrer Spekulation: Sie nehmen ein Risiko auf sich, auf das sich der Bäcker nicht hatte einlassen wollen, das des Wetters nämlich. Worin das Risiko besteht, ist aber letztlich unerheblich, wichtig ist allein, daß Sie es auf sich nehmen und andere nicht. Sie können aber, wenn schon nicht das Risiko ausschalten, so doch Ihren Bedarf an Bargeld, der sich aus diesem Baguette-Geschäft ergibt, bis nahe an Null senken, wenn Sie geschickt sind. Wenn Ihr Bäcker nämlich mitspielt, sei es, weil er nicht mitbekommen hat, daß Sie seine Baguettes einfach weiterverkaufen, sei es, weil es ihm dennoch recht ist, wenn er also mitspielt, könnten Sie vereinbaren, daß Sie ihm die Baguettes erst zwei Stunden nach der Übernahme bezahlen. Der Gedanke dabei ist, daß Sie bis dahin die Brote alle verkauft haben. Sie brauchten dann nicht extra auf die Bank zu gehen und Geld abzuheben, sondern könnten einfach das Termingeschäft mit dem Erlös aus dem Kassageschäft begleichen. Das ist an der Börse der übliche Weg, auf dem Termingeschäfte erfüllt werden. In den USA, dem Markt, auf dem solche Geschäfte die längste Tradition haben, werden nur 10 Prozent aller Termingeschäfte tatsächlich ausgeführt, die übrigen 90 Prozent werden durch Gegengeschäfte ausgeglichen, so, wie das in unserem Beispiel durch den rechtzeitigen Verkauf der Baguettes geschah.

Nehmen wir an, während Sie gerade dabei sind, Ihre Baguettes an Grill-Fest-Veranstalter zu verteilen, spricht Sie einer (oder eine) davon an, ob Sie nicht auch Lust hätten, ein Steak auf die Kohlen zu legen. Haben Sie natürlich, aber da sind noch die restlichen neunhundert Baguettes zu verkaufen. Kein Problem, sagt sie oder er, das erledigt meine Schwiegermutter. Und die tut das tatsächlich, sie zahlt Ihnen nämlich pro Brot – sagen wir, eine Mark neunzig, und kümmert sich ansonsten um alles. Sie brauchen sich um den Verkauf keine Sorgen zu machen, sondern können sich beruhigt der netten Festgesellschaft widmen. Was haben Sie börsentechnisch getan? Sie haben ein Termingeschäft zum Teil durch ein Kassageschäft ausgeglichen, zum Teil aber auch einfach verkauft. Noch deutlicher wird der Zusammenhang, wenn Sie die Einladung zum Grillfest in dem Augenblick erhalten, wo Sie am Donnerstagnachmittag aus der Bäckerei treten, in der Sie gerade das Termingeschäft abgeschlossen haben. Wenn Sie dann das gesamte Geschäft abgeben, dann haben Sie das Termingeschäft verkauft, ohne daß irgendein Kassageschäft ins Spiel gekommen wäre. Sie haben also bei Termingeschäften drei Möglichkeiten: Sie können sie
a) ganz regulär bei Fälligkeit erfüllen,
b) bei Fälligkeit mit einem Kassageschäft ausgleichen oder
c) vor Fälligkeit verkaufen.
Im letzten Falle hat derjenige, der Ihr Termingeschäft kauft, an sich nicht die Aktien gekauft, sondern das Recht und die Verpflichtung, diese Aktien zum Termin zum vereinbarten Kurs zu verkaufen.

All diese Überlegungen gelten selbstverständlich genauso umgekehrt, wenn es um einen Kauf auf Termin geht. Als Handelsgegenstand könnte man sich dann natürlich Aktien vorstellen, aber auch das bereits erwähnte Vorkaufsrecht auf ein Haus oder ein Grundstück.

Ein Risiko bleibt doch

Das Vorkaufsrecht ist ein besonderes Termingeschäft und wird uns gleich noch beschäftigen. Vorher sei allerdings darauf hingewiesen, daß solche Geschäfte nur dann einen Gewinn einbringen können, wenn die Spekulation aufgeht. Wenn es am Freitag regnet, dann sind Ihre Baguettes plötzlich nichts mehr wert, weil sie niemand mehr haben will. Die Kurse für die Baguettes fallen ins Bodenlose, Sie haben aber auf einen Kurs (=Preis) von mindestens Ihrem Einstandspreis von 1,50 Mark spekuliert. Und in so einem Fall wird Ihnen auch die Schwiegermutter kaum die neunhundert übrigen Baguettes abnehmen. Das gleiche kann Ihnen entsprechend auch mit Aktien passieren, wenn Sie sich darin irren, welchen Kurs die Aktien am Fälligkeitstag Ihres Termingeschäfts haben werden. *Termingeschäfte bieten zwar die Möglichkeit, mit geringem Kapitaleinsatz hohe Gewinne zu erzielen. Das Kapital kann aber auch schneller verloren gehen als bei anderen Anlageformen.*

Die Brücke über die Zeit: Termin- und Kassageschäfte

Hinzuweisen ist noch auf einen Mechanismus, der manchem Anleger Verdruß bereitet hat, wenn er an den amerikanischen Börsen für Unruhe sorgt. Da dort die großen Anleger und die anderen Marktteilnehmer ihre Kassageschäfte mit Termingeschäften absichern, beeinflussen sich die Kassa- und die Terminkurse gegenseitig. Hat ein Anleger, sagen wir, mit einem Terminkurs bei der Aktie XY von dreihundert Mark gerechnet, weil der Kurs zur Kasse (also jetzt gerade) um die 250 Mark liegt, und fällt der Kurs dann plötzlich auf 200, dann stimmt vermutlich der Terminkurs auch nicht mehr. Unser Anleger wird also sein Termingeschäft verkaufen. Wenn alle das so machen, sinkt der Terminkurs. Dann kann aber der Terminkurs so niedrig liegen, daß die derzeitigen Kassakurse im Vergleich zu den

Terminkursen so hoch sind, daß die Termingeschäfte keine wirksame Absicherung mehr darstellen. Also wird der Markt die Kassakurse nach unten korrigieren. So können sich Kassa- und Terminkurse nach unten „schaukeln".

Optionen

Sie sind nach dem letzten verregneten Freitag klüger geworden und führen neue Verhandlungen mit Ihrem Bäkker. Ob es denn nicht möglich wäre, sagen Sie, daß er Ihnen die Baguettes bereithält, Sie aber erst am Freitag mittag zu entscheiden brauchten, ob Sie sie abnehmen oder nicht. Das geht schon, antwortet der Bäcker, aber sein Risiko werde dadurch größer, Sie müßten ihm deshalb eine zusätzliche Prämie oder aber einen höheren Preis für jede Baguette zahlen. Das laufe beides ja im wesentlichen auf dasselbe hinaus, stellen Sie völlig zu Recht fest.

Was Sie da im Begriff sind abzuschließen, ist ein Optionsgeschäft. Darin erwirbt jemand (in diesem Fall Sie) das Recht, innerhalb einer bestimmten Frist (bis Freitag mittag) ein bestimmtes Gut (1500 Baguettes) zu einem bestimmten Preis (1,50 Mark pro Stück) zu kaufen (in anderen Fällen: zu verkaufen). Dafür zahlt der Erwerber des Rechts (also in diesem Fall Sie) einen bestimmten Betrag, die Optionsprämie nämlich (die müßten Sie noch mit Ihrem Bäcker vereinbaren). Merken Sie den Unterschied zu einem „normalen" Termingeschäft? Im Falle der Option haben Sie mit der Prämie nicht die Baguettes gekauft, sondern das Recht, sich das Ganze noch einmal zu überlegen, gegebenenfalls aber doch darauf zurückzukommen. Sie haben also eine größere Sicherheit, müssen aber dafür tiefer in die Tasche greifen. Nach den Grundsätzen einer Versicherung, die wir weiter oben kennengelernt haben, ist das nur zu verständlich, denn schließlich haben Sie ja einen Teil des Risikos auf den Bäcker abgewälzt, und der wird sich das entsprechend von Ihnen bezahlen lassen.

Wenn der Brotpreis (oder der Aktienkurs) schwankt...

Bis jetzt haben wir unterstellt, daß der Preis für eine Baguette sich von Donnerstag auf Freitag nicht ändert – oder doch? Doch, er darf sich wohl ändern, denn der Preis wird durch die Nachfrage bestimmt, die ihrerseits von der Zahl der am Freitag veranstalteten Grillfeste abhängt, und die wiederum richtet sich nach dem Wetter, das am Freitag herrscht. Wenn Sie statt eines Termingeschäftes ein Optionsgeschäft getätigt haben, sind Sie fein raus. Sie können sich nämlich jetzt bis Freitag mittag aussuchen, ob Sie die Baguettes haben wollen oder nicht. Wenn es also am Freitag morgen in Strömen gießt, lassen Sie einfach das Geschäft bleiben. Sie sind dann zwar Ihre Optionsprämie los, aber mehr eben auch nicht. Bei einem normalen Termingeschäft hätten Sie, ob schönes oder schlechtes Wetter, die gesamten fünfzehnhundert Baguettes abnehmen müssen. Immerhin, selbst in einem solchen Fall wären Sie nicht notwendigerweise Ihr gesamtes Geld losgewesen. Sie hätten zum Beispiel einen Sonderverkauf von französischer Zwiebelsuppe starten können, in der Sie dann die fünfzehnhundert Baguettes hätten verarbeiten können.

Verluste sind schlimmer, manchmal sogar viel schlimmer

Das soll Ihnen vor Augen führen, daß Sie bei einem Termingeschäft zwar Verluste machen können, daß Sie aber eine Gegenleistung erhalten, ganz gleich, ob als Baguettes oder als Aktie. Wenn Sie im Beispiel weiter oben die BMW-Aktien zum falschen Terminkurs verkauft hätten, nun, Geld hätten Sie trotzdem bekommen. Und wenn Sie sich bei einem Terminkauf im Kurs vertan hätten, hätten Sie trotzdem Aktien gekauft. Bei einem Optionsgeschäft ist das anders: Da sind Sie Ihr gesamtes eingesetztes Geld los, wenn Ihre Vorhersagen nicht gestimmt haben.

Optionsgeschäfte in der Praxis

In der Praxis lassen sich zwei Arten von Optionen unterscheiden, die Kauf- und die Verkaufoptionen. Wer eine Kaufoption (oder entsprechend: eine Verkaufoption) erwirbt, bekommt dadurch das Recht, Aktien oder festverzinsliche Wertpapiere innerhalb einer festgesetzten Frist jederzeit zu einem vereinbarten Preis zu kaufen (oder bei einer Verkaufoption entsprechend: zu verkaufen). Den Verkäufer einer Option nennt man Stillhalter, denn er muß abwarten, wie sich der Käufer der Option entscheidet. Bei einer Kaufoption nennt man den Verkäufer einen „Stillhalter in Aktien" oder je nachdem auch „Stillhalter in festverzinslichen Wertpapieren". Den Verkäufer einer Verkaufoption nennt man „Stillhalter in Geld". Der Stillhalter erhält den sogenannten Optionspreis, und zwar gleich bei Abschluß des Optionsgeschäftes. *Der Optionshandel ist an den deutschen Börsen die einzige Form des Terminhandels in Wertpapieren, an der private Personen uneingeschränkt teilnehmen dürfen.*

Der Optionshandel ist standardisiert

Sie können Optionsgeschäfte nur in standardisierten Mengen abschließen. 50 Stück einer Aktie oder ein Mehrfaches davon, andere Mengen sind unzulässig. Auch sind nicht alle Aktien für den Optionshandel zugelassen, sondern nur solche, die vom Börsenvorstand genehmigt worden sind. Das sind solche Aktien, in denen üblicherweise große Umsätze stattfinden. Man will mit dieser Bestimmung vermeiden, daß sich aufgrund zu kleiner Umsätze unrealistische Optionspreise bilden. Standardisiert sind auch Fristen und Termine von Optionsgeschäften. Die Laufzeit eines Optionsgeschäftes beträgt mindestens 15 Tage und höchstens 9 Monate und 15 Tage, und sie endet grundsätzlich am 15. der Monate Januar, März, Juli oder Oktober. Wenn Sie also am 4. Januar 1990 ein Optionsgeschäft abschließen, also eine Option kaufen, dann kann sie frühestens am 15. April 1990 fällig werden. Sie können aber auch den 15. Juli oder den 15. Oktober vereinbaren. Optionsgeschäfte können problemlos auch über das Jahresende hinaus laufen, vorausgesetzt, sie überschreiten nicht die Höchstfrist von neun Monaten und fünfzehn Tagen. Eine Option, die Sie am 11. November 1990 kaufen, läuft bis mindestens zum 15. Januar 1991 und höchstens bis zum 15. Juli 1991. Bis zum 15. Oktober 1991 kann sie nicht laufen, das wäre länger als die erlaubte Höchstfrist. Wenn Sie Ihre Option ausüben möchten, müssen Sie das Ihrer Bank (üblicherweise werden Sie sich der Dienste einer Bank bedienen) bis spätestens zehn Uhr morgens am Fälligkeitstag der Option mitteilen.

Auch die Aktienkurse sind bei Optionen standardisiert

Der Kurs, auf den Sie bei einer Option „wetten“, heißt Basispreis. Es ist der Kurs, zu dem Sie (als Käufer einer Kaufoption) während der Laufzeit die jeweilige Aktie kaufen können. Sie können nun beim Abschluß eines Optionsgeschäftes nicht einen beliebigen Kurs festsetzen, Sie müssen sich vielmehr am Tageskurs des Papiers orientieren. So können Sie, wenn die Veba-Aktie, auf die Sie eine Option erwerben wollen, am Tag, an dem Sie die Option kaufen, einen Kurs von 345 Mark hat, als Basispreis 320, 330, 340, 350, 360 oder 370 Mark wählen, aber nur in Ausnahmefällen etwas anderes.[5)]

Wie sich das in der Zeitung liest

In den Wirtschaftsteilen großer Tageszeitungen können Sie jeden Tag die Notierungen des Frankfurter Optionsmark-

---

[5)] Ausnahmen dieser Art entstehen, wenn die Option verkauft wird. Das soll aber hier nicht näher erklärt werden.

tes finden. So liest man am 2. November 1989 in der Frankfurter Allgemeinen folgendes:

AEG
K 220-30/42/0
240-20/30G/0
260-10,5G/16G/31B
280-8/10G/0
300-3/88/23B
V 220-6/12B/0

Es geht also um Optionen auf AEG-Aktien, die am Vortag vereinbart, sprich gehandelt worden sind. Unter K finden sich die Kauf-, unter V die Verkaufoptionen. In den Zeilen finden sich als erstes der Basispreis, als jeweils zweites, drittes und viertes die Optionspreise für Geschäfte, die zum 15.1.90, zum 15.4.90 und zum 15.7.90 fällig werden. Wo eine Null steht, ist kein Geschäft zustande gekommen. Das G (das B) gibt an, daß die Nachfrage (das Angebot) nur teilweise befriedigt werden konnte.

Man konnte also am 1.11.89 für 30 Mark je Aktie eine Option auf (mindestens 50) AEG-Aktien kaufen, die es einem erlaubt hätte, zwischen 1.11.89 und 15.1.90 diese AEG-Aktien zum Kurs von 220 zu kaufen (erste Zeile). Ebenso hätte man für 12 Mark je Aktie eine Option auf (mindestens 50) AEG-Aktien kaufen können, die es einem erlaubt hätte, zwischen 1.11.89 und 15.4.90 diese Aktien zum Kurs von 220 Mark zu verkaufen. Der Tageskurs der AEG-Aktie war am 1.11.89 übrigens 238 Mark.

Ein Rechenbeispiel

Nehmen wir an, Sie hätten die genannte Kaufoption für hundert Aktien erworben. Sie hätten also das Recht, bis zum 15.1.90 100 AEG-Aktien zum Kurs von 220 Mark zu kaufen. Nun trete am 22.12.89 das Gewünschte ein, der Kurs der AEG sei an diesem Tag 260 Mark. Sie üben also

Ihre Option aus und kaufen. Sie können die Aktien sofort zum Tageskurs verkaufen (und Sie werden das vernünftigerweise auch tun). Dann können Sie am Abend vor dem Kamin bei einer Flasche Wein zufrieden folgende Rechnung aufmachen:

100 AEG-Aktien zu 220 gekauft:	22 000 Mark
+30 Mark Optionspreis je Aktie	3 000 Mark
Gesamtausgaben für den Kauf	25 000 Mark

Beim Verkauf erzielen Sie 100 x 260 = 26 000 Mark. Als Gewinn ergeben sich 1 000 Mark. Das Reizvolle an diesen Geschäften ist nun, daß Sie die 22 000 Mark ja gar nicht einzusetzen brauchten, denn Sie konnten den Kaufpreis ja mit dem Verkaufspreis aufrechnen. Ihr Einsatz bestand demnach nur in den 3 000 Mark, die Sie beim Kauf der Option hinlegen mußten. Sie haben also mit einem Einsatz von 3 000 Mark in 52 Tagen (1.11. bis 22.12) einen Gewinn von 1 000 Mark erzielt, macht 33 Prozent in 52 Tagen, macht aufs Jahr umgerechnet einen Gewinn von 228 Prozent!

Aber es kann auch anders kommen

Nehmen wir an, Sie haben wie beschrieben gehandelt, nun tue Ihnen aber die Aktie nicht den Gefallen. Sie sinke vielmehr sofort nach dem 1.11. auf etwa 190 Mark und bleibe dort. Was werden Sie tun? Sie werden ganz gewiß nicht Ihre Kaufoption ausüben, denn dann müßten Sie ja für die Aktien mehr bezahlen, als an der Börse fällig wären. Sie werden statt dessen einfach die Option nicht ausüben und sie somit verfallen lassen. Sie sind damit um den Optionspreis ärmer und um die Erfahrung reicher, daß auch ein Optionsgeschäft seine Risiken hat. Hätten Sie (was Sie ja in der Bundesrepublik nur eingeschränkt dürfen) ein gewöhnliches Termingeschäft abgeschlossen, dann hätten Sie die 100 Aktien kaufen müssen, und zwar zum vereinbarten Kurs. Sie wären zwar um 100 Aktien reicher, müßten aber, damit sich ein Gewinn ergibt, abwarten, bis der Kurs über 220 steigt. Sie würden also bei einem Termingeschäft so lange keinen Verlust erleiden, wie Sie nicht verkaufen. *Bei einem Optionsgeschäft, das Sie nicht ausüben, büßen Sie dagegen unweigerlich Ihren Einsatz ein.*

Es kann sich dennoch lohnen

Optionsgeschäfte erlauben es, den Kapitaleinsatz zu begrenzen. Der Anleger kann, was ja an der Börse außerordentlich wichtig ist, die Summe Geldes, die er maximal zu verlieren bereit ist, stärker einschränken, als wenn er geradewegs Aktien kaufte oder verkaufte.

Fremdsprachliche Feinheiten: Futures und forwards

Die Gefahr ist groß, daß man Ihnen in den Köderseiten des Wirtschaftsteils Ihres geschätzten Morgenblattes versucht, schalen Wein in glanzvollen Schläuchen anzudrehen. Da ist nicht mehr von Termingeschäften die Rede, sondern von „financial futures“ oder von „forwards“, so, als ob das alles etwas grundlegend anderes wäre. Ist es aber nicht! Zwar gibt es einen grundlegenden Unterschied zwischen futures und forwards, das eine sind Termingeschäfte, das andere sind sozusagen Geschäfte mit Termingeschäften, aber im Grunde genommen geht es hier wie dort eben um Termingeschäfte.

Besonders interessant sind die sogenannten *Index-Futures*. Mit ihnen lassen sich Aktienanlagen absichern. Statt eine Anlage ganz breit zu streuen, zum Beispiel, indem Sie jeweils eine Aktie von fünfhundert namhaften amerikanischen AGs kaufen, erwerben Sie einfach einen Index-Kontrakt, das heißt, Sie legen 10 000 Dollar oder mehr in der Weise an, daß der Wert dieser Anlage grob gesagt mit dem Durchschnitt des Kurses dieser Aktien schwanken soll. Diese 500 Aktien sind im sogenannten Standard & Poors-

Index verkörpert, einer Art Luxus-Dow-Jones. Vom Dow Jones unterscheidet sich der S & P, wie er kurz genannt wird, dadurch, daß, weil im S & P viel mehr Werte stecken, der S & P träger ist als der Dow Jones. Außerdem umfaßt der Dow Jones – zumindest in seiner gebräuchlichen Form – nur Industriewerte, die gewöhnlich empfindlich auf Konjunkturschwankungen reagieren. Das tut der S & P weniger. Ein Index-Kontrakt auf den S & P ist also etwas für eher konservative Anleger. Die Absicherung geschieht dadurch, daß per Termin eine Geldsumme ausgezahlt oder eingenommen wird, die im Laufe der Zeit exakt mit dem jeweiligen Index steigt oder fällt. Man könnte statt dessen auch den Kauf oder Verkauf eines ganzen Aktienbündels vereinbaren, aber das ist zu aufwendig, was die Ausführung des Geschäfts betrifft. Wichtig ist bei der Absicherung mit Index-Kontrakten, daß der gewählte Index von seiner Zusammensetzung her möglichst genau dem abzusichernden Aktien-Portfolio entspricht.

Besondere Wertpapierformen

Mit Hilfe der beschriebenen Mechanismen haben findige Bankleute schon vor langer Zeit neuartige Wertpapiere kreiert. Am Anfang stand dabei oft die gute alte Anleihe, auch Obligation genannt. Sie wurde mit bestimmten Rechten ausgestattet, die teils mit der Gewinnausschüttung, teils mit dem Bezug von Aktien, teils aber auch mit der Rückzahlung der Anleihe zu tun hatten.

Wandelanleihen

Wenn Ihnen jemand eine Wandelanleihe verkauft, verschafft er Ihnen ein Papier, daß Sie zu einem bestimmten Zeitpunkt, wenn Sie wollen, in eine Aktie umtauschen können. Sie haben dann statt einer Anleihe der XY-AG im Wert von 500 Mark zwei Aktien der XY im Wert von (hoffentlich) mindestens 250 Mark das Stück (oder auch mehr, wenn Sie Glück haben). Wenn Sie von Ihrem Wandlungsrecht keinen Gebrauch machen, haben Sie immer noch die (relative) Gewißheit, daß die Anleihe (wie alle Anleihen) am Ende ihrer Laufzeit zum Nennwert zurückgezahlt wird, und Ihnen bis dahin jedes Jahr der Zins gezahlt wird, der auf dem Papier aufgedruckt ist. Eine Wandelanleihe bietet Ihnen also die Möglichkeit, an der Kursentwicklung einer Aktie teilzunehmen, ohne daß Sie dafür Ihren Kopf (oder besser: Ihren Geldbeutel) in die Schlinge legen müßten. Denn wenn die Aktie so hoch im Kurs steigt, daß es vorteilhaft für Sie wird, Ihr Wandlungsrecht auszuüben, ist das für Sie allenfalls mit einem festgesetzten Aufpreis verbunden, der Ihnen aber von vornherein bekannt ist, weil er in den Anleihebedingungen steht. Sinkt die Aktie umgekehrt im Kurs so stark ab, daß es für Sie uninteressant wird, von Ihrem Wandlungsrecht Gebrauch zu machen, dann lassen Sie es einfach bleiben.

Es wird Sie nach allem bisher Gesagtem kaum wundern, daß sich diese Umstände auch im Kurs der Anleihe niederschlagen. Bei einem Kursanstieg der Aktie wird der Kurs der Wandelanleihe auch nach oben gehen, wenn auch nicht ganz so heftig. Warum nicht? Weil es ja immer wieder Leute gibt, die ihre Anleihen vor der Fälligkeit verkaufen (und entsprechend gibt es auch Leute, die die Anleihe erst „unterwegs“ erwerben, also nach ihrer Ausgabe). Diese Anleger vergleichen immer den Kauf- beziehungsweise den Verkaufskurs der Anleihe mit dem Rückzahlungskurs (der immer mindestens 100 Prozent des Nennwertes der Anleihe beträgt.[6]) Steigt zum Beispiel der Kurs der Anleihe von 95 auf 99 Mark, dann gibt es über die gesamte restliche Laufzeit statt 5 Mark nur noch 1 Mark zu verdienen. Das klingt nicht nach viel, aber wenn Sie bedenken, daß man-

[6] Denken Sie daran: Mit Anleihen, die auf Deutsche Mark lauten, und die Sie bis zu ihrer Fälligkeit behalten, können Sie *kein Geld verlieren!*

cher Anleger nicht 100 Mark in so eine Anleihe steckt, sondern 10 000 oder gar 100 000, dann übersetzen sich die 5 Mark in 500 beziehungsweise 5 000 Mark. Mit anderen Worten: Dem Aufwärtstrieb bei Anleihen sind immer engere Grenzen gesetzt als bei Aktien (dem Abwärtstrieb umgekehrt aber auch). Je höher nun der Aktienkurs steigt, um so weniger fällt der Aufschlag ins Gewicht, der zu zahlen ist, wenn Sie von Ihrem Wandlungsrecht Gebrauch machen wollen.

Angenommen, Sie müßten 150 Mark Aufschlag zahlen, wären Sie, ganz grob gesprochen, bei einem Aktienkurs von 250 Mark indifferent, denn dann wäre die Aktie genausoviel wert wie Ihre Anleihe (100 Mark) plus der Aufschlag. Steigt der Aktienkurs nun auf 300 Mark, können Sie recht vorteilhaft von Ihrem Wandlungsrecht Gebrauch machen: Sie wandeln, geben also Ihre Anleihe auf, die im Endeffekt 100 Mark wert gewesen wäre, zahlen die 150 Wandlungsprämie, bekommen dafür eine Aktie, die Sie gleich zum Tageskurs wieder abstoßen. Sie machen dabei einen Gewinn von 50 Mark (100 + 150 = 250; 300 – 250 = 50).

Anders dagegen, wenn die Aktie von 250 Mark auf 200 fällt. Dann tun Sie besser daran, an Ihrer Anleihe festzuhalten, denn der Wert der Anleihe plus die Wandlungsprämie ist in diesem Falle höher als der Kurs der Aktie. Sie bekämen also die Aktie billiger, wenn Sie sie direkt ohne Umwege über die Wandelanleihe kauften. Die Wandlungsprämie ist sozusagen der Ausgleich dafür, daß Sie bei steigenden Aktienkursen mit einer Wandelanleihe profitieren.

Optionsanleihen

Eine Option ist, das Recht zu bestimmten Bedingungen eine Sache, etwa eine Aktie, zu kaufen. Der Unterschied zwischen einer Wandel- und einer Optionsanleihe liegt darin, daß der Inhaber einer Wandelanleihe auf seine Anleihe verzichten muß, wenn er das in der Anleihe verbriefte

Wandlungsrecht ausüben will. Der Inhaber einer Optionsanleihe dagegen übt sein Optionsrecht, sprich sein Kaufrecht, aus, ohne seine Anleihe aufzugeben.

Optionsscheine

In ihrem unbändigen Bestreben, *alles* handelbar zu machen, ist die Börse irgendwann darauf gekommen, daß ja nicht alle Inhaber einer Optionsanleihe die gleiche Ansicht darüber haben, wann – beziehungsweise ob – sie überhaupt ihr Optionsrecht ausüben wollen. Also ergab sich die Idee, das Optionsrecht von der Anleihe getrennt zu handeln. Das war möglich, weil das Optionsrecht tatsächlich nicht auf dem gleichen Stück Papier steht wie die Anleihe selbst. Vielmehr gibt es einen separaten Papierschein, der zur Ausübung der Option, also zum Kauf etc. der Aktie berechtigt. Dieser Optionsschein wird bald nach Eröffnung des Börsenhandels in der jeweiligen Anleihe getrennt gehandelt und notiert. Für eine Optionsanleihe werden deshalb an der Börse immer insgesamt drei Kurse festgestellt: der Kurs der Anleihe *mit* dem Optionsschein, der Kurs der Anleihe *ohne* den Schein und der Kurs des *Scheins alleine*. Für den spekulationsfreudigen Börsianer ist sicherlich der letztgenannte Kurs der Interessanteste.

Ein Papierchen mit Hebelkraft

Der Optionsschein kostet nicht viel Geld, selten mehr als zweihundert Mark, manchmal sogar nur fünf Mark. Da der Schein nun dem Auf und Ab des Aktienkurses folgt, dabei aber viel stärker nach oben und unten ausschlägt, läßt sich mit einem Optionsschein viel Geld verdienen.[7]

---

[7] Was in diese Klammer hineingehört, wissen aufmerksame Leser dieses Buches schon längst, deshalb habe ich es weggelassen. Damit Sie aber selbst erkennen können, wie gut Sie schon Bescheid wissen, sei es hier dennoch wiederholt: und verlieren!

Wenn der Kurs des Scheins dem der Aktie so getreulich nach oben und nach unten folgt, dann natürlich, weil der Schein ja zum Kauf der Aktie berechtigt. Deshalb wird der Schein selbst auch in dem Maße mehr oder weniger attraktiv, in dem die Aktie im Kurs steigt oder fällt. Verbrieft der Schein beispielsweise das Recht, die Aktie der Vereinigten Leitplanken-Schleifpasten-Werke (VLSW) innerhalb der Frist vom 1.1.90 bis 31.12.94 zum Kurs von 400 zu kaufen, dann ist der Optionsschein natürlich um so mehr wert, je höher in dieser Zeit der Kurs der VLSW-Aktie über 400 Mark steigt. Denn ganz gleich, wie hoch der Kurs der Aktie, der Inhaber des Optionsscheines kann die Aktie während der Laufzeit des Scheines immer zum festgesetzten Preis kaufen.

Ein Beispiel

Der Kurs der VLSW-Aktie sei zunächst 440 Mark. Dann wäre der Optionsschein ganz grob gesprochen die vierzig Mark Differenz zwischen 400 Mark (dem Kurs zu dem der Schein zum Kauf berechtigt) und 440 Mark, dem aktuellen Tageskurs wert. Nun steige der Aktienkurs in der Folge von 440 auf 640 Mark. Der Kurs des Optionsscheins macht das mit, der Schein ist nun 240 Mark wert. Aber auch wenn die Aktie in Mark gesprochen um denselben Betrag an Wert gewonnen hat wie der Optionsschein, hat doch der Schein im Verhältnis stärker zugelegt. Machen Sie sich klar: Der Schein ging von 40 auf 240, er ist also jetzt sechsmal so viel wert wie vorher, anders gesagt: Er hat 500 Prozent (in Worten: fünfhundert Prozent!) an Wert gewonnen. Zum Vergleich: Die Aktie mit ihren zweihundert Mark Zuwachs kommt da gerade auf 45 Prozent. Nun stellen Sie sich zwei Anleger vor, der eine kaufe 100 VLSW-Aktien zum Kurs von 440 (das kostet ihn 44 000 Mark), der andere lege den gleichen Betrag von 44 000 Mark in VLSW-Optionsscheinen an (für seine 44 000 Mark bekäme er 11 000

Optionsscheine). Nach der genannten Kurssteigerung wären die Aktien 64 000 Mark wert, die Optionsscheine dagegen 11 000 mal 240 gleich 2 640 000 Mark. Der eine Anleger hat bei dem Geschäft 20 000 Mark oder 45 Prozent gewonnen, der andere 2 596 000 Mark oder 5 900 Prozent.

Vom Optionsscheinkäufer zum Millionär – und zurück

Was aber, wenn die Aktien einem diesen Gefallen nicht tun? Was also, wenn sie, statt auf 640 zu steigen, auf 240 Mark fallen? Dann verliert der Aktionär 440 minus 240 gleich 200 Mark. Der Optionsschein aber ist überhaupt nichts mehr wert, ja, genau genommen weniger als nichts. Denn wer bei einem Kurs von 240 Mark von seinem Optionsrecht Gebrauch machte, der müßte 160 Mark mehr zahlen als den Tageskurs. Das macht natürlich keiner. Immerhin, in unserem Beispiel hätte der Aktionär insgesamt 20.000 Mark verloren, der Inhaber der Optionsscheine jedoch seine gesamte Anlagesumme von 44 000 Mark.[8] Auf den ersten Blick bleibt auch in diesem Lichte der Optionsschein eine attraktive Anlage, denn schließlich erlaubt er einem scheinbar unbegrenzt hohe Gewinne, beschränkt aber die möglichen Verluste auf das eingesetzte Kapital.

Das weiß die Börse natürlich auch

Das ist zwar eine richtige Beobachtung, der Markt sorgt aber dafür, daß das nicht so bleibt. Er gleicht Preis und Risiko von Optionsscheinen dem bei anderen Papieren üblichen an. Da die Anleger wissen, daß die Verluste beim Op-

---

[8] Die Verluste entstehen in beiden Fällen natürlich nur, sofern die Anleger nun die Nase voll haben und ihre Aktien respektive Optionsscheine verkaufen. Wenn sie sie behalten und auf bessere Zeiten warten, verlieren sie erst einmal gar nichts.

tionsschein prinzipiell begrenzt sind, werden sie leichteren Herzens zum Kaufen bereit sein, sprich, sie werden einen höheren Kurs hinnehmen. Der Optionsschein hat also einen feststellbaren rechnerischen Wert, doch wird die Börse üblicherweise bereit sein, mehr als diesen Wert zu bezahlen, eben weil eine Anlage in Optionsscheinen mit einem „Sicherheitsnetz" ausgestattet ist. Die Anleger werden also den Preis für den Optionsschein so lange steigen lassen, bis der Schein so teuer ist, daß das Risiko der Anlage so hoch ist wie bei anderen Anlagen. Der Trapezkünstler turnt sich also so lange weiter in die Höhe, bis das Sicherheitsnetz so weit unter ihm liegt, daß es ihm keinen nennenswerten Sicherheitsvorteil mehr bietet. Erst dann wird das Publikum ihn genauso mutig einschätzen wie seine Kollegen, die in geringerer Höhe, aber ohne Netz arbeiten.

Die Leine bleibt trotzdem lang

Das hindert den Kurs des Optionsscheins aber keineswegs daran, weiterhin dem der Aktie zu folgen, dabei aber stärker nach beiden Seiten auszuschlagen. Insofern war unser Rechenbeispiel von weiter oben durchaus wirklichkeitsnah. Die Anlage in Optionsscheinen kennzeichnet sich – wie der Fachmann sagt – durch hohe *Volatilität*, mancher sagt auch einfach, Optionsscheine seien besonders „heiße Papiere". Das bedeutet beide Male das gleiche, nämlich, daß die Kursausschläge bei Optionsscheinen besonders stark sein können, und zwar nach beiden Seiten.

Bezugsrechte

Etwas ganz Ähnliches wie die Optionsscheine sind die Bezugsrechte. Bezugsrechte entstehen, wenn Unternehmen ihr Kapital erhöhen, indem sie neue Aktien an die Börse bringen. Üblicherweise dürfen die bisherigen Aktionäre an dieser Kapitalerhöhung teilnehmen, und zwar im Verhältnis zur Zahl der Aktien, die sie halten. Das heißt, wenn ein Unternehmen sein Kapital im Verhältnis eins zu acht (oder auch: um 12,5 Prozent) erhöht, darf jeder Aktionär für je acht Aktien, die er besitzt, eine neue kaufen, eine „junge", wie man das nennt. Er bezahlt für die junge Aktie einen Kurs, den der Vorstand der Aktiengesellschaft im Einvernehmen mit der Hauptversammlung festgelegt hat. Dieser Kurs ist in der Regel niedriger als der Tageskurs der Aktie, das heißt, der Aktionär, der die jungen Aktien zu diesem Kurs beziehen kann, hat einen Preisvorteil gegenüber dem Noch-Nicht-Aktionär, der die Aktien der Gesellschaft ganz normal über die Börse kaufen muß. Da ist es kein Wunder, daß die Börse auch für dieses sogenannte Bezugsrecht einen eigenen Handel entwickelt hat, der mit dem Recht zum Bezug einer Aktie einen ähnlichen Gegenstand hat wie der Handel in Optionsscheinen.

Unterschiede zum Handel in Optionsscheinen

Nicht immer besitzt der Aktionär eine Zahl von Aktien, die ohne Rest durch das Bezugsverhältnis teilbar ist. Was mache ich zum Beispiel, wenn das Bezugsverhältnis eins zu acht lautet, ich aber 250 Aktien habe? 250 Aktien geteilt durch acht macht 31 Rest 2. Ich kann also zwei Bezugsrechte verkaufen und 31 Aktien beziehen, oder ich kann sechs Bezugsrechte dazu erwerben und 32 junge Aktien kaufen. Entscheidend wird sein, wie teuer das Bezugsrecht ist, mehr dazu weiter unten.

Der Handel in Bezugsrechten läuft nur während der sogenannten Bezugsfrist, das ist die Frist, in der die Aktionäre entsprechend dem Beschluß der Hauptversammlung von ihrem Bezugsrecht Gebrauch machen können. Sie beträgt meistens zwei bis drei Wochen. Danach kann auch der bisherige Aktionär die jungen Aktien nur noch regulär über die Börse kaufen, und er muß dann eben auch den Tageskurs bezahlen. Der Vorzugskurs gilt dann nicht mehr.

Der rechnerische Wert des Bezugsrechts

Der Wert eines Optionsscheins errechnet sich relativ einfach, indem man den Tageskurs vom Optionskurs abzieht. Der rechnerische Wert des Bezugsrechts ergibt sich ganz ähnlich, auch hier zieht man den Kurs der jungen Aktien vom Kurs der alten Aktien ab, doch mit dieser Differenz ist es nicht getan. Schließlich bekommt man für ein Bezugsrecht in den seltensten Fällen eine ganze Aktie. Man muß also die Kursdifferenz in Relation zu dem Bruchteil einer Aktie setzen, die man mit einem Bezugsrecht kaufen kann. Man teilt also die Kursdifferenz durch das Bezugsverhältnis, um den rechnerischen Wert eines Bezugsrechtes zu erhalten. Da die Kursdifferenz im Zähler steht, das Bezugsverhältnis aber im Nenner, ist das Bezugsrecht um so weniger wert, je höher das Bezugsverhältnis ist, je weniger junge Aktien also auf eine alte Aktie kommen. Der Bezugsrechtshandel orientiert sich zwar am rechnerischen Wert des Rechts, weicht aber oft davon ab, und zwar besonders dann, wenn erwartet wird, daß der Kurs der Aktie sich nach der Kapitalerhöhung (aus welchen Gründen auch immer) spektakulär entwickeln wird.

Spekulation mit Bezugsrechten

Vermutet der Markt zum Beispiel, daß der Aktienkurs fallen wird, dann wird der Bezug der jungen Aktien um so weniger interessant, je weiter der Kurs zu fallen droht. Umgekehrt kann bei Aktien, in deren Kurs „Musik ist", denen man also einen Kursanstieg zutraut, der Bezug junger Aktien einen preiswerten Kauf darstellen. Entsprechend gesucht werden unter solchen Umständen auch die Bezugsrechte sein, entsprechend höher als der rechnerische Wert wird dann ihr Tageskurs liegen.

Wenn Sie (wie vernünftigerweise die meisten Anleger) Ihre Aktien von Ihrer Bank aufbewahren und verwalten lassen, dann schickt sie Ihnen rechtzeitig eine Nachricht, wenn bei einer Ihrer Aktien eine Kapitalerhöhung ansteht, Sie also ein Bezugsrecht ausüben (oder verkaufen) können. Sie bittet dann um Ihre Weisungen. Geben Sie ihr keine, dann verkauft sie alle Ihre Bezugsrechte am letzten Tag der Bezugsfrist zu dem Kurs, der sich an diesem Tag ergibt. Das ist nicht unbedingt die lukrativste Art, seine Bezugsrechte loszuwerden. Denken Sie also lieber noch einmal nach, bevor Sie die Nachricht Ihrer Bank zum Auslegen Ihrer Katzentoilette benutzen.

Genußscheine

Genußscheine haben von allen gängigen Wertpapieren sicherlich den ansprechendsten Namen. Trotzdem haben einige Anleger argen Schiffbruch erlitten, die glaubten, Ihr Geld sei bei einem Unternehmen wie Klöckner & Co. gut angelegt. Genußscheine sind als Anlage nämlich im wesentlichen genauso riskant wie Aktien oder zumindest wie Anleihen von Industrieunternehmen. Geht das Unternehmen baden, wird auch der Genußschein-Inhaber naß. Unter normalen Umständen hat dieser Inhaber Anspruch entweder auf eine gewinnabhängige Vergütung des Geldes, das er für den Genußschein bezahlt hat,[9] oder aber er hat

---

[9] In diesem Fall hat der Genußscheininhaber (ganz wie der Aktionär) auch Anspruch auf einen Anteil am Liquidationserlös, falls die Gesellschaft aufgelöst wird. Das ist aber bestenfalls eine theoretische Aussicht, denn die meisten Unternehmen werden dann liquidiert, wenn es nicht anders geht, wenn also über ihr Vermögen der Konkurs eröffnet wird. Dann haben aber so viele andere Gläubiger Vorrang vor Aktionären und Genußscheininhabern, daß am Ende von dem „Liquidationserlös" meistens nichts mehr zu verteilen übrigbleibt.

Anspruch auf eine feste Verzinsung seines eingesetzten Kapitals.

Zero-Bonds, Null-Coupon-Anleihen

Beide Begriffe bezeichnen dasselbe, nämlich Anleihen, die nicht laufend verzinst werden, bei denen die Zinsen vielmehr am Ende der Laufzeit zusammen mit dem eingesetzten Betrag ausgezahlt werden. Man kauft also heute einen Zero-Bond, zahlt dafür 1 000 Mark und bekommt nach zehn Jahren zum Beispiel 3 000 Mark, aber während der zehn Jahre gar nichts.

Steuerliche Vorteile

Das bedeutet, daß Sie die Zinserträge erst am Ende der Laufzeit zu versteuern brauchen, da sie Ihnen ja auch erst dann zufließen. Das ist besonders interessant, wenn Sie zu diesem Zeitpunkt weniger Steuern zu zahlen haben als während der Laufzeit. Insofern können Zero-Bonds eine günstige Anlage für jemanden sein, der vor Ende der Laufzeit der Bonds in Rente geht, da er dann einem relativ geringen Steuersatz unterliegt.

Gefahren durch Zinsänderungen

Diese Rechnung geht wunderbar auf, solange Sie den Bond bis zum (hoffentlich nicht bitteren) Ende behalten. Dann bekommen Sie Ihr Geld in voller Höhe ausbezahlt. Etwas anderes ist es, wenn Sie während der Laufzeit verkaufen (müssen). Während nämlich bei anderen festverzinslichen Papieren die Kursentwicklung selten spektakulär verläuft, kann der Kurs eines Zero-Bonds durchaus Kapriolen schlagen, und zwar dann, wenn der allgemeine Zinssatz sich ändert. Mit dem Kurs eines Zero-Bonds müssen nämlich alle die Zinszahlungen abgegolten sein, die gewöhnliche Festverzinsliche laufend (meistens halbjährlich) gewähren. Der Zero-Bond reagiert also wesentlich stärker auf Zinsschwankungen als andere Festverzinsliche. Wer daher in einen Zero-Bond investieren will mit der Aussicht, mit dem Erlös den Lebensabend angenehm zu gestalten, der ist gut beraten, den Bond nicht vorzeitig zu verkaufen. Das kann ein unkalkulierbares Risiko darstellen.

Währungsanleihen

Anlagen in fremder Währung locken in Anzeigen und Prospekten oft mit höheren Zinsen, als sie im Inland üblich sind. Was in den Prospekten nicht steht, ist, daß diese hohen Zinsen meistens darauf zurückzuführen sind, daß das jeweilige Land größere Schwierigkeiten mit der Inflation hat als die Bundesrepublik. Das bedeutet aber, daß den höheren Zinsen ein höheres Risiko beim Wechselkurs gegenübersteht.

Der große Unterschied zum Inland

Wenn Sie Anleihen in (West-!) Mark kaufen, dann wissen Sie, daß, ganz gleich zu welchem Kurs Sie kaufen, diese Anleihen mindestens zu hundert Prozent zurückgezahlt werden, das heißt, für hundert Mark Nennwert bekommen Sie am Ende der Laufzeit mindestens hundert Mark zurück. Sie brauchen also nur Ihr Papier bis zum Schluß zu behalten, dann gehen Sie kein Risiko ein. Bei Währungsanleihen ist das anders: Da können hundert Mark, die Sie (in fremder Währung) für eine Anleihe bezahlt haben, am Ende der Laufzeit achtzig, hundert oder hundertzwanzig Mark wert sein. Wenn letzterer Fall zutrifft, können Sie sich freuen, denn die zwanzig Mark Differenz sind ein Kursgewinn, der sich (vermutlich) über mehr als sechs Monate ergeben haben wird und deshalb steuerfrei ist. Trotzdem: *Währungsanleihen sind mit D-Mark-Anleihen nur ganz bedingt vergleichbar, was das Risiko betrifft*, meistens ist das Risiko doch größer, als der Prospekt glauben macht. Das heißt nicht, daß Sie Ihr Geld nicht auch in Währungsanleihen stecken sollten, wenn Ihnen der Sinn danach steht. Sie sollten sich aber des spekulativen Elements bewußt sein, daß Sie dann in Kauf nehmen.

Daran ändern auch kunstvolle Konstruktionen nichts

Finanzfachleute werden auch für ihre Phantasie bezahlt, und das bringt sie immer wieder auf originelle Ideen. Da lassen sie Währungsanleihen statt auf Franc, Pfund oder Lire auf die europäische Währungseinheit Ecu lauten. Der Zins für Ecu-Anleihen ist zwar höher als der für D-Mark-Papiere, aber dafür ist der Ecu auch, seit es ihn gibt, immer wieder gegen die Mark abgewertet worden. Auch hier gilt also: Höhere Zinsen bedeuten meistens ein entsprechend höheres Kursrisiko.

Andere Experten haben sich Teilwährungsanleihen ausgedacht, bei denen ein Teil des Anleihebetrages auf eine fremde Währung lautet. Eine andere Lösung sind Parallelanleihen, die je nach Kurs in Mark oder in Währung zurückgezahlt werden. Man kann es drehen und wenden, wie man will: In dem Maße, in dem einer Fremdwährungsanleihe das Währungsrisiko genommen wird, muß sie auch den Zinsvorteil verlieren. Gleichwohl sind manche dieser Konstruktionen im Spannungsfeld zwischen Zinsdifferenz und Kursschwankungen recht interessante Anlagen. Man muß sie aber viel gründlicher prüfen als jede inländische festverzinsliche Anlage.

Nachwort

Seit einigen Jahren kenne ich die Autoren dieses Buches von ihrer Tätigkeit als Börsenjournalisten des Bayerischen Rundfunks. Sie verstehen es immer wieder, das Börsengeschehen, den aktuellen Börsenverlauf und seine Hintergründe allgemeinverständlich, interessant, lebhaft und zeitgemäß zu schildern. Auch in diesem Buch ist es ihnen gelungen, die Zusammenhänge an der Börse und das „Drumherum" mit der gleichen Frische und Sachkunde darzustellen, wie man sie von ihrer Rundfunk-Berichterstattung kennt und schätzt.

Sicherlich kommt dabei den Autoren zugute, daß sie einer Generation angehören, die heute schon in weiten Teilen das Geschehen an der Börse bestimmt, während die alte Börsianergeneration langsam abtritt. Dieser Generationswechsel ist viel einschneidender als andere der letzten fünfzig Jahre, zumindest soweit sie die Börse betrafen. Vielen älteren Maklerkollegen fällt es folgerichtig schwer, mit der Zeit zu gehen – es wäre bedauerlich, aber vielleicht ist es unvermeidlich, wenn sie dann eben mit der Zeit *gehen* müssen...

Auch Börsenvorstände und Syndici haben oft ihre liebe Not, mit den Entwicklungen im Handel (Stichwort Computerbörse und Handel über Bildschirme) Schritt zu halten. Auch den Börsenaufsichtsgremien fällt es nicht leicht, ihrer Aufsichtspflicht immer und überall nachzukommen. Die zu erwartenden Wechselwirkungen zwischen dem Handel an den Präsenzbörsen und der Deutschen Terminbörse werden ihnen das noch schwer machen.

Unterdessen mühen sich die Fachherrenbeiräte der Banken, Kompromisse zu finden, mit denen sich der Handel liberalisieren ließe, was ja dringend notwendig ist. Die Konflikte zwischen den Börsenpräsidenten sind ja zweifellos wenig hilfreich, scheint doch jeder von ihnen vor allem zu versuchen, seinen jeweiligen Börsenplatz zu erhalten – koste es, was es wolle.

Gleichzeitig horcht man vergebens auf die Wissenschaft. Von den betriebswirtschaftlichen Fakultäten deutscher Hochschulen kommen so gut wie keine Anstöße, die den Politikern aufzeigen könnten, wie das Börsengesetz neu und zeitgemäß zu gestalten wäre.

Läßt man gar einen Blick über das Jahr 1993 hinaus schweifen, so ist absehbar, daß nationale und erst recht regionale Egoismen keine Zukunft haben werden, auch und gerade nicht im Finanz- und Kapitalmarktsektor. Darum kommt es jetzt so entscheidend darauf an, den deutschen Börsen im europäischen Wettbewerb den vorderen Platz zu sichern, der ihnen von der wirtschaftlichen Bedeutung unseres Landes her zukommt.

Dabei ist die Börse als Markt für Wertpapiere, für Kapital und für Informationen so lebendig wie eh und je, und derzeit so aktuell wie nie zuvor. Wenn es den Autoren mit diesem Buch gelingen sollte, falsche Furcht vor und Vorurteile über die Börse abzubauen, dann hätten sie nicht zuletzt der deutschen, aber auch der europäischen Wirtschaft einen Dienst erwiesen. Insofern richtet sich dieses Buch vor allem an die Generation, die demnächst die Verantwortung in der Wirtschaft ganz übernehmen wird. Es ist geschrieben von Vertretern dieser Generation – ganz in ihrem Stil, dynamisch, positiv und aktuell.

Paul Berwein
Freier Börsenmakler

Glossar

Arbitrage-Handel: Das Ausnutzen von Kursunterschieden, die innerhalb eines Börsentages im Handel mit derselben Aktie an verschiedenen Börsenplätzen entstehen. Lohnt sich nur für Profis.

Basispreis: Der vereinbarte Preis, zu dem im Rahmen eines Optionsgeschäftes Papiere gekauft beziehungsweise verkauft werden können.

Festverzinsliche: Wertpapiere, die einen gleichbleibenden Zins erbringen. Im Gegensatz dazu schwankt die „Verzinsung" einer Aktie üblicherweise mit dem Jahresgewinn des jeweiligen Unternehmens.

forwards: Der Kauf oder Verkauf von Termingeschäften.

futures: Besonders gescheit klingende Bezeichnung für Termingeschäfte.

Großkredite: In der Fachsprache Kredite, die mehr als 15 Prozent des Eigenkapitals einer Bank ausmachen; sonst einfach sehr große Kredite (DM 10 Mio. und mehr).

Index: Meßzahl ohne Maßeinheit. Mit einem Index (Mehrzahl: Indizes) kann man prozentuale Veränderungen errechnen. An der Börse bedeutsam sind sogenannte Aktienindizes, die angeben, wie sich ein bestimmter Durchschnitt aus mehreren Aktien verändert. Bekannt in Deutschland sind der FAZ-, der Commerzbank- und der Deutsche Aktienindex (Abkürzung: DAX). In New York kennt man den Dow-Jones-Index (auch „Dow" oder „DJI" beziehungsweise „DJIA" abgekürzt), in Tokio den Nikkei (Nikkäj ausgesprochen). Indizes geben das Börsengeschehen immer nur näherungsweise wieder, einzelne Aktien oder einzelne Branchen können sich ganz anders entwikkeln, als es der Index glauben macht.

Index-Kontrakt: Geschäft, mit dem ein ganzes Aktiendepot gegen Kursschwankungen gesichert werden kann. Die beiden Kontrahenten des Geschäfts „wetten" gewissermaßen auf das Verhalten eines Aktien-Indexes (vorzugsweise des Standard-and-Poor-Indexes, es gibt aber auch Kontrakte auf andere Indizes). Der Käufer des Kontraktes ist dabei derjenige, der sein Depot absichern will.

Institutionelle Anleger (oder kurz: Institutionelle): Unternehmen, die gewerbsmäßig eigenes oder fremdes Geld an der Börse anlegen. Dazu gehören vor allem Kapitalanlagegesellschaften, also Aktien- oder Rentenfonds, aber auch Versicherungen oder Pensionskassen.

Junk bonds: (zu deutsch: Ramschanleihen) sind besonders hoch verzinste Anleihen, die meistens wenig oder gar nicht durch Sicherheiten gedeckt sind (deswegen der hohe Zins). Junk bonds werden vornehmlich in den USA ausgegeben und dienen dort dazu, mehr oder weniger feindliche Firmenübernahmen zu finanzieren. Die Junk bonds werden, so planen es zumindest ihre Emittenten, aus dem Erlös des Verkaufs von Teilen des übernommenen Unternehmens zurückgezahlt. Das Risiko von Junk Bonds entspricht also dem Risiko, das dem Zustandekommen der Übernahmen anhaftet, anders gesagt: Es ist extrem hoch. Junk bonds sind nichts für normale private Anleger.

Kassageschäfte: Geschäfte, die gleich nach Abschluß ausgeführt werden, wobei „gleich" bis zu zwei Tage bedeuten kann.

Obligationen: (in der Regel) festverzinsliche Wertpapiere, im weitesten Sinne: Anleihen.

Optionen: Das Recht, etwas zu tun oder zu lassen, meistens käuflich erworben.

Optionsanleihe: Anleihe, die berechtigt, innerhalb einer bestimmten Frist zu einem bestimmten Kurs eine bestimmte Aktie zu kaufen. Der Kurs der Anleihe richtet sich nicht nur nach dem Kapitalmarktzins, sondern auch nach dem

Kurs der jeweiligen Aktie. Anders als bei der Wandelanleihe (siehe dort) behält der Inhaber einer Optionsanleihe seine Anleihe, auch wenn er beschließt, von seinem Optionsrecht Gebrauch zu machen.

Optionspreis: Die „Zitterprämie“ für den Stillhalter.

Renten: festverzinsliche Wertpapiere.

Stammaktien: Die gängigste Form der Aktie, sozusagen die normale Aktie. Wenn in diesem Buch von Aktien die Rede ist, dann sind Stammaktien gemeint. Die Stammaktie bietet dem Aktionär alle Rechte nach dem Aktiengesetz, das sind vor allem das Recht auf Dividende und auf Stimme in der Hauptversammlung. (Vergleiche hierzu: Vorzugsaktien)

Stillhalter: Derjenige, der sich beim Optionsgeschäft gefallen lassen muß, daß ein anderer sich Zeit nimmt, bis er entscheidet, ob er das Geschäft macht oder nicht. Je nachdem, ob es sich dabei um eine Kaufoption oder eine Verkaufoption handelt, muß der Stillhalter bei Bedarf Wertpapiere oder Geld liefern.

Substanz eines Unternehmens: bedeutet (in etwa) das Vermögen des Unternehmens, und zwar besonders dann, wenn es darum geht, ob eine Dividende aus dem laufenden Gewinn gezahlt wird, oder eben statt dessen, weil kein Gewinn da ist, aus der Substanz. Im letzteren Fall werden die Aktionäre aus dem Firmenvermögen bedient.

Termingeschäfte: Geschäfte, die nicht unmittelbar bei ihrem Abschluß ausgeführt werden, sondern zu einem vereinbarten späteren Zeitpunkt (vergleiche dazu Kassageschäfte).

Thesaurieren: Gewinne thesaurieren heißt, sie sofort wieder anzulegen, wenn sie entstehen, und sie nicht auszuzahlen. (*Thesaurus* heißt auf lateinisch der Schatz; der Gedanke ist, daß die Gewinne dem Schatz, sprich dem vorhandenen Vermögen, zugeschlagen werden).

Transparenz: Ein Markt heißt dann transparent, wenn alle Marktteilnehmer (also alle Käufer und Verkäufer) jederzeit über die Marktlage (also Preise und Mengen der angebotenen Waren) informiert sind oder sich zumindest informieren könnten. Die Börse ist einer der wenigen transparenten Märkte, die es außerhalb von volkswirtschaftlichen Lehrbüchern tatsächlich gibt.

Vorzugsaktien: Im Gegensatz zur Stammaktie (siehe dort) sind Vorzugsaktien mit einer besonders hohen Dividende ausgestattet. Dafür besitzt der Inhaber von Vorzugsaktien auf der Hauptversammlung in der Regel kein Stimmrecht.

Wandelanleihen: Anleihen, die man, wenn es lukrativ erscheint, in Aktien tauschen kann. Ihr Kurs hängt nicht nur (wie bei einfachen, gewöhnlichen Anleihen) vom Kapitalmarktzins ab, sondern auch vom Börsenkurs der jeweiligen Aktie. Macht der Inhaber einer Wandelanleihe von seinem Wandelrecht Gebrauch, so tauscht er seine Anleihe gegen eine Aktie ein. Er besitzt danach nur die Aktie, aber nicht mehr die Anleihe (Unterschied zur Optionsanleihe, siehe dort).

Stichwortverzeichnis